AF130377

Schulpädagogik
Band 7

GANZTAGSSCHULE.
HALBE SACHE – GROßER WURF?

Schulpädagogische Betrachtung eines
bildungspolitischen Investitionsprogramms

Toni Hansel (Hg.)

Centaurus Verlag & Media UG 2005

Der Herausgeber, Prof. Dr. **Toni Hansel,** ist Professor für Schulpädagogik an der Universität Rostock und Direktor des Instituts für Schulpädagogik.

Die Deutsche Bibliothek – CIP-Einheitsaufnahme

Bibliographische Information der Deutschen Bibliothek
Die Deutsche Bibliothek verzeichnet diese Publikation in der
Deutschen Nationalbibliographie; detaillierte bibliographische Daten
sind im Internet über http://dnb.ddb.de abrufbar.

ISBN 978-3-8255-0614-8   ISBN 978-3-86226-831-3 (eBook)
DOI 10.1007/978-3-86226-831-3
ISSN 1616-7414

Alle Rechte, insbesondere das Recht der Vervielfältigung und Verbreitung sowie der Übersetzung, vorbehalten. Kein Teil des Werkes darf in irgendeiner Form (durch Fotokopie, Mikrofilm oder ein anderes Verfahren) ohne schriftliche Genehmigung des Verlages reproduziert oder unter Verwendung elektronischer Systeme verarbeitet, vervielfältigt oder verbreitet werden.

© *CENTAURUS Verlags-GmbH & Co. KG, Herbolzheim 2005*

Umschlaggestaltung: Antje Walter, Hinterzarten
Satz: Vorlage des Herausgebers
Druck: primotec-printware, Herbolzheim

Disposition

Ganztagsschule und gesellschaftliche Vernetzung

Ganztagsschule als bildungspolitische Option

8   **Michael Becker/Ute Debold**

9   **Jörg-Dieter Gauger**

Neue Wege aus dem schulpraktischen Reformstau?

Kulturelle Netzwerke und schulische Verantwortung

1 Vorwort

Zwei für die Öffentlichkeit überraschende Tatsachen haben die Schule als durchaus reformbedürftiges, aber dennoch reformfähiges Objekt in der letzten Zeit wieder in das Bewusstsein weiter Bevölkerungskreise zurückgeholt: Das unerwartet schwache Abschneiden der deutschen Teilnehmer an internationalen Schulleistungsvergleichsstudien (z.b. PISA) und die Klagen der deutschen Wirtschaft über die unzureichenden Könnensleistungen deutscher Schulabsolventen (IDW 1995; GS CONSULT 2005). Das hätte die verantwortlichen Bildungsadministrationen vermutlich nicht mobilisiert, sondern nach erster Aufgeregtheit wieder verharren lassen, wenn nicht die international dokumentierten Leistungsunterschiede nun durch PISA-E auch auf die Ebene der Bundesländer in Deutschland heruntergeführt worden wären und zum Nachweis eklatanter bildungsföderaler Leistungsunterschiede geführt hätten. Das durchschnittliche Abschneiden deutscher Schüler in Mathematik und Naturwissenschaften muss im internationalen Vergleich eher dem Mittelfeld wirtschaftlich entwickelter Nationen zugeordnet werden, aber ebenso auffällig ist das signifikante Gefälle zwischen den Bundesländern.

Die aufgeschreckten Kultusminister haben sehr schnell sehr viele Vorschläge in die Öffentlichkeit gebracht, wie man der tatsächlichen oder vermeintlichen „Bildungsmisere" Herr werden könne: Reform der Lehrerbildung im Zuge des Bologna-Prozesses, Verlängerung der gemeinsamen Beschulung über die Grundschule hinaus, Aufbau eines Ganztagsschulsystems, Bildungskonzepte für die Kindertagesstätten, Übertragung skandinavischer Schulkonzepte auf die bundesdeutsche Schullandschaft usw. usw. Keine der hier exemplarisch genannten Maßnahmen ist ursächlich mit dem Scheitern der deutschen Teilstichprobe 15jähriger Schüler in PISA in Verbindung zu bringen, die aus der empirischen Bildungsforschung generierbaren Befunde lassen eine solche Kausalität auch nicht zu. Viele der genannten Vorschläge sind eher aus politischen, mitunter ideologischen Gründen und weniger aus erziehungswissenschaftlich gebotenen und durch entsprechende Forschung untermauerten Gründen unterbreitet worden. Die empirische Bildungsforschung führt das unterdurchschnittliche Ergebnis der deutschen Teilstichprobe eben nicht – jedenfalls nicht primär – auf Organisationsdefizite der Schule in Deutschland zurück, sondern vor allem auf mangelhafte Qualität des Unterrichts, den es also zu verbessern gilt.

Die im Zusammenhang mit den Reformvorschlägen genannte Ganztagsschule ist ein mit massiver bildungspolitischer Unterstützung propagiertes und sehr großer Zustimmung der Bevölkerung versehenes Schulmodell, das in allen politischen Richtungen auf Akzeptanz stößt. Doch unter der Oberfläche dieses Konsenses gehen die Vorstellungen darüber, welches denn die Bestimmungsmerkmale von Unterricht sein könnten, auseinander und die Frage nach dem guten Unterricht lässt vollends nach wie vor tiefe erziehungswissenschaftliche, bildungspolitische und schulpraktische Gräben offen zutage treten. So könnte der Diskurs über die Ganztagsschule, wenn er denn offen geführt würde, sehr rasch zu einer Offenlegung des unvermindert vorhandenen Dissenses über die Gestaltung von Schule führen.

Der Konsens in Deutschland über die Einrichtung von Ganztagsschulen umschließt bildungspolitische, sozialpolitische und sozialpädagogische Argumentationen, in weit geringerem Maße auch schulpädagogische. Diese Parallelität der Begründungsmuster war für uns Anlass, über ein Schulmodell nachzudenken, dessen Legitimationsdynamik aus schulperipheren Zusammenhängen herrührt. Freilich darf nicht übersehen werden, dass es auch eine Ablehnungsfront gibt, die allerdings in jüngerer Zeit stiller geworden ist. Hier findet die Sorge in der These ihren Ausdruck, dass die Ganztagsschule geeignet ist, das Ersterziehungsrecht der Eltern einzuschränken und staatlicher Erziehung einen größeren Einfluss zu verschaffen. Wir bedauern, dass die großen Kirchen des Landes Mecklenburg-Vorpommern der Einladung zur Mitwirkung an diesem Band und zur Darlegung ihrer Positionen nicht gefolgt sind.

Dass der Band jetzt kommt, hat gute Gründe, die wir oben bereits angedeutet haben. Schulpädagogisch „treibende" Themen haben nicht beliebig häufig „Konjunktur", insbesondere dann nicht, wenn der Gegenstand des Interesses große und bislang nicht beantwortete Finanzierungsfragen aufwirft. Ein nicht minder guter Grund für das Zustandekommen des Buches ist der Umstand, dass es gelungen ist, zu diesem Zweck und zu diesem Zeitpunkt eine Auswahl von Experten ihrer jeweiligen Fachgebiete zusammenzuführen, die dieses Schulmodell mit Unvoreingenommenheit und kritischer Distanz gleichermaßen zu betrachten sich bemüht haben. Ihren Beiträgen entnehmen wir durchgängig, dass Ganztagsschule unbeirrbar eine Schule ist und bleiben soll, dass also die Aufgaben von Schule den Betreuungsaspekten nicht zu opfern, sondern durch diese zu bereichern sind.

Nicht zuletzt dieses Paradigma war für uns Anlass, das *VI. Rostocker Universitätssymposium zu aktuellen Fragen und Problemen der Schulpädagogik* unter das Tagungsthema **Ganztagsschule** zu stellen. Die dort gehaltenen Vorträge haben wir in diesem Tagungsband zusammengefasst, ergänzt durch eine große Zahl von Beiträgen aus Erziehungswissenschaft, Schulpraxis, Wirtschaft, Bildungspolitik, aber auch Sozialwissenschaft und Bildungsverwaltung. Die Veranstaltung und damit die Vorlage dieses Bandes wäre nicht möglich gewesen ohne die Unterstützung der HANNS MARTIN SCHLEYER-STIFTUNG in Köln, vertreten durch ihren Geschäftsführer, Herrn Dipl.-Kfm. Wolfgang Bruncken. Die Stiftung ist seit vielen Jahren bemüht, den Dialog von Wissenschaftlern untereinander, aber auch und insbesondere mit ihrer jeweiligen außeruniversitären Praxis zu befördern, den Dialog der Andersdenkenden durch den Austausch von Ideen und Meinungen in produktive Gespräche einzubinden, statt in destruktiver Konfrontation die Verfestigung alter Feindbilder zuzulassen. Für das Vertrauen, die Veranstaltung zu fördern, ohne auf Themen, Referentenliste und Einladungsprocedere reglementierend Einfluss zu nehmen, danke ich der HANNS MARTIN SCHLEYER-STIFTUNG sehr herzlich.

Ebenfalls zu großem Dank verpflichtet bin ich Frau Julia Schuhmacher, die die Manuskripte sehr umsichtig bearbeitete und für die Drucklegung vorbereitet hat.

Rostock, im November 2005   Toni Hansel

Prof. Dr. Wolfgang Sucharowski
Dekan der Philosophischen Fakultät

Grußwort

2 Schulpädagogische Betrachtung eines bildungspolitischen Investitionsprogramms

Mit dem diesjährigen Tagungsthema greifen die Veranstalter ein zwar nicht neues, aber für die deutsche Bildungsdebatte aktuelles Thema auf und führen es aus der bildungspolitischen Arena zurück an den Ort, von dem es vor mehr als 100 Jahren ausgegangen ist: Zurück in den schulpädagogischen Diskurs von Erziehungswissenschaft und Schulpraxis. In dieser Bildungsdebatte vermitteln die Protagonisten der Ganztagsschule mitunter den Eindruck, dass das Schulwesen mit dem Ausbau der Ganztagsschule vor einem radikalen Kurswechsel stehe und als Folge dieses Kurswechsels die in PISA dokumentierten Mängel des Schulwesens behebbar erscheinen (BULMAHN 2004). Dazu ist anzumerken,

- dass es in Deutschland eine lange Tradition der Ganztagsschule gibt, auch wenn dies nicht flächendeckend zur Einrichtung solcher Schulen führte, sondern die eher seltene Ausnahme blieb. Erst mit der Einrichtung von Gesamtschulen, die mehrheitlich als Ganztagsschulen geführt werden, ist diese Schulform stärker in das Bewusstsein von Betroffenen und Interessierten getreten;

- dass die Interpreten der internationalen Bildungsvergleichsstudien – allen voran PISA – das höchst mäßige Abschneiden der deutschen Stichprobe im internationalen Vergleich auf den Mangel an Ganztagsschulen zurückführen. Diese These ist allein schon deshalb äußerst kühn, weil sie nicht differenziert zwischen strukturellen und substantiellen Unterschieden, die zwischen erfolgreichen und weniger erfolgreichen PISA-Ländern nach wie vor bestehen.

Konsens besteht darüber, dass die Ganztagsschule eine Schule bleiben soll. Das aber heißt, dass der Einrichtung von Ganztagsschulen die Reflexion der Aufgaben von Schule unter den Bedingungen des Ganztagsbetriebes vorausgehen muss, mehr noch: Wer über die Bedingungen des Ganztagsschulbetriebes reflektiert, hat zuvor die Grundsatzentscheidung für die Errichtung von Ganztagsschulen bereits getroffen und die Voraussetzungen für sich geklärt. Eine solche Klärung geht über die Beantwortung von Struktur- und Organisationsfragen weit hinaus. Mangelt es an einer solchen bildungstheoretischen Durchdringung dieses Schulmodells, dann ist die Gefahr nicht von der Hand zu weisen, dass die Ganztagsschule ihren Schülern mit dem Prinzip „mehr vom Gleichen" begegnet, d.h. das gleiche Angebot auf etwas mehr Zeit verteilt – im Jargon heißt dies wohl: in die Länge gezogene Halbtagsschule. Eine solche Schule ließe die ihr gegebenen Möglichkeiten ungenutzt, den Schülern – und zwar allen Schülern – eine individuelle, sozialpädagogisch unterfütterte, auf schulinterne Unterstützungssysteme rückgreifende und dem Schülerinteresse nicht verschlossene Förderung und Betreuung zukommen zu lassen.

Ein Blick auf das Tagungsprogramm gibt Aufschluss darüber, dass Sie sich der Vielfalt und der Brisanz der Themen bewusst sind, die sich mit dem Leitbegriff *Ganztagsschule* verbinden. Der Untertitel *bildungspolitisches Investitionsprogramm* wirft Fragen auf, deren Antworten man wohl eher nicht – zumindest nicht nur – in der Erziehungswissenschaft sucht. Wer investiert mit welcher Erwartung? Geht es um die Verdrängung des PISA-Traumas? Geht es um Bildung und Erziehung der Schüler oder um deren nachmittägliche Beaufsichtigung? Soll elterlicher Erziehungseinfluss zurückgedrängt und der staatliche Einfluss verstärkt werden? Solche und andere Fragen sind in der Vergangenheit bereits gestellt, aber wohl nicht erschöpfend beantwortet worden, deshalb stehen sie nach wie vor auf der Tagesordnung – auch auf Ihrer Tagesordnung. Nun ist aber die Schule ein gesamtgesellschaftliches Teilsystem, das sich gegenüber deren Fortentwicklung nicht abschotten lässt. Vor diesem Hintergrund ist die Beteiligung von Referenten aus unterschiedlichen Gesellschaftsbereichen an einer unter Federführung der Erziehungswissenschaft durchgeführten Veranstaltung nicht nur nachvollziehbar, sondern unverzichtbar, denn Schule muss immer wieder auch Antwort geben auf gesellschaftliche Bedarfsentwicklungen.

Auf diesem Wege, also bei der Suche nach den Antworten, wünsche ich Ihnen für Ihre Gespräche in den kommenden zwei Tagen einen guten Verlauf und gutes Gelingen!

2.1 Literatur

BUHLMANN, Edelgart: Ganztagsschulen, zit. n. PLEWNIA, Ulrike: Bulmahnsche Dörfer, Focus 25/2004

Wolfgang Nieke
Studiendekan der Philosophischen Fakultät

3 Ganztagsschule als Bestandteil von Ganztagsbildung

Die gegenwärtige öffentliche Debatte über die Einführung von Ganztagsschulen auch außerhalb der bisher üblichen Kombination mit der Gesamtschule, insbesondere für Grundschulen und Sekundarschulen, hat einen aktuellen Anlass und drei Interessen, die nicht sofort auf den ersten Blick deutlich werden.

Der Anlass ist das gegenwärtig laufende Investitionsprogramm der Bundesregierung zur Unterstützung von Initiativen in Ländern und Gemeinden zur baulichen Umrüstung der vorhandenen Schulen für einen Ganztagsbetrieb. Das ist ein Versuch der Bundesregierung, Einfluss auf die Bildungspolitik für die Allgemeinbildung zu nehmen, obwohl die alleinige Kompetenz hierfür nach dem föderalen Prinzip des Grundgesetzes bei den Bundesländern liegt. Das kann nicht auf dem Wege von politischen Entscheidungen und rechtlichen Vorgaben geschehen, sondern nur durch das Angebot einer Kofinanzierung von erforderlichen Investitionen. Das Angebot wird bisher nur zögerlich in Anspruch genommen, und der Grund dafür liegt darin, dass die erhöhten Personalkosten, die durch einen Ausbau der bisherigen Halbtagsschule zur Ganztagsschule entstehen, durch dieses Programm des Bundes nicht mitgetragen werden können, weil das Föderalismusprinzip dies grundsätzlich ausschließt.

Eine Aktualität erhält das Thema durch den in der öffentlichen Diskussion öfter gemachten Hinweis auf die Ergebnisse der internationalen Vergleichsstudien – vor allem PISA (vgl. HANSEL 2003). Im Ländervergleich schneiden Bildungssysteme mit ausschließlichem Ganztagsbetrieb oft – aber nicht immer, die Schweiz ist eine der Ausnahmen – besser ab als das deutsche Halbtagssystem. Allerdings ist methodologische Vorsicht gegenüber solchen Kausalinterpretationen einer Querschnittsstudie geboten: auch statistisch signifikante Korrelationen sind keineswegs immer kausal bedingt. Um dies zu prüfen, müssen andere, zusätzliche Auswertungsverfahren auf der Grundlage von Kausalhypothesen angewendet werden. Für diesen Fall des Ländervergleichs ist nach den inzwischen angestellten Sekundäranalysen eher zu vermuten, dass die Qualität des Unterrichts die entscheidende Moderatorvariable ist – und dafür kann der Ganztagsbetrieb eine wichtige Rahmenbedingung sein, aber er erklärt die Leistungsunterschiede allein nicht.

Der bildungspolitisch daherkommende Diskurs über die Ausweitung der Schulbildung über den ganzen Tag hinweg wird aus drei Interessen heraus geführt, die nicht pädagogisch begründet sind, sondern wirtschafts- und gesellschaftspolitisch. In den Beiträgen des öffentlichen Diskurses finden sich diese Argumente entweder explizit oder sie lassen sich indirekt erschließen.

Vertreter der Bundesregierung akzentuieren ein geschlechter- und familienpolitisches Motiv: Die Ganztagsschule solle es den Müttern und insgesamt den Familien ermöglichen, dass beide Elternteile am Erwerbsleben teilnehmen können. Das erfordere eine Betreuung der Kinder von Anfang an, also durch den Ausbau von Kinderhorten und Kindergärten, aber eben auch ein großes Angebot an Ganztagsschulen.

Ein eher langfristig und perspektivisch orientiertes wirtschaftspolitisches Interesse wird von Verbandsvertretern der Wirtschaftsverbände und ihrer Beratungsinstitute vorgetragen: Der absehbare demografische Wandel führe schon in einigen Jahren – trotz der gegenwärtig noch hohen Arbeitslosigkeit – zu einem erheblichen Mangel an

Arbeitskräften, dem zum einen durch kontrollierte Zuwanderung und zum anderen durch die Mobilisierung der stillen Arbeitsmarktreserve bei der einheimischen Bevölkerung begegnet werden müsse. Dazu müsse die Erwerbsquote der Frauen gesteigert werden, und das erfordere eine Betreuung der Kinder, eben auch durch ganztägige Schulen.

Ergänzt wird diese Forderung gelegentlich durch eine bevölkerungspolitische, die bei dem Vorhandensein solcher Betreuungsmöglichkeiten erwartet, dass sich die Kinderzahl wieder erhöhen werde, weil derzeit besonders die Frauen ihre Kinderwünsche wegen der Unvereinbarkeit von Berufstätigkeit und Kinderbetreuung nicht realisieren.

Allen drei Motiven gemeinsam ist das Erfordernis verlässlicher Betreuungszeiten, die mit den Anforderungen des Erwerbsleben in Übereinstimmung zu bringen seien. Damit ist zum einen klar, dass die üblichen Zeiträume von 8 bis 16 Uhr keinesfalls ausreichen, und dass zum anderen auch die Betriebe ihre Arbeitszeiten auf die Rhythmen der Bildungseinrichtungen abstimmen müssen. In diesem Zusammenhang wird ein Befund aus den internationalen Vergleichen bedeutsam, der durch Ergebnisse der Chronobiologie gestützt wird, dass nämlich der beste Unterrichtsbeginn um 9 Uhr liegt und auch in vielen Staaten seit langem üblich ist. Wenn das Interesse an verlässlichen Betreuungszeiten durch die Bildungseinrichtungen ein wesentlich wirtschaftspolitisch motiviertes ist, dann ist es auch möglich, dass sich die Betriebe an diesen pädagogisch geforderten Zeitrhythmus anpassen statt – wie bisher meist praktiziert – umgekehrt.

Aber auch in einer erziehungswissenschaftlichen Perspektive ist die Ausweitung der Bildung auf den ganzen Tag sinnvoll. Dabei ist dann allerdings zu beachten, dass Ganztagsschulen Bestandteil eines umfassenderen Konzept der Ganztagsbildung (OTTO/COELEN 2004) sind und nur eine von mehreren möglichen Realisierungsformen. Die Alternative einer einfachen Ausweitung der Schule in den Nachmittag besteht in der Kooperation von Schule und Jugendhilfe als außerschulischer Jugendbildung, wie sie bisher am Nachmittag und an den Wochenenden von freien Trägern angeboten wird. Dieses Modell der außerschulischen Jugendbildung in freier Trägerschaft verdankt sich dem Subsidiaritätsprinzip in der Verfassung der Bundesrepublik, als historische Antwort auf die Versuche totalitärer Vereinnahmung von Bildung und Erziehung durch einen allumfassenden Staat. Es ist deshalb im internationalen Vergleich einzigartig.

Ganztagsbildung kann bessere Möglichkeiten einer kompensatorischen Förderung für Schüler mit besonderem Förderbedarf realisieren, dies allerdings vermutlich nicht als unverbindliches und gar noch kostenpflichtiges Angebot.

Für eine solche Ganztagsbildung – die außer dem Aspekt der Förderung auch einen über den Unterricht hinausgehenden ergänzenden und korrigierenden Erziehungsauftrag einschließt – sind die Lehrer bisher nicht ausgebildet. Es ist auch grundsätzlich fraglich, ob sie durch eine ausgeweitete Qualifikation oder eine additive Weiterbildung dafür befähigt werden können. Zweckmäßiger dürfte hier eine – auch international übliche – Arbeitsteilung zwischen den Lehrern einerseits und speziell ausgebildeten Pädagogen andererseits sein, die hierzulande als Sozialpädagogen an Fachhochschulen und Universitäten bisher als diplomierte Sozialpädagogen ausgebildet werden.

Es ist verdienstvoll und dringend erforderlich, dieses Thema schulpädagogisch und erziehungswissenschaftlich aufzugreifen, wie es in dieser Tagung geschieht, um an einigen Stellen eilfertig begonnene Entwicklungen – Ganztagsschule lediglich als Verlängerung der Unterrichtszeit, also ‚mehr von demselben' – kritisch zu prüfen, vor allem auch in einen internationalen Vergleich zu stellen, um von guten Beispielen zu lernen und weniger überzeugende zum Anlass zu nehmen, diese Fehler nicht zu wiederholen.

3.1 Literatur

HANSEL, Toni (Hg.): PISA – und die Folgen? Die Wirkung von Leistungsvergleichsstudien in der Schule. Pfaffenweiler: Centaurus 2003

OTTO, Hans-Uwe/COELEN, Thomas (Hg.): Grundbegriffe der Ganztagsbildung. Beiträge zur einem neuen Bildungsverständnis in der Wissensgesellschaft. Wiesbaden: VS-Verlag 2004

Perspektiven einer revitalisierten Reformidee

Toni Hansel

4 Ganztagsschule – Angebot für eine Optimierung von Unterrichtsversorgung und Unterrichtsqualität

4.1 Vorbemerkung

Das Klima für Veränderungen im Bildungswesen ist im Augenblick so günstig wie schon sehr lange nicht mehr. Dabei wird der Reform-Elan – um den Überschwang gleich im Keime zu dämpfen – keineswegs überall aus intrinsischer Reform-Motivation getragen, sondern er ist, der Not gehorchend, ein Reflex auf das erschreckend schwache Abschneiden der deutschen Schülerpopulation in der internationalen Schulleistungsstudie PISA, die seit dem Jahr 2000 Unruhe in eine behäbig gewordene Bildungspolitik hineingetragen hat. Zwar gibt es kein plausibles, auch empirisch belastbares Argument für die These, dass einer der vielen Punkte des Bildungswesens, für die jetzt vehement Reformen eingefordert werden, wie z.B. das unterstellte Versagen des frühpädagogischen Bereichs, die Minderausstattung mit Ganztagsschulen, die Lehrerbildung usw. usw. kausal für das PISA-Desaster der 15jährigen deutschen Schüler verantwortlich zu machen ist. Hier sind gesamtsystemische Überlegungen sicher angebracht, aber die Initialzündung, die die Studie auslöste, entfachte eine Dynamik, die gelegentlich in das andere Extrem hinüberwogte: Aktionismus statt besonnene Aktion war ein häufig beobachtbares Phänomen in der Folge der PISA-Debatte.

Zwei Dinge fallen in diesem Zusammenhang auf: Die Tendenz zeichnet sich ab, lediglich mehr von dem zu veranstalten, was uns in PISA als Defizit angerechnet wurde: mehr vom gleichen optimierungsbedürftigen Unterricht! Und es gehen die Meinungen darüber, was unter Unterricht zu verstehen ist, inzwischen so weit auseinander, dass sie kaum noch auf die gleiche Sache zu beziehen sind (GIESECKE 2004).

Die Ganztagsschule, mit der wir uns in diesem Band beschäftigen, ist keine Erfindung unserer Tage, sondern eine Einrichtung öffentlicher Bildung und Erziehung mit einer sehr langen, wenngleich auch nicht flächendeckenden Tradition in Deutschland, aber stärker noch im Ausland; sie kommt sowohl in privater als auch in öffentlicher Trägerschaft vor. Ihre derzeitige Aktualität ist aus den sich wandelnden Verhältnissen industrialisierter Gesellschaften unter Einbezug der gravierenden demographischen Veränderungen herzuleiten, die das bisherige Gefüge aus innerfamiliärer Versorgung und außerfamiliärer Bildung dynamisierten – ich kehre gleich noch einmal zu diesem Aspekt zurück. Die politischen Parteien der Bundesrepublik Deutschland haben mittlerweile alle die mehrfach dimensionierte politische Bedeutung und Brisanz dieser Bildungseinrichtung erkannt, kommen aber zu durchaus kontrastreichen Schlussfolgerungen.

Ich möchte zunächst eine Eingrenzung vornehmen und darauf hinweisen, womit ich mich in dieser Einführung nicht zu beschäftigen beabsichtige. Höchst interessant für den historischen Pädagogen ist ein Vergleich der Entwicklung in Deutschland und den angelsächsischen Ländern, die keineswegs einheitlich verlief; auch die reformpädagogischen Entwürfe – ich nenne hier nur einige Namen, z.B. Georg KERSCHENSTEINER, Paul OESTREICH, Wilhelm GANZENMÜLLER, Peter PETERSEN, Adolf REICHWEIN etc. etc. – sollen hier nicht abgearbeitet werde, weil es die bloße Wiederholung vorangegangener Diskussionen wäre. Harald LUDWIG (1993) hat darauf aufmerksam gemacht, dass die Diskussion um Ganztagsschulen in Deutschland auch immer eine Diskussion um reformpädagogische Ideen gewesen ist. Gerade deshalb ist es jedoch wichtig, am Beginn einer neuen Reforminitiative mit der zu Gebote stehenden Distanziertheit zu bilanzieren – eine solche Bilanz zieht er auch in seinem Beitrag zu diesem Band (vgl. Abschn. 5) und verknüpft sie mit den Schwerpunkten der aktuellen Ganztagsschuldebatte.

Nahe am Thema liegt da schon ein Vergleich der Positionen, die von politisch bzw. gesellschaftlich relevanten Gruppen im Zusammenhang mit der Ganztagsschule vertreten werden. Es liegt auf der Hand, dass der hier gewählte Begriff *gesellschaftlich relevante Gruppe* sehr schillernd und eigentlich nicht sonderlich präzise ist. Die Gruppe der fünf Millionen Arbeitslosen ist in volkswirtschaftlichem Kontext eine äußerst relevante gesellschaftliche Gruppe, in unserem thematischen Zusammenhang sind sie ohne Belang. Wir haben uns deshalb bemüht, politische, sozialwissenschaftliche, wirtschaftliche, kirchliche, nicht zuletzt auch schulpraktische Positionen (vgl. SCHULZ, Abschn 10; OSTERMEYER, Absch. 11; PREUß, Abschn. 12) hier zu erfassen – das Ensemble der Beiträge gibt dies alles wieder. Die aktuelle bildungspolitische Debatte, der Gemeinsames und Trennendes zwischen den politischen Lagern zu entnehmen ist – sind das Terrain, von dem aus Jörg-Dieter GAUGER sich dem Leitthema annähert. BECKER/DEBOLD beschreiben die bildungspolitische Umsetzung des vom Bund angestoßenen Bundesprogramms „Zukunft Bildung und Betreuung" (IZBB) in Höhe von vier Milliarden Euro, davon 93 Millionen für Mecklenburg-Vorpommern, aus der Sicht des für dieses Vorhaben zuständigen Landesministeriums (Abschn. 8).

Schule ist keine Veranstaltung außerhalb der Gesellschaft, sondern nicht ablösbarer Teil von ihr, ja sie ist auf vielfältige Weise vernetzt mit ihren Teilsystemen. Die wirtschaftlichen Zusammenhänge erläutert Stefan KÜPPER von der BdA (Abschn. 7). In der Tat gewinnt, wer die Debatte zur Ganztagsschule verfolgt, mitunter den Eindruck, dass es auch wesentlich um Fragen des Marktes, nämlich um Fragen des Arbeitsmarktes dabei geht: Eltern sind auch Arbeitnehmer, und wenn die „lieben Kleinen" den Tag über in der Schule sind, dann stehen sie – die Eltern – dem Markt zur

Verfügung. Die These ist nicht von der Hand zu weisen, dass Investitionen in Bildung sehr bedeutsame Zukunftsinvestitionen sind, von denen unser aller wirtschaftliches Wohl zunehmend abhängt. Um dies deutlich zu machen, vernetzt KÜPPER diesen Schultypus mit den Bedingungen, aber auch den Erwartungen des Wirtschaftsstandorts Deutschland und entwickelt in diesem Zusammenhang auch die Qualitätskriterien, die die deutsche Wirtschaft – im konkreten Fall in Übereinstimmung mit dem DGB – von diesem Schultypus erwartet; auch COELEN (vgl. Abschn. 6) unternimmt einen Versuch, die diffuse Debatte zu bündeln und dennoch nicht das Anliegen aus den Augen zu verlieren, nämlich Ganztagsbildung nicht in der Engführung von *Lernleistungen* und *Vereinbarkeit von Familie und Beruf* schulpädagogisch oder familienpolitisch zu regionalisieren, sondern durch die Vernetzung von Bildung und Jugendhilfe unter Wahrung ihrer Eigenheiten ein integriertes Ganzes hervortreten zu lassen.

Hier ist zunächst die Thematisierung schulpädagogischer Fragestellungen im Zusammenhang mit der Errichtung von Ganztagsschulen vorzunehmen. Bei dieser Aufgabe sekundiert mir Bernd OSTERMEYER (Abschn. 11), der als Leiter eines Ganztagsgymnasiums den Alltag dieses Schultyps von der Praxisseite her gestaltet und damit in all seinen Facetten kennt.

4.2 Ganztagsschule – nicht Erweiterung, sondern Vertiefung des Schulzweckes

Wer einen Blick in die Regelungswerke wirft, die die Bundesländer mit dem Ziel der inneren und äußeren Ausgestaltung und der rechtlichen Absicherung der Schule und des in ihr vollzogenen Handelns erlassen haben – also Richtlinien, Erlasse, Gesetze, Verordnungen etc. – der wird relativ rasch auf das die Bundesländer einende stoßen: den Schulzweck! Die Schule ist eine öffentlich-rechtliche Einrichtung, deren primärer Zweck die Bildung und Erziehung der nachwachsenden Generation einer

Gesellschaft ist. Über die Wege, wie man diesen Schulzweck erfüllen kann, gibt es bekanntlich durchaus abweichende föderale Auffassungen, aber es gibt wohl einen Konsens darüber, dass Bildung und Erziehung nicht veräußerbare Zielvorgaben des Lehrerhandelns in der Schule sind. Auch die Ausweitung des Schulbetriebs auf den ganzen Tag verändert diesen Schulzweck nicht und vor diesem Hintergrund ist jede Veränderung des Schulbetriebs daraufhin zu befragen, wieweit sie diesem Schulzweck förderlich ist.

Die Veränderung des Schulbetriebes ist in diesem Zusammenhang aber nicht das einzige Veränderungspotential. Beispielhaft und gewiss nicht vollständig seien hier genannt:

Demographische Veränderungen

- Wandel der Familienkonstellation
- steigende Zahl der nichtehelichen Lebensgemeinschaften
- steigende Zahl der Ehescheidungen
- weiter ansteigende Tendenz zur Kleinfamilie

Veränderungen des Wohnumfeldes

- Verlust/Veränderung von Erfahrungsräumen in Familie und Wohnumwelt
- autogerechte Umgestaltung der Wohnumwelten
- Veränderung von Siedlungsformen

Nicht alle diese Veränderungsvariablen sind in einen unmittelbaren Zusammenhang mit der Schule zu bringen, aber sie haben einen mehr oder minder direkten Einfluss auf die Voraussetzungen, unter denen Schulen, also auch Ganztagsschulen eingerichtet werden. Insbesondere die demographischen Veränderungen haben den Schulzweck deutlich vertieft. *Bildung* und *Erziehung* waren zuvor schon unumstrittene Zweckbindungen schulischen Wirkens, sie sind es heute auf eine neue Weise: Bildung ist angesichts des globalen ökonomischen Wandels zu einem Wettbewerbsfaktor von herausragender Zukunftsbedeutung geworden; Erziehung leistet die Schule in hohem Maße, aber dennoch unzureichend dort, wo elterliche Erziehungsleistungen aus welchen Gründen auch immer weggefallen sind bzw. wo die Tendenz zur Ein-Kind-Familie den Kindern grundlegende Familienerfahrungen vorenthält. Solcher Wandel wird neben anderen zentralen Aspekten in den Beiträgen von Eckart PANKOKE (Abschn. 13) und Cristina ALLEMANN-GHIONDA (Abschn. 14) vertieft.

4.3   Voraussetzungen für die Einrichtung von Ganztagsschulen

Die Einrichtung von Ganztagsschulen erfordert eine Reihe von Voraussetzungen, ohne deren Vorliegen die Ganztagsschule nur eine in die Länge gezogene Halbtagsschule ist. Damit wird auch deutlich, dass die Hürden für eine schulpädagogisch konturierte Ganztagsschule recht hoch liegen (BECKER/DEBOLD, Abschn. 8).

- Ganztagsschule bedeutet zugleich auch Ganztagsversorgung.

- Das Schulkonzept kann nicht additiv sein – alles wie bisher, nur etwas länger – sondern muss aufeinander abgestimmt sein. Vormittägliche und nachmittägliche Aktivitäten stehen somit in einem inneren Zusammenhang.

- Inhalt und Funktion der üblichen Hausaufgaben und Fördermaßnahmen müssen in diese Konzeption eingebunden sein.

- Gemeinsame und individuelle Freizeitgestaltung sind gleichrangige und wesentliche Aufgaben des Ganztagsschulkonzepts.

- Auf die Kostenträger kommen nicht unbeträchtliche Zusatzkosten für ein erweitertes Raum- und Personalangebot zu.

- Im Interesse der Betreuungsqualität muss die Kontinuität des Personals vormittags und nachmittags gesichert sein.

- Ganztagsschule muss man lernen: die Lehrerbildung muss auf solche Anforderungen personell und konzeptionell vorbereitet sein. Deshalb darf, wer den Ganztagsschulbetrieb fordert, die Reform der Lehrerbildung in diesem Sinne nicht ausblenden.

Die Zusammenstellung macht deutlich, dass zu den genannten Voraussetzungen Versorgungsgesichtspunkte ebenso zählen wie Gestaltungsgesichtspunkte, häufig korrespondieren sie untereinander. Wenn wir überschlägig einmal durchrechnen, welche Aufwendungen erforderlich sind, um jede der ca. 40.000 Ganztagsschulen mit einer Kantine auszustatten, der hat eine ungefähre Vorstellung, was von den 4 Mrd., die die Bundesregierung für dieses Projekt bereitgestellt hat, dann noch übrig bleibt. Es sind noch keine Mehraufwendungen für die nachmittägliche Unterrichtssicherung und -gestaltung enthalten.

4.4 Schulpädagogische Gestaltungsgrundsätze der Ganztagsschule

Zwar erscheint in kontinuierlicher Folge Literatur zur Ganztagsschule, dennoch ist davon auszugehen, dass es eine Theorie der Ganztagsschule nicht gibt. Eine solche Theorie müsste sich historisch, systematisch, philosophisch-anthropologisch und gesellschaftsbezogen unter Einbeziehung empirischer Forschung, die es zu diesem Fragenkomplex nur rudimentär gibt, pädagogisch legitimieren. Das ist eine Aufgabe, die derzeit wenig Aussicht auf schnellen Erfolg hat und deshalb müssen Bemühungen um eine Substantiierung der Ganztagsschule derzeit mit dem Risiko leben, zufallsbedingt, interessengeleitet, parteilich, lückenhaft und perspektivlos zu agieren (vgl. GAUGER Abschn. 9). Die Parteien Deutschlands verfügen über einen reichen Erfahrungsfundus in bildungspolitischem Handeln, das diese genannten Merkmale aufweist – die insgesamt doch unbefriedigend verlaufene und im Ergebnis höchst disparate Strukturdebatte der 70er Jahre und die Qualitätsdebatte der 90er Jahre mit z.T. desaströsen Befunden zu den Schulformen macht deutlich, auf welch dünnem Eis sich bildungspolitisches Handeln mitunter bewegt, wenn es nicht theoriegeleitet sich vollzieht, wenn es die Empirie in den Dienst der Politik zur Rechtfertigung regierungspolitischen Alltagshandelns zu stellen sich bemüht. Heinrich WOTTAWA (1981) hat vor mehr als 20 Jahren einschlägige Belege für den hier gekennzeichneten Zusammenhang aufgewiesen und ich bin sehr skeptisch, ob sich daran bis heute grundlegend etwas geändert hat.

Vor diesem Hintergrund sind die nachfolgend benannten Grundsätze zu bewerten.

- Ein nach meiner Einschätzung unabdingbarer Grundsatz ist die Gestaltung der Ganztagsschule als **Angebotsschule**. Zwei Modelle sind denkbar: Ganztagsschule als Angebotsschule neben anderen Schulformen (gebundene Ganztagsschule) **oder** Ganztagsschule als Angebotsschule, soweit es die Teilnahme an den nachmittäglichen Angeboten betrifft (offene Ganztagsschule). Je nachdem, welchem der beiden Modelle man nahe steht, sind die curricularen Folgen sehr weitreichend und sehr unterschiedlich.

In **Variante 1** besteht Anwesenheitspflicht von 8.00 – 16.00 Uhr; Unterrichts- und Freizeitprogramm sind über den ganzen Tag verteilt, das gilt auch für obligatorische und fakultative Unterrichtsanteile; es gibt keine schriftlichen Hausaufgaben, das Mittagessen wird gemeinsam eingenommen.

In **Variante 2** müssen die obligatorischen Unterrichtsanteile weiterhin am Vormittag unterrichtet werden, nachmittags folgen fakultative Unterrichtsanteile, das gemeinsame Mittagessen ist freiwillig.

- Die Ganztagsschule muss die zeitlich größere Präsenz der Schüler in der Schule als Chance sehen, die es im Sinne des eingangs genannten Schulzweckes zu nutzen gilt und nicht als Belastung. Daraus folgt, dass sie ernst macht mit der – von der Schulkritik mal mehr mal weniger zutreffend eingeforderten – Pädagogisierung der Schule.

Aus diesem Grundsatz leite ich drei Folgerungen ab, die allesamt auf einen pädagogisch angemessenen Umgang mit Zeit zielen:

- Die Ganztagsschule ist von den äußeren zeitlichen Gegebenheiten in einer günstigen Ausgangslage, um auf die Veränderungen der Kindheit und der Jugend zu reagieren (Stichwort: **Sozialpädagogisierung der Schule**)

- Die Schule muss den Zuwachs an verfügbarer Zeit zur intensiveren individualen Betreuung jedes einzelnen Schülers einsetzen. Hier liegt eine zweifach realistische Chance für einen zumindest partiellen Ausgleich
  - ✎ der Nachteile, die von großen Lernverbänden auf die Unterrichtsqualität zurückwirken können;
  - ✎ der familiaren Funktionsverluste. Hier liegen allerdings auch Risiken, der Demotivation vieler Schüler entgegenzuwirken;

  (Stichwort: **Individuation der Betreuung**)

- Der Zugewinn an Zeit muss insbesondere in der Ausgestaltung des Schullebens erfahrbar werden. Dazu gehören u.a.:

  ➢ Außerschulische Projekte und Workshops
  ➢ Multikulturelle Begegnungen
  ➢ Mitarbeit an Schul-/Schülerzeitungen

aber auch:

➢ Auffangen und Verarbeiten von Störungen

➢ Entwickeln von Gesprächskultur und Dialogfähigkeit

➢ Aufarbeitung von Fehlern im Bereich von Lernen und Leisten, von sozialem Verhalten, von intergenerativer Kommunikation etc.

4.5   Fazit

Das hier aufgezeigte Profil setzt eindeutig auf die Umsetzung des eingangs genannten Schulzweckes insgesamt. Die Schule ist ohne Einschränkung Unterrichtsort, aber sie eröffnet auch Möglichkeiten der pädagogisch geleiteten Erschließung der Lebenswelt und der Gestaltung des Schullebens. Diese Zieldimension ist gemeinsames Fundament aller Schulen, der Halbtagsschule wie der Ganztagsschule. Ersterer wird gelegentlich unterstellt, dass dort beide Teildimensionen – Bildung und Erziehung – gelegentlich nur eingeschränkt zur Geltung kommen. Die herangezogenen Gründe dafür sind vielfältig:

- Straffe stoffliche Gliederung

- Unterrichtsausfall

- Unterfinanzierung

- ungünstige Lehrer-Schüler-Relation – Unterversorgung mit Personal

- einseitige Akzentuierung von Bildung oder Erziehung

- edukative „Enthaltsamkeit" von Elternhaus oder Schule

- etc.

Es ist meines Erachtens eine empirisch offene Frage, ob die notierten Mängel tatsächlich zwischen der Ganztags- und der Halbtagsschule zu verteilen sind. So trifft Unterfinanzierung die Schulen unabhängig von ihrer Struktur, also unabhängig vom Ganztags- oder Halbtagsbetrieb; Einseitigkeiten sind sehr stark personenabhängig und deshalb in beiden Systemen beobachtbar. Deshalb ist die Ausweitung des Ganztagsbetriebes wissenschaftlich zu begleiten, um Wildwuchs zu vermeiden und der Kritik zu begegnen, die durch die Datenlage nicht belegbar ist. Das trifft im Falle der Ganztagsschule auf große Schwierigkeiten, ist sie doch durch das Bundesministerium für Bildung und Forschung publizistisch instrumentalisiert, wie andere „Aktionismen" dieses Hauses in den vergangenen Jahren auch, z.b. die Kampagne „Ein Laptop für jeden Schüler", die Juniorprofessur, das Verbot von Studiengebühren etc. etc. Das Investitionsprogramm „Zukunft Bildung und Betreuung" (IZBB) der Bundesregierung ist solange ein „Lockvogelangebot", wie es die horrenden Folgekosten der Einrichtung von Ganztagsschulen, insbesondere die Personalkosten bei den ohnehin finanzpolitisch „klammen" Ländern und Kommunen belässt, ohne Kompensationsangebote zu unterbreiten – immerhin reden wir über ca. 30 % höhere Kosten gegenüber den ohnehin unterfinanzierten Halbtagsschulen.

Die verantwortliche Politik ist, wie wir meinen, gut beraten, wenn sie Fehler, die von allen Parteien bei der Reform der Schule und des Bildungswesens insgesamt gemacht wurden, nicht wiederholt. Dabei kann man punktuell durchaus vom jeweils anderen lernen. Ohne nun die „Sünden" der jeweils anderen Seite aufzurechnen, kann man die in den 70er und 80er Jahren mit geradezu missionarischem Eifer in den alten Bundesländern geführte, im Ergebnis aber nicht konstruktive **Strukturdebatte** als eines jener Konfliktfelder bezeichnen. Um Missverständnissen im Vorfeld zu begegnen: Der Diskurs über die Struktur des Schulwesens ist notwendig und wichtig, weil er den Sachverstand von ideologischen Überformungen zu entlasten geeignet ist. Die Strukturdebatte darf aber die nicht minder wichtige substantielle Innovation der Schule zurückdrängen. In unseren Schulen herrscht auch heute noch – zwar nicht überall, aber weit verbreitet – methodisch-didaktischer Monismus. Es gibt eine Monokultur der Unterrichtsgestaltung, die von der Vielfalt der didaktischen und methodischen Gestaltungsmöglichkeiten kaum Gebrauch macht. Diese Lehre aus TIMSS und PISA haben wir bisher nicht gezogen.

Einer der Fehler, den wir im Umgang mit der Ganztagsschule nicht wiederholen sollten, ist die Art der öffentlichen Auseinandersetzung, wie sie beispielsweise bei der Debatte um die Gesamtschule ablesbar ist. Die Art der Auseinandersetzung klärte weniger als sie belastet. Das Hantieren mit durchaus griffigen Etiketten, die einer flächendeckenden Akzeptanz in der Bevölkerung sicher sein können, mit denen man im übrigen auch Wählerstimmen und damit auch Wahlen gewinnen kann, ist wohl geeignet, das politische Terrain zu ebnen – das Beispiel der rheinland-pfälzischen Ganztagsschulkampagne vor der Landtagswahl des Jahres 2001 ist noch in lebhafter Erinnerung. Heute wird dieser Widerspruch zwischen Verpackung und Inhalt, zwischen dem griffigen sprachlichen Etikett und dürftiger schulpädagogischer Operationalisierung erkennbar und die Politik rudert zurück, zwar nur zentimeterweise, aber für den aufmerksamen Beobachter doch wahrnehmbar.

Der Debatte um die Ganztagsschule ist zu wünschen, dass sie weniger auf Populismus und mehr auf Sachauseinandersetzung setzt – im Bund trotz seiner begrenzten Zuständigkeit, in den Ländern allemal, weil dort die Entscheidungen fallen. Die Reformansätze der letzten Jahre haben den Blick auf die zentralen Aufgaben der Schule zuweilen verstellt. Immer mehr und immer neue Funktionen sind ihr als Folge des Funktionsverfalls anderer Erziehungsinstanzen aufgebürdet worden, ohne zuvor eine Klärung herbeizuführen, ob die neuen Aufgaben mit dem Zweck der Bildungseinrichtung Schule vereinbar sind. Insbesondere im Kontext mit Ganztagsschulen gibt es auch durchaus ernst zu nehmende kritische Anmerkungen, die aber untergehen oder nicht kommuniziert werden, weil sie politisch nicht opportun sind: So hat Helmut FEND (1982, 262 ff, vgl. auch Abschn. 15.5 dieses Bandes) bereits darauf verwiesen, dass in Ganztagsschulen nicht – wie angenommen – die leistungsschwächeren Schüler durch Ausgleich fehlender häuslicher Unterstützungssysteme besser werden, sondern vielmehr die leistungsstärkeren durch den scheinbaren Wegfall dieser häuslichen Unterstützungssysteme im Zuge der Rückverlagerung schulbezogener Tätigkeiten in die Schule im Leistungsniveau absinken. Das heißt: Insgesamt verringert sich die Lernzeit besonders für Schüler, die im halbtägig geführten Schulsystem zu Hause viel für die Schule gelernt haben. Für Schülergruppen, die auch im halbtä-gig geführten Schulsystem eher wenig außerhalb des Unterrichts gelernt haben, ist somit auch keine Veränderung der Lernzeiten und damit auch nicht der Schulleistun-gen erwartbar.

Damit holt uns die empirische Bildungsforschung auf den Boden der Tatsachen zurück. Um diese realistische Bodenhaftung bemühen wir uns im Schlusskapitel die-ses Bandes (HANSEL, Abschn. 15). Nicht der euphorisch getrübte Blick auf ein für Deutschland gar nicht so neues System, sondern die ergebnisorientierte Analyse des vorhandenen Wissens über dieses System ist angesagt – vorurteilsfrei und entideolo-gisiert, damit die Debatte über die Ganztagsschule nicht so endet wie die Strukturde-batte, auf die oben verwiesen wurde: wortgewaltig und qualitätsmindernd.

4.6 Literatur

FEND, Helmut: Gesamtschule im Vergleich. Bilanz der Ergebnisse des Gesamtschulver-suchs, Weinheim/Basel 1982
GIESECKE, Herrmann: Brauchen wir mehr Ganztagsschulen? Funkmanuskripte Bd. 8, Göt-tingen 2004
HOLTAPPELS, Heinz Günter: Ganztagsschule und Schulöffnung, Weinheim/München 1994
HOLTAPPELS, Heinz Günter/SCHNETZER, Thomas: Analyse beispielhafter Schulkonzepte von Schulen in Ganztagsform, Institut für Schulentwicklungsforschung, Dortmund 2003
LUDWIG, Harald: Entstehung und Entwicklung der modernen Ganztagsschule in Deutsch-land, Bd. 1 und 2, Köln/Wien/Weimar 1993
WOTTAWA, Heinrich: Die Kunst der manipulativen Berichtlegung in der Evaluationsfor-schung, in: Zeitschrift für Entwicklungspsychologie und Pädagogische Psychologie, Bd. XIII Heft 1, 1981/S. 45-60

Harald Ludwig

5 Ganztagsschule und Reformpädagogik

Zur aktuellen Ganztagsschuldebatte und ihrer historischen Verankerung in Deutschland

Seitdem in Deutschland internationale Vergleichsstudien zu Schülerleistungen Lernrückstände deutscher Schülerinnen und Schüler in der Öffentlichkeit bekannt gemacht haben, ist eine intensive Diskussion um eine Reform von Schule und Unterricht entbrannt. Einen zentralen Problempunkt bildet dabei die Frage, ob und wie die heute in Deutschland vorherrschende Halbtags- oder Vormittagsschule in eine ganztägig geführte Institution umgewandelt werden kann und soll. Zusätzliche Impulse erhält diese Diskussion durch den wachsenden Betreuungsbedarf vieler berufstätiger Eltern für ihre Kinder am Nachmittag. Dies hat in vielen Bundesländern zu entsprechenden bildungs-politischen Maßnahmen geführt. Zumindest soll das Angebot an Ganztagsschulen erheblich ausgeweitet werden. Nach wie vor wenig bewusst ist dabei die Tatsache, dass die Bemühungen um die Einrichtung moderner Ganztagsschulen auch in Deutschland nicht neu sind, sondern auf eine mehr als 100jährige Geschichte zurückblicken können. Dieser historischen Verankerung soll in diesem Beitrag vor allem im Hinblick auf die Wurzeln ganztägiger Schulerziehung in der klassischen Reformpädagogik zwischen 1890 und 1940 nachgegangen werden, um dadurch den Betrachtungshorizont für die heutige Diskussion zu erweitern und zu bereichern.[1]

---

[1] Es handelt sich bei diesen Ausführungen um die aktualisierte Fassung eines Vortrags, der bereits in der Zeitschrift „Pädagogische Rundschau" 49 (1995), S.31-43, veröffentlicht wurde.

5.1 Reformpädagogik ohne Bedeutung für eine moderne Ganztagserziehung?

„Die Schule im Jahr 2000 wird eine ‚Tagesheimschule' von 8.00 bis 16.30 Uhr sein. Das bedeutet keineswegs, daß die Zahl der Unterrichtsstunden einfach vermehrt wird, sondern man wird Erfahrungen der Jugendpflege und der Gruppenpädagogik weitgehend berücksichtigen. Dazu gehört auch all das, was in der schwedischen und zum Teil auch der angelsächsischen Schule selbstverständlich ist: das gemeinsame Mittagessen, die Mittagsruhe, Sport und Spiel. Die neue Schule bietet individuelle Studienmöglichkeiten in Werkstatt, Labor oder Bibliothek. Sie ist offen für die Initiative der Schüler und ein Ort jugendgemäßen Lebens und Arbeitens."

Diese Sätze schrieb im Jahre 1963 der Erziehungswissenschaftler Carl Ludwig FURCK, ein Schüler Herman NOHLs, im Entwurf eines Schulplans für das Jahr 2000.[2] FURCK stand damals mit seiner Ansicht nicht allein. Viele Erziehungswissenschaftler und Bildungspolitiker in der Bundesrepublik Deutschland wie Theodor BALLAUFF, Franz PÖGGELER, Hellmut BECKER, Walter SCHULTZE u.a. erblickten in den 60er Jahren trotz aller Unterschiedlichkeit ihrer Denkansätze und Ausgangspunkte in der Tagesheim- bzw. Ganztagsschule die „Schule der Zukunft". Auch in der damaligen DDR wurde 1962 von Horst DREWELOW ein Buch über die Tagesheimschule unter diesem Titel veröffentlicht.[3] In dieser Zeit eines regen Interesses an ganztägig organisierten Schulen erschien auch eine Untersuchung, die bis in die jüngste Zeit die Auffassung der Erziehungswissenschaft über das Entstehen der modernen Ganztagsschule in Deutschland entscheidend geprägt hat. Es handelt sich um

---

[2] FURCK, C.L.: Schule für das Jahr 2000 – Ein utopischer Plan, in: Neue Sammlung 3 (1963), S.501-508, Zitat S.506.

[3] Vgl. BALLAUFF, Th.: Die Schule der Zukunft, Bochum o. J. (1963); PÖGGELER, F.: Freizeitpädagogik – Ein Entwurf, Freiburg i.Br. o. J. (1965); BECKER, H.: Die freie Schule in der modernen Gesellschaft, in: BECKER, H. u.a. (Hrsg.): Erziehung und Politik – Minna Specht zu ihrem 80. Geburtstag, Frankfurt a. M. 1960, S.144-151; SCHULTZE, W.: Die Tagesheimschule in der Diskussion des Auslands, in: Tagesheimschule 5 (1965), S.1-13; DREWELOW, H.: Die Schule der Zukunft – Die Tagesheimschule in der DDR und ihre Bedeutung für die Entwicklung der Ganztagserziehung, Berlin (Ost) 1962.

die Buchveröffentlichung einer Dissertation von Joachim LOHMANN mit dem Titel „Das Problem der Ganztagsschule", die an der Universität Würzburg unter der Obhut von Albert REBLE entstandenen ist.[4]

LOHMANNs anspruchsvolle Untersuchung enthält neben systematischen Überlegungen zur Ganztagsschule, die auch empirische Forschungsergebnisse einbeziehen, einen ausführlichen historisch-vergleichenden Teil. Darin behandelt der Verfasser allerdings nicht die Entstehung und Entwicklung der modernen Ganztagsschule in Deutschland, sondern die Umwandlung der traditionellen Ganztagsschule in eine halbtägig organisierte Unterrichtsschule. Unter „traditioneller Ganztagsschule" ist eine Form der Schulorganisation zu verstehen, wie sie im 19. Jahrhundert in Deutschland und in anderen Ländern allgemein üblich war. Der Unterricht wurde auf den Vor- und Nachmittag verteilt, etwa von 8-12 Uhr und von 14-16 Uhr. Während der zweistündigen Mittagspause gingen die Schüler nach Hause, um dort im Kreis der Familie das Mittagessen einzunehmen, eine Ruhepause einzulegen und dann zum Nachmittagsunterricht in die Schule zurückzukehren. Treffend wurde diese Organisationsform als „Schule mit geteiltem Unterricht" bezeichnet. LOHMANN zeigt im einzelnen auf, wie sich aus dieser traditionellen Form der Schulorganisation, die schon COMENIUS im 17. Jahrhundert empfiehlt, in Deutschland die heute geläufige halbtägige Unterrichtsschule entwickelte. In den angelsächsischen Ländern hingegen habe die Schule einen ganztägigen Organisationsrahmen beibehalten, aber zugleich neue Strukturelemente in sich aufgenommen. Sie habe ihre Aufgabenstellung erweitert und sei damit zur „modernen Ganztagsschule" geworden. Eine Leitfunktion sei dabei der amerikanischen Ganztagsschule zugefallen. Schultheoretisch abgesichert habe die neue Konzeption in den USA vor allem die Pädagogik des amerikanischen Reformpädagogen John DEWEY (1859-1952).

---

[4] LOHMANN, J.: Das Problem der Ganztagsschule, Ratingen 1965.

In Deutschland hingegen sei es – so die Auffassung von LOHMANN – zu einer Neukonzeption einer ganztägig geführten Schule nicht gekommen. Dort habe man die neuen, durch die gesellschaftliche und politische Entwicklung bedingten, sozialen und pädagogischen Aufgaben als eine Angelegenheit der Familie und der außerschulischen Jugendhilfe betrachtet. In diesem Zusammenhang geht der Autor auf wenigen Seiten auch auf die deutsche Reformpädagogik ein. Es werden hier sehr pauschal und summarisch die Frage des Einflusses der Jugendbewegung auf die Schulentwicklung sowie ganztagsschulrelevante Ansätze bei Hermann LIETZ, Georg KERSCHENSTEINER und Paul OESTREICH angesprochen. Ein unmittelbarer Einfluss der Jugendbewegung auf die Schulentwicklung wird von LOHMANN verneint. Die knappe Betrachtung der drei Reformpädagogen schließt der Verfasser mit dem Urteil ab: „Kein anderer Pädagoge (sc. der Reformpädagogik, H.L.) außer LIETZ, KERSCHENSTEINER und OESTREICH hat eine Erziehung durch die Ganztagsschule befürwortet. Und auch diese drei haben sich nur am Rande dafür eingesetzt. So bleibt die Reformpädagogik ohne bedeutenden Einfluss auf eine moderne Form der Ganztagserziehung."[5] In Deutschland sei erst nach 1945 eine entsprechende Diskussion entstanden, angestoßen vor allem durch die Beiträge von Lina MAYER-KULENKAMPFF und Herman NOHL aus dem Jahre 1947.[6] Diese hätten unter dem Eindruck der katastrophalen Notlage der Nachkriegszeit die Einführung von „Tagesheimschulen" zur Behebung der sozialen Not von Kindern und Jugendlichen gefordert. Damit habe die ganztägige Schule in Deutschland zunächst den Charakter einer sozialen Sonderschule erhalten und sei in diesem Sinne auch seit Mitte der 50er Jahre erstmals verwirklicht worden. Erst später habe man – seit dem Ende der 50er Jahre – diese sozialpädagogische Engführung ganztägiger Schulerziehung zu überwinden begonnen und unter Rückgriff auf die Gestaltung des Schulwesens in anderen Ländern die Ganztagsschule als moderne Schule für alle konzipiert und zu realisieren gesucht.

---

5 LOHMANN, a.a.O., S.88.
6 MAYER-KULENKAMPFF, L.: Gedanken zur Schule heute, in: Die Schule 2 (1947), H.8, S.1-6; NOHL, H.: Die pädagogische Aufgabe der Gegenwart, in: Die Sammlung 2 (1947), S.694-701.

Diese Auffassung LOHMANNs ist in der Folgezeit, in der man mehr an sozialwissenschaftlichen Ansätzen interessiert war als an historisch-systematischen Fragestellungen, von der deutschen Erziehungswissenschaft übernommen worden und findet sich in allen einschlägigen Beiträgen, soweit sie überhaupt dieser Frage Beachtung schenken, bis in die jüngste Zeit. So lesen wir beispielsweise in einem 1994 erschienenen umfangreichen Buch von Heinz Günter HOLTAPPELS „Ganztagsschule und Schulöffnung": „Die ersten Forderungen zur Errichtung von Ganztagsschulen stammen aus der Nachkriegszeit und resultieren aus den durch den Zweiten Weltkrieg bewirkten sozialen Problemen."[7] Besonders seltsam mutet es an, dass der Verfasser dieser Untersuchung zwar wiederholt darauf hinweist, dass viele Aspekte der heutigen Diskussion um die moderne Ganztagschule bereits zu Zeiten der Reformpädagogik diskutiert worden seien. So nennt er etwa Aspekte der Schulkritik, Formen projektorientierten und handlungsorientierten Lernens, ja sogar Schulkonzepte der Reformpädagogik, wobei neben dem Engländer REDDIE und dem Amerikaner DEWEY auch die deutschen Pädagogen LIETZ und PETERSEN sowie KERSCHENSTEINER berücksichtigt werden.[8] Er weist auch auf „Parallelen zwischen Ganztagsschule und Lebensgemeinschaftsschule (insbesondere bei PAULSEN und REICHWEIN)" hin.[9] Aber die im Rahmen der Reformpädagogik entwickelten und realisierten Modelle einer ganztägig geführten Schule bleiben völlig unerwähnt. Ebenso wenig wird beachtet, dass die Forderung nach Tagesheimschulen in der Zeit nach dem 2. Weltkrieg zwar durch die damalige Notlage mitveranlasst war, aber gleichwohl an reformpädagogische Vorstellungen zur Gestaltung einer ganztägigen Schule anknüpfte, die von diesem Anlass durchaus unabhängig waren. Dazu gehören auch Bemühungen um die Rhythmisierung des Schultages oder um Öffnung der Schule, wie sie von HOLTAPPELS als neue Errungenschaften dargestellt oder lediglich der angelsächsischen Reformpädagogik zugeordnet werden.[10]

---

[7] HOLTAPPELS, H. G.: Ganztagsschule und Schulöffnung – Perspektiven für die Schulentwicklung, Weinheim/München 1994, S.89.
[8] Vgl. HOLTAPPELS, a.a.O., S.28; S.64ff, S.72ff; S.81ff.
[9] Ebd., S.107
[10] Vgl. ebd., S.109ff; S.142ff

Die fehlende Berücksichtigung historischer Zusammenhänge nahm zuweilen groteske Formen an. So kritisierte zum Beispiel Gerhard STEINDORF in seiner „Einführung in die Schulpädagogik" zu Recht, dass der Deutsche Bildungsrat in seiner Empfehlung zur Einrichtung von Schulversuchen mit Ganztagsschulen von 1968 „unverständlicherweise die Leistungen der voraufgehenden fünfzehn Jahre unberücksichtigt läßt".[11] Ich denke, man wird hier aber noch weiter ausgreifen müssen und die Leistungen auch der früheren deutschen Reformpädagogik für Konzeption und Realisierung moderner Formen der Ganztagsschule in die aktuelle Diskussion einbeziehen müssen. Denn entgegen der noch heute weit verbreiteten Auffassung hat die moderne Ganztagsschule in Deutschland wesentliche Wurzeln in der deutschen Reformpädagogik und die Entwicklung nach 1945 in Deutschland stellt keinen gedanklichen Neubeginn dar, sondern steht in einer Kontinuität mit diesen Bemühungen der vorausgegangenen Reformpädagogik.[12]

Im Folgenden möchte ich einige Aspekte dieser Bedeutung der Reformpädagogik für die Entwicklung der modernen Ganztagsschule in Deutschland aufzeigen.

---

[11] STEINDORF, G.: Einführung in die Schulpädagogik, 3. verb. Aufl., Bad Heilbrunn 1976, S.149.
[12] Vgl. hierzu ausführlich LUDWIG, H.: Entstehung und Entwicklung der modernen Ganztagsschule in Deutschland, Studien und Dokumentationen zur deutschen Bildungsgeschichte, hg. von Ch. FÜHR und W. MITTER, Bd.51/1 und 51/2, Köln u.a. 1993.

5.2 Beiträge der deutschen Reformpädagogik zu Konzeption und Realisierung moderner Formen der Ganztagsschule

5.2.1 Die Bedeutung der deutschen Landerziehungsheime

Zu Recht wird gelegentlich darauf verwiesen, dass die Pädagogik der deutschen Landerziehungsheime wichtige Impulse für die Gestaltung der Ganztagsschule in Deutschland gegeben habe. Allerdings wird dabei übersehen, dass dieser Einfluss nicht erst in der Entwicklung nach 1945 einsetzt, sondern schon kurz nach der Gründung des ersten deutschen Landerziehungsheims durch Hermann LIETZ im Jahre 1898. Es wird zudem meist nicht beachtet, dass dieser Einfluss vornehmlich in Gestalt einer kritischen Auseinandersetzung mit der Institution des Landerziehungsheims erfolgt.

Hermann LIETZ wollte mit seinem „Deutschen Land-Erziehungs-Heim" eine Alternative schaffen zur traditionellen Unterrichtsschule des 19. Jahrhunderts. Die kognitive Einseitigkeit und der strenge Formalismus dieser „alten Schule" sollte im Rahmen eines Gemeinschaftslebens im Internat in naturnaher ländlicher Umgebung überwunden werden durch ein vielseitiges pädagogisches Programm, das auf eine ganzheitliche Menschenbildung ausgerichtet war und unter der Leitidee der Erziehung stand. Deshalb wurde ein rhythmisierter Tagesablauf entworfen, in dem sich Unterricht vereinte mit körperlichen Betätigungen sportlicher und handwerklicher Art, mit Formen musisch-künstlerischer Bildung und nicht zuletzt mit kontemplativen Elementen in Gestalt der Besinnungsstunden der abendlichen „Kapelle". Dies alles war eingebettet in ein umfassendes Schulleben, zu dem auch die Schulreise als ein die Geschlossenheit der Institution aufbrechendes Element gehörte. Dieses Schulleben sollte den personalen Beziehungen zwischen Schülern und Lehrern, aber auch zwischen den jungen Menschen selbst genügend Raum geben. Schule sollte nicht nur Lern-, sondern auch Lebensstätte des jungen Menschen und seiner Lehrer und Erzieher sein.

Als der Pädagoge Ernst KAPFF im Jahre 1906 in einer Schrift mit dem Titel „Die Erziehungsschule" seinen Entwurf einer Ganztagsschule vorlegt, die kein Internat sein soll, sondern eine Tagesschule, bezieht er sich neben Einrichtungen des englischen und amerikanischen Schulwesens ausdrücklich auf die Konzeption des Landerziehungsheims von Hermann LIETZ und knüpft an dessen pädagogische Intentionen an. Schärfer noch als LIETZ begründet KAPFF seine Forderung nach einer Neukonzeption der Schule mit dem gesellschaftlichen Wandel, der sich im Zuge der Entwicklung zur Industriegesellschaft vollzogen hat und noch vollzieht. Insbesondere teilt KAPFF die These des Landerziehungsheimgründers, die Unterrichtsschule alter Art beruhe „auf der falschen Voraussetzung, daß das Haus die Erziehungsarbeit am Zögling vornehme, während sie selbst nur mit seiner intellektuellen Ausbildung und der damit notwendig verbundenen Regierung zu tun habe". Angesichts „der Einbuße, welche die erzieherische Bedeutung der Familie, der Nachbarschaft usw. infolge der Begleiterscheinungen des Industrialismus ... erlitten hat und täglich mehr erleidet", sei eine solche Aufgabenteilung obsolet. Auch die Schule müsse sich der immer mehr ausufernden Erziehungsnot annehmen.[13]

Indessen ist das Landerziehungsheim als Internat für KAPFF hauptsächlich aus drei Gründen keine angemessene institutionelle Antwort auf die Forderungen der Zeit. Denn erstens würden in dieser Einrichtung „in der Weise ROUSSEAUs Kultur und Zivilisation einseitig von der Seite ihrer schädigenden Einflüsse bewertet und die Zöglinge vor der Berührung mit ihrem Getriebe in ländliche Abgeschiedenheit geflüchtet".[14] Der Pädagoge KAPFF sieht jedoch in der industriellen Entwicklung auch positive Aspekte und strebt eine aktive Auseinandersetzung des jungen Menschen mit ihr an. Zweitens lasse das Internat der Familienerziehung zu wenig Raum. Auf diese könne jedoch nicht verzichtet werden. Vielmehr solle schulische Erziehungs- und Bildungsarbeit in engster Verbindung mit dem Elternhaus erfolgen. Die Schule

---

[13] KAPFF, E.: Die Erziehungsschule – Ein Entwurf zu ihrer Verwirklichung auf Grund des Arbeitsprinzips, Stuttgart o. J. (1906), S.12 und S.19.
[14] Ebd., S.17.

40

soll sogar durch entsprechende Elternarbeit dazu beitragen, die erlahmende Erziehungskraft und -verantwortung vieler Eltern wieder zu stärken. Es komme drittens hinzu, dass nur wenige Eltern in der Lage sein würden, die hohen Kosten für eine Internatserziehung aufzubringen.

Die Organisationsform von Schule, in der die Vorteile der Landerziehungsheimpädagogik zur Geltung kommen können, ohne die genannten gravierenden Nachteile aufzuweisen, ist für KAPFF das „Halbinternat". Es handelt sich um eine Tageseinrichtung am Rande der Stadt, wo man die Vorteile einer naturnahen Umgebung nutzen kann, aber zugleich auch die Nähe zum Elternhaus und zum kulturellen und zivilisatorischen Angebot der Stadt gewährleistet bleibt. In seiner Schrift entwirft der Pädagoge ein detailliertes Programm für die organisatorische, pädagogische und didaktische Gestaltung einer solchen Schule. Dazu gehören die Gewährung eines Mittagessens, die Einführung einer Hausaufgabenbetreuung bzw. eines Förderunterrichts, die Gestaltung eines abwechslungsreichen Schullebens einschließlich intensiver Elternarbeit, der Einbezug handwerklicher Arbeiten in Werkstätten und im Garten und eine auf Öffnung der Schule hin angelegte Exkursionspädagogik, in deren Rahmen das natürliche, kulturelle, soziale und wirtschaftliche Umfeld der Schule durch regelmäßige Ausflüge und Unterrichtsgänge bildungsmäßig erschlossen werden soll.

Ähnliche Entwürfe einer modernen Ganztagsschule sind auch aus dem Kreis der Landerziehungsheimgründer selbst vorgelegt worden. So schlägt Gustav WYNEKEN, der Initiator des Internates „Freie Schulgemeinde Wickersdorf", im Jahre 1910 Ta-geseinrichtungen am Rande der Stadt vor, für die er in Anlehnung an eine Einrichtung in Sparta die Bezeichnung „Syssitien" benutzt.[15] Er füllt diesen Organisationsrahmen inhaltlich mit den Vorstellungen seiner Internatspädagogik und will den jungen Menschen ein isoliertes und autonomes Jugendreich ermöglichen. Im Unterschied zu KAPFF verbindet sich allerdings bei WYNEKEN mit dieser Konzeption eine Geringschätzung der Familienerziehung. Weder die Konzeption von KAPFF noch die von WYNEKEN wurde vor dem Ersten Weltkrieg verwirklicht.

Nach Ende dieses Krieges wurde aus dem Kreise der Landerziehungsheime wiederholt die Einrichtung solcher Tagesheimschulen angeregt. Am bekanntesten sind die Bemühungen von Kurt HAHN, dem Gründer der Internatsschule Schloss Salem. HAHN wollte um 1930 das Konzept einer „Stadtrandschule" realisieren, das inhaltlich an seinem zunächst für die Internatserziehung gedachten Entwurf einer Erlebnispädagogik ausgerichtet war. Durch die Machtübernahme des Nationalsozialismus kam es nicht mehr zur Verwirklichung der schon weit gediehenen Planungen. HAHN hat jedoch seine reformpädagogischen Vorstellungen im Exil in England weiterentwickelt und sie nach dem Zweiten Weltkrieg in die damalige Diskussion um eine ganztägig organisierte Schule eingebracht.[16] Entsprechendes gilt auch von Minna SPECHT, die in den 20er Jahren zusammen mit dem Philosophen Leonard NELSON das Landerziehungsheim Walkemühle gegründet hatte und nach 1933 reformpädagogische Ansätze ganztägiger Schulerziehung im Exil in Dänemark und England weiterentwickelte. Nach dem Zweiten Weltkrieg übernahm sie für einige Jahre die Leitung der von Paul GEHEEB 1910 gegründeten Odenwaldschule und gab der Diskussion um die Ganztagsschule in den 50er Jahren wichtige Impulse.[17]

Auch Hermann LIETZ hatte 1919 in seinem Werk „Des Vaterlandes Not und Hoffnung" die Gründung von „Tages-Landheimen" bzw. „Tages-Waldheimen" am Rande der Großstädte vorgeschlagen und für deren inhaltliche Ausgestaltung an seine Landerziehungsheimpädagogik angeknüpft. Allerdings hatte er als Adressaten

---

[15] WYNEKEN, G./HALM, A. (Hrsg): Wickersdorfer Jahrbuch 1909-1910 – Abhandlungen zum Programm der Freien Schulgemeinde, Jena 1910.
[16] Vgl. HAHN, K.: Erziehung zur Verantwortung – Reden und Aufsätze, Stuttgart o. J. (1958).
[17] Vgl. SPECHT, M.: Stadtrandschule und Landerziehungsheime, in: Die Sammlung 11 (1956), S.192-195; ferner SPECHT, M.: Erfahrungen mit der Ganztagsschule – Bericht über eine Studienfahrt nach England, in: Die Sammlung 12 (1957), S.262-265.

dieser Einrichtungen schwächliche oder gesundheitlich gefährdete Kinder aus den großen Städten vorgesehen. „Vormittags werden sie unterrichtet und machen ihre Arbeiten, zu Mittag speisen sie da; nachmittags spielen sie auf der Wiese, arbeiten in Garten und Werkstätte. Abends kehren sie zu ihren Eltern zurück."[18] LOHMANN kommentiert diesen Vorschlag so: „Damit entwirft LIETZ als erster deutsche Pädagoge einen Plan für eine moderne Ganztagsschule. Aber sein Vorschlag blieb ohne praktischen Erfolg."[19] Abgesehen davon, dass die knappen Sätze von LIETZ kaum als „Plan" bezeichnet werden können und dass längst vor ihm andere Pädagogen entsprechende Vorschläge gemacht hatten, waren zum Zeitpunkt, als LIETZ diesen Vorschlag machte, Einrichtungen dieser Art längst verwirklicht. Sie waren entstanden im Rahmen einer reformpädagogischen Richtung, die zwar enge Bezüge zur Landerziehungsheimpädagogik hat, aber auch auf davon unabhängige Wurzeln zurückgeht. Es handelt sich um die Wald- und Freiluftschulbewegung.

5.2.2 Die Bedeutung der Wald- und Freiluftschulbewegung

In den gängigen Darstellungen der Reformpädagogik wird diese Richtung völlig ignoriert, obwohl sie wie die Landerziehungsheimpädagogik in vielen Ländern verbreitet und seit den 20er Jahren international organisiert war, große Kongresse veranstaltete und auch nach dem 2. Weltkrieg ihre Bemühungen fortsetzte. Das Modell der „Waldschule" ist das Ergebnis einer ins 19. Jahrhundert zurückreichenden Zusammenarbeit von Pädagogen und Medizinern.[20] Es ging ursprünglich darum, eine Synthese von Gesundheitsfürsorge und Bildungshilfe für gesundheitlich gefährdete Kinder zu finden. Denn man hatte erkannt, dass für viele physisch schwache Kinder ein mehrwöchiger Kuraufenthalt in den Ferien – wie er seit der 2. Hälfte des

---

[18] LIETZ, H.: Des Vaterlandes Not und Hoffnung – Gedanken und Vorschläge zur Sozialpolitik und Volkserziehung, Veckenstedt a. H. 1919, S.63.
[19] LOHMANN, J.: a.a.O., S.68.
[20] Vgl. dazu BENNACK, J.: Gesundheit und Schule – Zur Geschichte der Hygiene im preußischen Volksschulwesen, Köln u.a. 1990

19. Jahrhunderts in verschiedenen Formen eingeführt worden war – zur dauerhaften Festigung der Gesundheit nicht ausreichte und diese Kinder zudem auch einer bildungsmäßigen Förderung bedurften, wofür bei den Aufenthalten in den Erholungsstätten nicht gesorgt war.

Bereits 1881 hatte daher der Arzt Dr. BAGINSKY in einem Antrag an die Stadtverwaltung in Berlin die Einrichtung einer „Waldschule" am Rande der Stadt gefordert. Diese Initiative blieb damals noch ohne Erfolg. Im Jahr 1904 jedoch wurde als erste Schule dieser Art durch den Stadtschulrat H. NEUFERT und den Medizinalrat B. BENDIX die Waldschule in Charlottenburg gegründet. Es handelte sich um eine Schule in einem Kiefernwald am Rande der Stadt, in der kränkliche, gesundheitlich gefährdete Großstadtkinder aus verschiedenen Charlottenburger Volksschulen ganztägig betreut wurden, um sie durch den Aufenthalt in der freien Natur, die Waldluft, angemessene Ernährung und hygienische Lebensweise sowie durch viel Bewegung und Spiel, aber auch Ruhe und Stille gesundheitlich zu fördern, zugleich aber für ihre Bildungsbedürfnisse zu sorgen.[21]

Die Kinder erhielten ihren Unterricht möglichst im Freien. Die Klassen umfassten nur 20 bis 25 Jungen und Mädchen statt der damals üblichen 40 bis 50. Die Unterrichtsstunden sollten eine Dauer von 30 Minuten nicht überschreiten. Der Lehrplan der Waldschule entsprach mit einigen Kürzungen dem der Volksschule. Im Sinne der Reformpädagogik wurde eine Individualisierung des Unterrichts angestrebt, das Prinzip der Selbsttätigkeit stark betont und die Grundsätze der Anschauung und der Lebensnähe realisiert. Nicht alle Klassen hatten gleichzeitig Unterricht. Kinder, die unterrichtsfrei waren, beschäftigten sich nach freier Wahl. Pädagogisch zweifelhafte „Erziehungsmittel" wie die Prügelstrafe, aber auch schroffe Zurechtweisung, scharfer Spott und Sarkasmus, waren verpönt. Für gesunde Mahlzeiten, die nach ärztlichen Gesichtspunkten zusammengestellt wurden, war ebenso gesorgt wie für die

---

[21] Vgl. NEUFERT, H.: Die Waldschule, in: PORGER, G. (Hrsg.): Pädagogische Zeit- und Streitfragen, 2.Aufl., Bielefeld/Leipzig 1926, S.130-136.

notwendigen Ruhe- und Erholungsphasen. Zum abwechslungsreichen Schulleben gehörten Spiel und Sport, handwerkliche Betätigungen verschiedener Art, Lesen, Deklamations-, Theater- und Musikabende, Feste und Ausstellungen, besondere Kurs-Angebote – wie zum Beispiel ein Erste-Hilfe-Kurs – und eine intensive Elternarbeit. Von einem solchen Gemeinschaftsleben, in dem sich ein persönlich geprägtes Lehrer-Schüler-Verhältnis entwickeln konnte, erwartete man auch über den Unterricht hinaus Gelegenheiten zu vielfältiger Interessenbildung (im Sinne HERBARTs), insbesondere auch zur Förderung der sozialen Interessen. So fand etwa die wechselseitige Schülerhilfe ein reiches Betätigungsfeld, aber auch Elemente der Schülerselbstverwaltung konnten in diesem Rahmen entfaltet werden. Es ging darum, eine lebendige, fröhliche und ungezwungene Lern- und Lebensatmosphäre zu schaffen.

Nach der ersten Gründung in Charlottenburg kam es bald zu weiteren Einrichtungen dieser Art. Bereits 1906 empfiehlt ein Erlass des preußischen Kultusministeriums die Schaffung von Waldschulen nach dem Charlottenburger Vorbild. Auch im Ausland wird die Idee aufgegriffen und in verschiedenen Varianten realisiert. Nach einem Rückschlag durch den Ersten Weltkrieg breitet sich die Bewegung in den 20er Jahren erneut aus. Um die Mitte der 20er Jahre soll es in Deutschland über 40 Tageswaldschulen gegeben haben, die im Sinne der Volkswaldschule Charlottenburg arbeiteten; 1931 sollen es etwa 70 gewesen sein.[22]

Wichtig für die Entwicklung der modernen Ganztagsschule in Deutschland ist nun, dass im Verlauf dieses Expansionsprozesses die Konzeption der „Waldschule" bzw. „Freiluftschule" als ganztägig geführte Einrichtung *eine mehrfache Ausweitung* erfuhr. Zum einen sollten Waldschulen nicht mehr nur für Volksschüler gedacht sein,

---

[22] Vgl. TRIEBOLD, K.: Erholungs- und Heilstätten, in: Handbuch der Pädagogik, hg. von H. NOHL und L. PALLAT, Bd.5: Sozialpädagogik, Langensalza 1929, S.85-94; TRIEBOLD, K.: Gegenwärtiger Stand der deutschen Freiluftschulbewegung, in: TRIEBOLD, K. (Hrsg.): Die Freiluftschulbewegung – Darstellung ihres gegenwärtigen internationalen Stands, Berlin 1931, S.58-77; DIEDERICH, W.: Bestandsaufnahme über Freiluft- und Waldschulen in Deutschland, in: Pädagogisches Zentralblatt 1931, S.121-136.

sondern auch für Jungen und Mädchen der höheren Schulen, ja schließlich aller Schularten. In diesem Sinne wurde bereits 1910 die höhere Waldschule Charlottenburg gegründet, die allerdings zunächst nur die Unterstufenklassen umfasste. Eine zweite Ausweitung bestand darin, dass die Arbeit der Waldschule, die ursprünglich nur auf die Sommermonate beschränkt war, auf das ganze Schuljahr ausgedehnt wurde. Als besonders wichtige Erweiterung kam schließlich hinzu, dass man die Waldschule nicht mehr nur als Sonderschule für erholungsbedürftige Kinder verstand, sondern als Einrichtung, die auch für gesunde Kinder als ideale Gestalt der neuen Schule anzusehen sei.

Bereits 1910 hatte der Waldschulexperte K. KÖNIG in einem ausführlichen Artikel über die Waldschule in W. REINs Enzyklopädischem Handbuch der Pädagogik diesen Schultyp als Modell für die Reformpädagogik bezeichnet.[23] Im Jahr 1914 legte der Kieler Pädagoge Eduard EDERT einen Schulplan vor, in dem diese Ausweitung ausdrücklich vollzogen wurde. „Man braucht nur", heißt es bei ihm, „den Charlottenburger Gedanken zu Ende denken, was dort glücklich begonnen wurde, ganz auszuführen, und unsere Tagesschule ist da: statt einer nur die Unterstufe umfassenden Sommerschule für erholungsbedürftige Kinder eine selbständige, voll ausgebaute, das ganze Jahr geöffnete Anstalt, die in der Hauptsache für gesunde bzw. gesund gewordene Kinder bestimmt ist, eine Anstalt, die zugleich das Arbeits- und Erziehungsprinzip verwirklicht, kurz ein Landerziehungsheim mit Tagesbetrieb. So oder ähnlich wird die zukünftige Schule der Großstadt aussehen müssen...".[24] In diesen Sätzen klingen zugleich die beiden anderen reformpädagogischen Strömungen an, welchen die Tagesschule EDERTs besonders verpflichtet ist: die Landerziehungsheim- und die Arbeitsschulbewegung. EDERT entwickelt einen detaillierten Plan für sein Schulmodell, in dem er auch organisatorische Einzelfragen und Möglichkeiten der Finanzierung erörtert und sich mit kritischen Einwänden auseinandersetzt. Ob-

---

[23] Vgl. KÖNIG, K.: Die Waldschule, in: Enzyklopädisches Handbuch der Pädagogik, hg. von W. REIN, 2.Aufl., Bd.10, Langensalza 1910, S.63-111.

wohl schon ein geeignetes Gelände für die neue Schule gefunden war, kam es – vermutlich wegen des Ausbruchs des Ersten Weltkriegs – nicht zur Realisierung dieses umfassenden Plans einer modernen Ganztagsschule.

Dies wurde jedoch nach dem Ende dieses Krieges nachgeholt, wenn auch nicht in Kiel. Im Jahr 1923 erreichte Wilhelm KRAUSE, der Leiter der höheren Waldschule in Berlin-Charlottenburg, dass seine Schule nun als „eine selbständige, das ganze Jahr geöffnete Tagesschule ..., ein Landerziehungsheim mit Tagesbetrieb" geführt wurde.[25] Schrittweise wurde diese ganztägig geführte Einrichtung bis in die 30er Jahre hinein zu einer bis zum Abitur führenden Vollanstalt ausgebaut. Eine weitere Ganztagsschule dieser Art wurde 1932 als Schule in freier Trägerschaft in Leipzig gegründet, u.a. mit Unterstützung des Pädagogen Theodor LITT. Pädagogisch stand sie unter dem besonderen Einfluss der Freien Schulgemeinde Wickersdorf von Gustav WYNEKEN, wo der Schulleiter BERGELT zwei Jahre tätig gewesen war.[26] Die gesundheitsprophylaktische Engführung, unter der manche Waldschulpädagogen die Waldschule für gesunde Kinder noch sahen, war in diesen Gründungen eindeutig überwunden. Eine reformpädagogisch geprägte moderne Ganztagsschule für alle war in Form von Modellschulen realisiert.

Zusätzliche Impulse für die Gestaltung der Schule als ganztägige Erziehungseinrichtung gingen vor allem in den 20er Jahren von einer weiteren Strömung der Reformpädagogik aus: der Arbeitsschulbewegung.

---

[24] EDERT, E.: Die Tagesschule, die Schule der Großstadt – Der Plan ihrer Ausführung in Kiel, Leipzig/Berlin 1914, S.6.
[25] KRAUSE, W.: Die Höhere Waldschule, in: NYDAHL, J. (Hrsg.): Das Berliner Schulwesen, Berlin 1928, S.316-326; Zitat S.316; ferner KRAUSE, W.: Die Höhere Waldschule Berlin-Charlottenburg – Ein Beitrag zur Lösung des Problems „Die neue Schule", Berlin 1929, S.10.
[26] Vgl. SCHEDE,F./BERGELT,A.: Neugestaltung der höheren Schule im Sinne der Freiluftschule, in: TRIEBOLD, K. (Hrsg.), a.a.O., S.139-142; ferner MERKER, F.: Die Waldschule Leipzig 1932-1939 – Eine Ganztagsschule, in: Pädagogische Rundschau 41 (1987), S.445-462.

5.2.3 Die Bedeutung der Arbeitsschulbewegung

Man kann zwar zeigen, dass auch die Arbeitsschulkonzeption Georg KERSCHEN-STEINERs für die Ganztagsschulentwicklung in Deutschland von Bedeutung geworden ist,[27] aber ich beschränke mich hier auf Entwürfe der sozialistischen Richtung der Arbeitsschulbewegung, weil in deren Rahmen besonders differenzierte Ganztagsschulentwürfe vorgelegt worden sind. Hier ist vor allem das Modell der „Elastischen Einheitsschule" zu nennen, wie es von Paul OESTREICH und anderen Pädagogen des von ihm geleiteten „Bundes Entschiedener Schulreformer" entwickelt worden ist.[28]

OESTREICH entwirft die neue Schule als *„Gesamtschule"*, d.h. als eine Schule, die *alle* jungen Menschen umfasst, unabhängig von ihrer sozialen Herkunft, ihrem Geschlecht, ihrer Begabung oder ihrer Konfession. Es ist eine Stufenschule, die von der Säuglingskrippe bis zur Hochschule reicht und in der Sekundarstufe im Rahmen eines differenzierten Kern-Kurs-Systems den individuellen Begabungen und Interessen Rechnung tragen soll. Insofern ist es eine *„elastische* Einheitsschule". Diese Einrichtung soll zugleich *„Produktionsschule"* sein, d.h. sie soll im Sinne KERSCHENSTEINERs praktisch-technisches und praktisch-soziales Handeln, aber darüber hinaus auch die industrielle Produktion in ihre Arbeit einbeziehen. Dies trage dazu bei, die Schule zur *„Lebensschule"* zu machen, d.h. zu einer Institution, die ein intensives Schulleben in sich entfaltet und zu einer „Stätte der Jugendkultur" wird, ohne dabei aber zu einer pädagogischen Insel zu werden wie bei G. WYNEKEN. Vielmehr soll es eine Schule sein, „die in das Leben nach allen Richtungen hinausfließt und die das

---

[27] Vgl. dazu LUDWIG, H., a.a.O., Bd.1, S.243-254; Bd.2, S.406,S.420; S.440; u. ö.
[28] Vgl. OESTREICH, P.: Die elastische Einheitsschule – Lebens- und Produktionsschule (Vorträge), 2.durchges. Aufl., Berlin 1923.

Leben von allen Seiten in sich hineinzieht".[29] Es geht also um die Öffnung von Schule einschließlich des Einbezugs von Eltern und anderen Erwachsenen.

Eine Einrichtung, der so viele Aufgaben übertragen werden, kann dies nicht als eine auf den Vormittag beschränkte Schule leisten. Sie muss daher als Ganztagsschule möglichst am Rande der Stadt organisiert werden. OESTREICH führt eine Fülle von Gründen für die Ganztagsform an – er spricht von *„Tagesschule"* -, wie sie auch in der gegenwärtigen Diskussion vorgebracht werden. Dazu gehört der Gedanke, dass die ganztägig organisierte Schule eine Rhythmisierung des Schullebens erlaube gemäß „dem täglichen Rhythmus der menschlichen Leib-Geistigkeit".

Diese Begründung ist von H. HARLESS, einem Mitglied des Bundes Entschiedener Schulreformer, unter dem Titel „Das Zeit-Gesetz in der Erziehungsaufgabe" aufgrund eigener Erfahrungen in der Internatspraxis ausführlich dargestellt worden[30]. Die Vormittagsschule mit ihrer hektischen Aneinanderreihung von Unterrichtsstunden hat nur geringe Möglichkeiten den Erfordernissen des Zeitgesetzes und den damit gegebenen Bedürfnissen junger Menschen nach einer rhythmisierten Gestaltung des schulischen Geschehens Rechnung zu tragen. Das Internat hat diese Möglichkeiten, ist aber nur wenigen vorbehalten. So schlägt HARLESS als Ausweg für die große Mehrzahl der Schüler eine Organisation der öffentlichen Schule als „Tages-Heimschule" am Stadtrand vor. Andere Mitglieder des Bundes, wie Wilhelm GANZENMÜLLER und Wilhelm HOEPNER, begründen die „Tagesschule" als Forderung moderner Großstadtpädagogik.[31] HOEPNER kommt dabei zu der Erkenntnis, dass

---

[29] P. OESTREICH in einer Rede bei der Reichsschulkonferenz, zit. nach: Die Reichsschulkonferenz 1920 – Ihre Vorgeschichte und Vorbereitung und ihre Verhandlungen – Amtlicher Bericht, erstellt vom Reichsministerium des Innern, Leipzig 1921, S.534.

[30] Vgl. HARLESS, H.: Das Zeit-Gesetz in der Erziehungsaufgabe, in: OESTREICH, P. /TACKE, O. (Hrsg.): Der neue Lehrer – Die notwendige Lehrerbildung – Beiträge zur Entschiedenen Schulreform, Osterwieck a. Harz 1926, S.73-81.

[31] Vgl. GANZENMÜLLER, W.: Die elastische Einheitsschule als großstädtische Bildungsanstalt, in: OESTREICH, P./HOEPNER, W. (Hrsg.): Großstadt und Erziehung Berlin / Itzehoe o. J. (1927); HOEPNER, W.: Die praktische Durchführung der Produktionsschule in der Stadt, in: Die Neue Erziehung 12 (1930), H.7, S.484-496.

der Unterschied zwischen Stadt und Land immer mehr an Bedeutung verlieren werde: „Die Technisierung und Industrialisierung der Welt ist epochales Gesetz." Eine Sehnsucht nach der „Idylle einstigen Seins" sei unangebracht und die ganztägig organisierte Schule der Großstadt sei daher die Schule der Zukunft überhaupt.[32]

Schließlich sei noch der Entwurf einer Gesamtschule in Ganztagsform erwähnt, den Fritz KARSEN in Berlin am Ende der 20er Jahre vorlegt.[33] Dieser entwickelt sein Konzept aus der Idee der rationalisierten Schule. Er bedient sich dabei zweckrationaler Denkformen, wie wir sie später erst wieder in bildungs-ökonomisch orientierten Gedankengängen der 60er und 70er Jahre und teilweise der gegenwärtigen Diskussion finden. Sein Modell stand kurz vor der Verwirklichung, kam dann jedoch wegen der Wirtschaftskrise und der Machtübernahme durch die Nationalsozialisten nicht mehr zur Ausführung.

5.2.4 Die Bedeutung der Schulpädagogik Herman NOHLs

Es ist vielleicht etwas ungewohnt, Herman NOHL als Schulpädagogen zu charakterisieren. Sicherlich trifft es zu, dass es ihm ein besonderes Anliegen war, die Pädagogik insgesamt auf eine neue Grundlage zu stellen und ihr neue Gebiete außerhalb der Schule zu erschließen. Gleichwohl hat er sich immer wieder auch mit den traditionellen Erziehungsfeldern von Familie und Schule beschäftigt. NOHL legte zwar erst 1947 seine Konzeption der Schule als Tagesheimschule vor, auf die dann bei der weiteren Entwicklung der modernen Ganztagsschule in Deutschland bis zur Mitte der 60er Jahre immer wieder zurückgegriffen wurde.[34]

---

[32] HOEPNER, W., a.a.O., S.485
[33] Vgl. KARSEN, F./TAUT, B.: Die Dammwegschule Neukölln, Berlin 1928
[34] Vgl. NOHL, H., a.a.O.

Dieser Entwurf ist jedoch keineswegs, wie dies in der Regel verstanden wird, ein Neben- und Zufallsprodukt seines pädagogischen Denkens im Hinblick auf die speziellen Nöte der Zeit nach dem 2. Weltkrieg. Man kann vielmehr zeigen, dass diese Schulkonzeption das Endprodukt eines anspruchsvollen schultheoretischen Denkens im Schnittpunkt und Spannungsfeld bildungstheoretischer und sozialpädagogischer Überlegungen ist. Dieses Denken hat seine Wurzeln bereits in den 20er und 30er Jahren und lässt sich nur aus NOHLs Gesamtwerk rekonstruieren. Versucht man dies, so ergibt sich ein Schulmodell, das zwar in mancher Hinsicht nur skizzenhaft ausgeführt wird, insgesamt aber ein differenziertes Konzept einer reformpädagogisch geprägten modernen Ganztagsschule darstellt.[35]

Wir haben mit den dargelegten Beispielen das Spektrum der reformpädagogischen Beiträge zur Konzeption einer modernen Ganztagsschule noch keineswegs ausgeschöpft. So ist etwa daran zu erinnern, dass auch Peter PETERSENs Jena-Plan-Schule als Schule unter der Idee der Erziehung eine hohe Affinität zur modernen Ganztagsschule aufweist. Kaum bekannt ist, dass PETERSEN Mitte der 30er Jahre plante, seine Universitätsschule in Jena zu einer Tagesheimschule auszubauen und noch Ende des 2. Weltkriegs für kurze Zeit eine solche Einrichtung in Jena ins Leben rief.[36] Auch Berthold OTTOs Zukunftsschule, die Hamburger Lebensgemeinschaftsschulen, Adolf REICHWEINs Landschule in Tiefensee enthalten Ansätze und Vorschläge zur Gestaltung einer ganztägig geführten Schule.[37] Schließlich gingen wichtige Impulse für die schulische Ganztagserziehung auch von der reformpädagogischen Schullandheimbewegung aus.[38]

---

[35] Vgl. zu NOHLs Ganztagsschulkonzeption ausführlich LUDWIG, H., a.a.O., Bd.2, S.370-414.
[36] Vgl. PETERSEN, U. K.: Der Jena-Plan – Die integrative Schulwirklichkeit im Bilde von Briefen und Dokumenten aus dem Nachlaß Peter Petersens, Frankfurt a. M. u.a.1991, S.84f; HEINTZE, K.: Die Tagesheimschule in Jena – Ein Versuch der Erziehungswissenschaftlichen Anstalt, in: Blätter des Pestalozzi-Fröbel-Verbandes 7 (1956), S.83-86; LUDWIG, H., a.a.O., Bd.1, S.293-313.
[37] Vgl. LUDWIG, H., a.a.O., Bd.1, S.329-339; Bd.2, S.466-469.
[38] Vgl. LUDWIG, H., a.a.O., Bd.1, S.235-241; Bd.2, S.437f, S.469-473.

5.3 Reformpädagogisch gestaltete Ganztagsschule als Schule der Zukunft?

Kehren wir abschließend noch einmal zu dem Ausgangszitat von Carl Ludwig FURCK zurück. Was FURCK dort als Schule für das Jahr 2000 beschreibt, entspricht den dargestellten reformpädagogischen Vorstellungen. In der seit Mitte der 60er Jahre einsetzenden sozialwissenschaftlich orientierten Schulreform traten allerdings diese reformpädagogischen Gestaltungsmomente für ganztägige Schulerziehung, die in engem Bezug zu allgemeinen anthropologisch-pädagogischen Prämissen stehen, zugunsten funktionaler und gesellschaftsbezogener Aspekte zurück.

Wenn in der Gegenwart aus Gründen, die überwiegend schon der Reformpädagogik geläufig waren, in Deutschland eine Ausweitung des Angebots an Ganztagsschulen gefordert wird, so sollte man dieses Erbe der Reformpädagogik nicht unbeachtet lassen, sondern es einbringen in den Diskurs zur Grundlegung und Gestaltung solcher Schulen. Aktuelle Fehlwege wie das Vorhaben, die Zeitreserven der Ganztagsorganisation als Ausgleich für eine Verkürzung der zum Abitur benötigten Schulzeit auf 12 Jahre für Unterrichtszwecke zu nutzen, könnten dann eher vermieden werden. Vor allem aber könnte die reformpädagogische Einsicht Boden gewinnen, dass die Einführung einer modernen Ganztagsschule untrennbar verbunden sein muss mit einer inneren Neugestaltung der Schule. Dafür bieten die Schulmodelle der Reformpädagogik eine Fülle von Anregungen und Ideen, die trotz mancher Fortschritte – vor allem in den Grundschulen – längst noch nicht für die Praxis unserer Schulen fruchtbar gemacht sind. Es könnte sich dann vielleicht das Wort Hans WENKEs, eines Schülers Eduard SPRANGERs, aus dem Jahr 1958 bewahrheiten, der damals meinte: „Die Ganztagsschule sehe ich nicht als Notbehelf an, zu dem uns eine unbequeme Ordnung des sozialen Lebens zwingt, sondern als das Ziel einer

Entwicklung, in der unser deutsches Bildungswesen seit Beginn dieses Jahrhunderts und für alle deutlich seit dem Ende des ersten Weltkriegs steht".[39]

---

[39] WENKE, H.: Für und wider die Fünftagewoche, in: Bamberger, R. u.a.: Das Kind in unserer Zeit, Stuttgart 1958, S.121-134, Zitat S.129f; vgl. ferner WENKE, H.: Die Ganztagsschule in der Lebensordnung unserer Zeit, in: Gemeinnützige Gesellschaft Tagesheimschule (Hrsg.): Theorie und Praxis der Tagesheimschule, Frankfurt a. M. 1958, S.7-18.

Ganztagsschule und gesellschaftliche Vernetzung

Thomas Coelen

6 Ganztagsbildung: Qualifikation und Partizipation von Kindern und Jugendlichen auf kommunaler Basis

Zur Grundlegung der Kooperation zwischen Schulen und Jugendeinrichtungen

In der aktuellen Bildungsdebatte werden ‚Ganztagsschule' und ‚Ganztagsbildung' entweder synonym verwendet, oder ‚Ganztagschule' wird als Organisationsbegriff und ‚Ganztagsbildung' als zugehöriger Theoriebegriff aufgefasst.[1] Dieses, nur scheinbar rein semantische Missverständnis soll hier in sechs Schritten geklärt und somit „Ganztagsbildung" (COELEN 2002b) theoretisch gerahmt werden. Mit diesem Ziel wird zuerst die theoretische Idee skizziert, die hinter dem Begriff steht und diese dann von ‚Ganztagsschule' sowie von ‚Ganztagsbetreuung' unterschieden. Anschließend wird mit ‚Ganztagsbildung' an gesellschaftstheoretisch gerahmte Bildungsbegriffe angeknüpft. An eine kurze, in die Zukunft gerichtete Zwischenbetrachtung schließen weiterführende institutions- und identitätstheoretische Überlegungen an. Der Artikel endet mit Perspektiven für die weitere Forschung. Im Kern geht es um die Begründung eines Vorschlags, wie eine integrierte Form von Aus- und Identitätsbildung auf kommunaler Basis institutionell konkretisiert und somit sowohl Qualifi-

---

1 So z.B. im Titel der Fachtagung vom 12.-14.05.04 in der Evangelischen Akademie in Bad Boll: „Ganztagsschule – Ganztagsbildung. Politik – Pädagogik – Kooperation" bzw. im Vortrag von HOLTAPPELS auf derselben Tagung: „Ganztagsbildung in ganztägigen Schulen", aber auch in den Expertenanhörungen zum Zwölften Jugendbericht von Olk (2004) und Scherr (2004b).

kation als auch Partizipation in einer zugleich demokratischen und kapitalistischen Gesellschaft ermöglicht werden könnten.

6.1 Zur Idee hinter dem Begriff ‚Ganztagsbildung'

Der hier dargelegte Vorschlag zur Begründung und Gestaltung ‚ganztägiger Bildung' für Kinder und Jugendliche mündet in einer Institutionalisierungsform, die Bildung in ihrer Einheit aus Ausbildung und Identitätsbildung mittels Qualifikation und Partizipation ermöglichen soll. Dieser Vorschlag steht im Gegensatz zur Engführung der aktuellen Bildungsdebatte auf Lernleistungen oder die Vereinbarkeit von Familie und Beruf bzw. auf Ganztagsschule oder Ganztagsbetreuung.[2] Unter „Ganztagsbildung" sind vielmehr solche Institutionalisierungsformen zu verstehen, die formelle und nicht-formelle Bildung durch die komplementären Kernelemente Schulunterricht und Jugendarbeit unter Beibehaltung ihrer jeweiligen institutionellen Eigenheiten zu einem integrierten Ganzen gestalten (vgl. COELEN 2002b, S. 53; OTTO/COELEN 2004).

Nun lassen sich allerdings Worte wie ‚Ganztagsbildung' oder ‚ganztägige Bildung' nur in Anführungszeichen verwenden, weil weder ein Vor- und ein Nachmittag den ganzen Tag ausmachen, noch Bildung um 15, 16 oder auch 18 Uhr beendet ist und auch nicht nach dem 10., 12. oder 13. Schuljahr: Die anderen – neben, vor und nach Schule und Jugendhilfe – ebenfalls z.T. bildenden Institutionen wie Familie, *Peer groups* und Medien können in ihren Wirkungen nicht ignoriert werden.[3] Damit ist

---

[2] So die beiden Kernziele bzw. Institutionsbegriffe des „Investitionsprogramms Zukunft Bildung und Betreuung" (2003-2007), jenes so genannten ‚4-Mrd-Projekts' der Bundesregierung zum Ausbau von Ganztagsschulen. Zur Darlegung der gesellschaftlichen Notwendigkeit ganztägiger Einrichtungen siehe HOLTAPPELS (2005, S.123).

[3] Damit wird an die weite Fassung des Institutionsbegriffs angeschlossen, wie sie in der Sozialpädagogik beispielsweise von BAACKE (1985), BÖHNISCH (1992) oder RICHTER (1998) vertreten wird, die ihrerseits den in der Schulpädagogik verbreiteten engen Begriff ablehnen, unter den „lediglich strukturierte Organisationen mit materiellem Apparat" fallen (TILLMANN 2004a, S. 290, Fußnote 18).

auch gleich eine erste, sehr allgemeine Bestimmung des Bildungsbegriffs vorgenommen: als allgegenwärtig möglicher Verschränkung universeller, abstrakter, genereller Bestimmungen von Selbst und Welt mit den einmaligen, konkreten, besonderen Bestimmungen von Individualität, Einmaligkeit und Eigentümlichkeit. Diese Begriffsbestimmung umfasst untrennbar sowohl einen Entwicklungsgang, einen Prozess, als auch eine abschließende Gestalt, ein Produkt (vgl. LANGEWAND 2000, S. 69). Auch die formalen (das ‚Wie?‘) und materialen Aspekte (das ‚Was?‘) von Bildung lassen sich zwar in der Praxis unterschiedlich stark betonen, aus Subjektsicht aber ist Bildung immer ein Ganzes (vgl. KLAFKI 1963, S. 43).

Trotz seiner Ungenauigkeit eignet sich das Chiffre ‚Ganztagsbildung‘ als begriffliche Verdichtung für *eine* von zahlreichen möglichen Institutionalisierungsformen der Zusammenarbeit zwischen Schulen und Einrichtungen der Jugendhilfe.[4] Wenngleich ‚Ganztagsbildung‘ bisher größtenteils für einen programmatischen Hinweis bzw. eine politische und professionsorientierte Forderung steht (vgl. ANDRESEN 2004, S. 42), birgt das Wort auch eine *theoretische* Provokation (vgl. ebd., S. 49), die hier weiterformuliert wird – eine Klärung des gesamten Bildungsbegriffs, jener „intellektuellen Fessel" der Erziehungswissenschaft (ebd., S. 50), kann und soll damit jedoch nicht erreicht werden.

6.2 Unterscheidung von Ganztagsschule, Ganztagsbetreuung und Ganztagsbildung

Die Unterscheidung der Begriffe ‚Ganztagsschule‘, ‚Ganztagsbetreuung‘ und ‚Ganztagsbildung‘ soll zu Beginn anhand dreier Grafiken dargestellt werden (die Längsausdehnungen der Grafiken symbolisieren Tageszeitspannen zwischen ca. 8

---

[4] Zum Stand der Kooperationen zwischen Schule und Jugendhilfe siehe HARTNUß/MAYKUS (2004) und systematisierend OELERICH (1996) in dem Sammelband von FLÖSSER/OTTO/TILLMANN (1996), der angesichts des „deutsch-deutschen Übergangs" eine Bestandsaufnahme der Verhältnisse zwischen Jugendhilfe und Schule in Ost und West umfasst.

und ca. 16 Uhr). Die theoretische Begründung dieser konzeptionellen Konkretisierung – welche an dieser Stelle vielleicht etwas voreilig erscheinen mag – wird im Folgenden nachgeliefert. Dort werden vor allem die in den Begleittexten zu den Abbildungen verwendeten Begriffe ‚formelle‘ und ‚nicht-formelle‘ Bildung weiter unten definiert. Zunächst geht es lediglich darum, dass ‚Ganztagsbildung‘ nicht als Synonym zur ‚Ganztagsschule‘ missverstanden wird und auch nicht als Theoriebegriff von ganztägigen Betreuungsformen:[5]

1. Im Typus der klassischen, gebundenen ‚Ganztagsschule‘ sind ‚nicht-formelle‘ Bildungsbereiche (in den Grafiken durch runde Formen symbolisiert) in den überwiegend ‚formellen‘ Rahmen der schulischen Organisation „inkorporiert“ (vgl. BMBF 2004, S. 33) und beide Modi zeitlich rhythmisiert (die gestrichelten Linien deuten die eingeschränkte Eigenständigkeit an). Die Trägerschaft dieses Typs liegt weitgehend bei den Bundesländern (bis auf die kommunale, so genannte ‚äußere‘ Schulträgerschaft).

Abb. 1. Ganztagsschule: inkorporativ

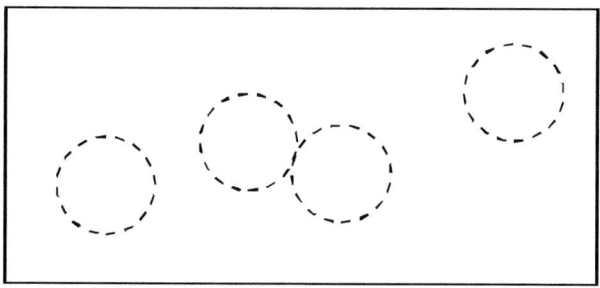

Träger: Land

---

[5] Wenn ‚Ganztagsschule‘ und ‚Ganztagsbetreuung‘ von ‚Ganztagsbildung‘ abgegrenzt werden, müsste eigentlich auch der Unterschied zum Wort ‚Ganztagsförderung‘ herausgearbeitet werden, welches das Bundesministerium für Familie, Senioren, Frauen und Jugend gewählt hat. Jedoch ist dieser Begriff bisher nirgendwo ausformuliert. Es ist zu vermuten, dass damit die individuelle Entwicklungsförderung und Unterstützung von Kindern und Jugendlichen gemäß § 1 Kinder- und Jugendhilfegesetz (KJH) im Kontext der Schulzeit gemeint ist.

2. Im gegenwärtig am meisten verbreiteten Typus der ‚Ganztagsbetreuung'[6] wird an die hauptsächlich ‚formell' gestaltete Vormittagsschule eine ‚nicht-formelle' Nachmittagsbetreuung angehängt – mit ganz wenigen personellen und inhaltlich-methodischen Berührungspunkten. Die Trägerschaft ist zumeist auf Bundesland und Kommune verteilt, wobei der rechtliche Gesamtrahmen häufig durch den Status einer Schulveranstaltung gezogen wird.

Abb. 2. Ganztagsbetreuung: additiv

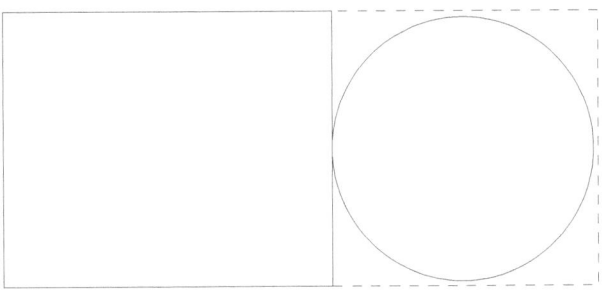

Träger: Land/Kommune

3. Während diese beiden Typen – selbstverständlich in zahlreichen Zwischenvarianten – empirisch vorfindbar sind, ist das Konzept der ‚Ganztagsbildung' bisher nur in wenigen Beispielen umgesetzt worden: Wie im Typus der Ganztagsschule sind auch hier ‚formelle' und ‚nicht-formelle' Bildungsbereiche systematisch miteinander verschränkt, und wie in der Ganztagsbetreuung haben sie ihre Schwerpunkte auf dem Vor- bzw. dem Nachmittag. Die qualitativen Unterschiede bestehen einerseits in der systematisch angelegten personellen und inhaltlich-methodischen Verschränkung der beiden Bereiche (regelmäßig mittags sowie punktuell vor- und nachmittags) und andererseits in der Beibehaltung der institutionellen Eigenständigkeiten (die sich auch räumlich ausdrücken kann) und damit der bildungswirksamen Strukturprinzipien

---

[6] Aktuell sind die allermeisten der neu entstehenden Einrichtungen additive Ganztagsbetreuungen, während die seit Jahren bestehenden, traditionellen Ganztagsschulen nun auf dieses neue Ausstattungsniveau runtergestuft werden (z.B. in Hamburg).

beider Bereiche. Das Konzept sieht ferner – wie international üblich – eine kommunale Trägerschaft des schulischen Anteils und die Gründung eines gemeinsamen Trägervereins zur Gewährleistung des Ganztagsangebots vor.[7]

Abb. 3. Ganztagsbildung: integrativ

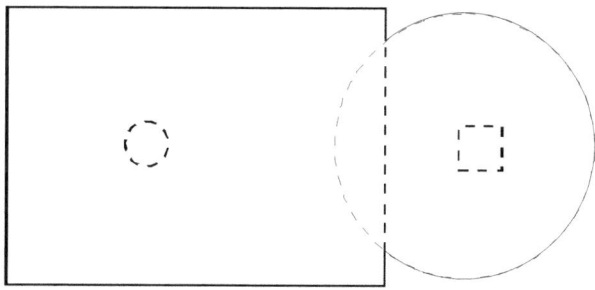

Träger: Kommune/Verein

Diese – aus heuristischen Gründen etwas schematische – Unterscheidung dreier Ganztagskonzepte wird nun vor dem Hintergrund verschiedener Bildungsbegriffe beleuchtet.

6.3 Anknüpfungen an gesellschaftstheoretisch gerahmte Bildungsbegriffe

Bildung ist – auch darin ist ANDRESEN (2004, S. 41) zuzustimmen – eine „fragile Denkfigur von hoher Wirkung (...), deren Ästhetik offenbar fasziniert, deren Befreiungsversprechen Flügel verleiht und deren Exklusivität in die Schranken weist". Der Begriff ‚Ganztagsbildung' spielt ebenfalls mit dieser Faszination und diesem Versprechen; zugleich ist jedoch das dahinter liegende Erkenntnisinteresse auf eine Revision der vielfach vorhandenen Exklusivität des Bildungsbegriffs gerichtet: Bildung ist

---

[7] Zur ausführlichen Herleitung des Konzepts aus einer historischen und systematischen Verhältnisbestimmung von schulischer und außerschulischer Pädagogik siehe COELEN (2002a).

mehr als Schule, aber Schule ist auch mehr als Unterricht, genauso wie Jugendarbeit mehr ist als Betreuung (vgl. BUNDESJUGENDKURATORIUM 2002, S. 159-173). Damit verbunden ist zugleich die begriffsbezogen Absicht, die gestufte Exklusivität von Bildungs*institutionen* einzudämmen; somit reiht sich die ‚Ganztagsbildung‘ ein in die Perspektiven der Kritischen Theorie auf ein autonomes Subjekt, die Bedingungen für seine Mündigkeit und eine emanzipierte Gesellschaft.

Die Anknüpfungen an gesellschaftstheoretisch gerahmte Bildungsbegriffe beginnen mit der Unterscheidung zwischen ‚formeller‘ und ‚nicht-formeller‘ Bildung, die im Zuge der Diskussion um die Einführung der Ganztagsschule breit diskutiert wird (siehe dazu OTTO/RAUSCHENBACH 2004).

Formelle und nicht-formelle Bildung

Den Begriff ‚formelle Bildung‘ beziehe ich auf Institutionalisierungsformen, die curricular gestuft, oft verpflichtend, zertifizierbar strukturiert und für weitere Zugänge berechtigend organisiert sind. Aus Sicht des Subjekts stehen hier Ergebnis- und Produktorientierungen im Vordergrund, um die durchlaufenen Bildungsprozesse und erreichten Bildungsergebnisse in zweckrationaler Absicht verwerten zu können.

Hingegen sind mit dem gleichermaßen institutions- wie subjektbezogenen Begriff ‚nicht-formelle Bildung‘ solche *settings* gemeint, die unter Abwesenheit von berechtigenden Zertifikaten freiwillig institutionalisiert oder fakultativ wählbar sind und deren Inhalte und Methoden systematisch einer relativ großen Gestaltbarkeit seitens der Teilnehmenden unterliegen. Aus Sicht des Subjekts überwiegen hier Verlaufs- und Prozessorientierungen in wertrationaler Einstellung. Formelle und nicht-formelle Bildungsmodi stehen als notwendige Komponenten der materiellen und symbolischen Reproduktion demokratisch-kapitalistischer Lebensverhältnisse in einer dialektischen Beziehung.[8]

In der Praxis findet selbstverständlich auch nicht-formelle Bildung im Rahmen schulischer Organisationen statt (z.b. in Arbeitsgemeinschaften), und umgekehrt sind auch formelle *settings* in außerschulischen Institutionen anzutreffen (z.B. in Form von Jugendgruppenleiterlizenzen); es wäre deshalb falsch, die Modi mit den Institutionen in eins zu setzen, es lassen sich lediglich verschiedene Mischungsverhältnisse und Schwerpunkte ausmachen.[9]

Neben dieser Unterscheidung zwischen formeller und nicht-formeller Bildung fällt in der Debatte häufig auch der Begriff ‚informelle Bildung'. Darunter werden meist ungeplante und nicht-intendierte Bildungsprozesse verstanden, die sich im Alltag von Familie, Nachbarschaft, Arbeit und Freizeit ergeben (vgl. BUNDESJUGEND-KURATORIUM 2002, S. 165). Bisher ist aber zu wenig deutlich geworden, was eine solchermaßen verstandene ‚informelle Bildung' von Sozialisation unterscheidet (vgl. VOGEL 2004, S. 37). An der Differenz zwischen Sozialisation und Bildung festzuhalten scheint aber sinnvoll, wenn man den Prozess der kontextabhängigen Persönlichkeitsentwicklung auf den Ebenen Subjekt, Interaktion, Institution und Gesellschaft (vgl. TILLMANN 2004a, S. 10) unterscheiden will von einem Prozess, in dem sich „geistige Eigentätigkeiten beobachten" lassen, die „gegen Vereinseitigungen wirken" und z.T. „mit Widerständen einhergehen" (RICHTER 1998, S. 18). Deshalb ist es vorerst treffender, den Begriff ‚informelle Bildung' synonym zu ‚nicht-formelle Bildung'

---

[8] In Übertragung des Habermasschen Begriffs von Öffentlichkeit (1993), lässt sich sagen, dass auch Bildung auf dem Zusammenspiel zwischen formellen und nicht-formellen (d.h. ‚nicht-vermachteten') Arten der subjektiven Willensbildung gründet.
[9] So muss wohl auch VOGELs (2004, S. 38) etwas hinterhältige Frage danach, wie man eigentlich Effekte nicht-formeller Bildung feststellen könne, mit dem Hinweis relativiert werden, dass dasselbe Problem in Bezug auf formelle Bildung besteht: Auch Lernleistungstests, wie z.B. PISA, stellen Performanzen fest – inwiefern sie Effekte formeller Bildungsarrangements sind, kann auch dort nur vermutet bleiben.

zu verwenden und beide zusammen sowohl dem formellen Modus als auch Sozialisa-
tionsprozessen gegenüberzustellen.

Bildung als Einheit von Kulturwissen, Alltagskompetenz, Sozialintegration und Persönlichkeitsentwicklung

In Erweiterung der soeben getroffenen Unterscheidung zwischen formeller und
nicht-formeller Bildung skizzieren RAUSCHENBACH/OTTO (2004, S. 20-23) vier
„Zielperspektiven" für einen „modernen Bildungsbegriff": a) Vermittlung von kulturellem Wissen, b) Aneignung von materiell-praktischen Alltagskompetenzen, c) soziale Integration (z.b. durch partizipative Formen) und d) Persönlichkeitsentwicklung
(in Gestalt sozialen und selbstreflexiven Lernens). Dem folgend lassen sich die verschiedenen Bildungsinstitutionen anhand ihrer funktionalen Schwerpunkte verorten:
Die Schulen sind näher an den Perspektiven „kulturelle" und „materielle Reproduktion" (ebd., S. 20 u. 21) – allerdings unter der Voraussetzung, dass die zweite Achse
um den Aspekt der ökonomischen Verwertbarkeit von formalisierten Bildungsprozessen erweitert wird –, und die Einrichtungen der Jugendarbeit sind näher an den
Perspektiven ‚Sozialintegration' und ‚Persönlichkeitsentwicklung' anzusiedeln.

Bildung als Zielkonzept für eine demokratische Identitätsbildung

Die deskriptive Ausdifferenzierung des Bildungsbegriffs – wie z.b. in vier Zielperspektiven, aber in andere Dimensionen – kann nicht darüber hinweg täuschen, dass
Bildung, wie VOGEL (2004, S. 37) herausgestellt hat, immer normativ und program-
matisch zu fassen ist. So lässt sich die eigentümliche quasi-anthropologische Verschränkung von Weltaneignung und Persönlichkeitsentwicklung, die wir Bildung
nennen (vgl. THIERSCH 2004, S. 239), unter den Rahmenbedingungen der Moderne
beispielsweise als kritische Selbsttätigkeit im Hinblick auf ein gutes und gelingendes
Leben begreifen, d.h. als Zielkonzept für die Entwicklung von Identität in einer demokratischen Gesellschaft (vgl. ebd., S. 241). Moderne Bildung ist deshalb immer
politische Bildung im Sinne einer demokratischen Praxis, die allen Akteuren die Parti-

zipation an den gesellschaftlichen Vorgängen ermöglicht (SÜNKER 2003, S. 25).[10] Gleichzeitig haben aber Ziele demokratischer Bildung nur Chancen, „wenn die Individuen sie als Teil ihres Glücks verstehen" (BRUMLIK 2002, S. 56). Deshalb ist die Frage konsequent, über welche Charaktereigenschaften Bürger verfügen müssen, um an demokratischen Institutionen und den ihnen entsprechenden Öffentlichkeiten teilnehmen zu können (ebd., S. 27)[11], ebenso aber die den Kreis schließende Frage, welche Standards Institutionen, Inhalte und Werte erfüllen müssen, wenn sie demokratisch genannt werden wollen (vgl. RHYN 2003).

Auf diesem Wege gelangt man – noch einmal vorläufig – zurück auf die Komplementarität der Bildungsanteile in Schule und Jugendarbeit: Wie bereits erwähnt, treten beide Modi, formelle und nicht-formelle Bildung, in beiden Institutionen auf (selbstverständlich auch noch in weiteren), aber beide können den Rahmen, der durch den Bildungsbegriff skizziert ist, jeweils für sich allein nicht vollständig ausfüllen: Die Schule thematisiert einen fachlich segmentierten Ausschnitt aus kulturellem Wissen und Alltagskompetenz; dagegen steht die Jugendarbeit mitten im Leben, und gerade deshalb brechen sich ihre Bildungsanteile an Unterstützungs- und Förderfunktionen sowie – deutlicher in anderen Feldern der Jugendhilfe – mit Hilfs- und Kontrollfunktionen (vgl. TREPTOW 2004a, S. 120-123). Die Konsequenz aus der Wahrnehmung von jeweils eingeschränkten Möglichkeiten wäre entweder die Erweiterung der Institutionen um gerade diejenigen Aufgaben, die in ihnen bisher nicht abgedeckt sind (zugespitzt formuliert: eine organisatorische Allmachtsphantasie), oder eine institutionelle Einsicht in die je eigenen systematischen Grenzen und die

---

[10] SÜNKER nennt als zur Teilhabe notwendig: institutionell abgesicherte Chancengleichheit, lebensnahe Demokratieerfahrungen und mäeutische Gespräche; zu dieser Gesprächsform des „pädagogischen Diskurses" siehe genauer RICHTER (1991); zur gesellschaftspolitischen Bildung in der Jugendarbeit siehe SCHERR (2004a).
[11] BRUMLIK erörtert dazu die Tugenden Gerechtigkeit, Mut, Glaube, Liebe, Hoffnung und Freundschaft. Zur *democratic education* siehe GUTMANN (1999).

Sinnhaftigkeit komplementärer Ergänzung unter den Bedingungen einer pluralistischen Gesellschaft.[12]

Bildung als Einheit von Qualifikation und Partizipation

Allerdings ist unsere Gesellschaft neben ihrer demokratischen Verfasstheit auch durch ihre kapitalistische Wirtschaftsweise geprägt – mit allen Entfremdungen, die damit einhergehen, bzw. mit allen Defiziten, die darin zu verzeichnen sind, sowie darüber hinaus mit allen Widersprüchen zwischen diesen beiden Grundprinzipien: Während die materiellen Reproduktionsoptionen größtenteils auf dem Arbeitsmarkt gehandelt werden, vollzieht sich die symbolische Reproduktion vor allem in den Bereichen (Alltags-)Kultur, Gesellschaft und Person. Jedoch wirkt die vorherrschend zweckrationalen Handlungsorientierung aus den Subsystemen Wirtschaft und Verwaltung ‚kolonialisierend' in die auf Verständigungsorientierung angewiesenen Bereiche der Lebenswelt[13], die ihrerseits eine systemrelativierende, ebenfalls über das Rechtsmedium wirksame „kommunikative Macht" besitzen.[14]

Vor diesem Hintergrund lässt sich der Bildungsbegriff, den RAUSCHENBACH/ OTTO (2004) in vier Zielperspektiven ausdifferenziert haben, in zwei Komplementären zusammenfassen: ‚Ausbildung' (mit den Perspektiven ‚kulturelle' und ‚materielle

---

[12] Als Beispiel für eine solche schulorganisatorische Allmachtsphantasie mag das Resümee dienen, das zum Abschluss der internationalen Tagung des DIPF „Ganztagsangebote in der Schule. Internationale Erfahrungen und empirische Forschungen" am 1.-2.12.03 in Frankfurt a.M. gezogen wurde, denn die darin genannten Zielaspekte zeigen – erst recht durch ihre Reihenfolge – den umfassenden Anspruch, der mit der (Ganztags-)Schule verbunden ist: 1. Verhaltensänderungen, 2. Persönlichkeitsentwicklung, 3. Motivation, 4. soziale Kompetenzen, 5. fächerübergreifende Kompetenzen und erst 6. fachbezogene Kompetenzen. Die Auswahl repräsentiert ein, sich selbst als kritisch-konstruktiv verstehendes, Plädoyer für eine sozialpädagogisch angereicherte Ganztagsschule. Unterschätzt werden dabei die organisationslogischen Zwänge der schulischen Institution und ihre Legitimation, und übersehen wird die Eigenlogik der nicht-formellen Bildung, die sich nur eingeschränkt in formalisierten Rahmen nutzen lässt.

[13] In besonders klarer Form hat dies HABERMAS (1995, Bd. 2, S. 539-547) am Beispiel der Schule und der Jugendfürsorge illustriert.

[14] Zum Vermittlungsmedium der Rechtsetzung in einer „deliberativen Demokratie" siehe HABERMAS (1992).

Reproduktion') und „Identitätsbildung"[15] (mit den Perspektiven ‚Sozialintegration' und ‚Persönlichkeitsentwicklung').[16]Die beiden Komplementäre Ausbildung und Identitätsbildung verweisen auf die fundamentalen Vergesellschaftungsmodi ‚Arbeit und Interaktion', wie sie HABERMAS in seiner Theorie kommunikativen Handelns zugrunde legt. Denn für die Integration bzw. für den Erhalt einer kapitalistisch-demokratischen Gesellschaft ist mindestens zweierlei entscheidend: Qualifikation für den Arbeitsmarkt (oder für weitere formale Ausbildungsstufen) unter kapitalistischen Rahmenbedingungen und Partizipation in der – vom Anspruch her – demokratischen Zivilgesellschaft, deren Funktion u.a. darin besteht, die Kapitallogik zu ‚zähmen' (HABERMAS 1992), um die Sinn- und Solidaritätsressourcen nicht vollständig aufbrauchen zu lassen.[17] In genau dieser Funktionsbestimmung besteht auch HABERMAS' Schritt über die Deskription hinaus, wie sie z.B. anhand von „Zielperspektiven" (RAUSCHENBACH/OTTO 2004) vorgenommen werden kann, hin zu einer *Kritischen* Theorie pädagogischer Institutionen (die dann möglicherweise auch die oftmals betonte Aufgabe der Jugendarbeit zur ‚Einmischung' theoretisch und nicht nur praktisch zu begründen vermag).

Funktionsteilung zwischen den Bildungsinstitutionen

Qualifikation und Partizipation sind also zugleich Basis, Medium und Ziel eines jeden Bildungsprozesses. *In concreto* ist Qualifizierung relativ unstrittig eine der drei Funktionen der Bildungsinstitution Schule (neben ihrer Selektions-/Allokations-funktion und ihrer Integrations-/Legitimationsfunktion; vgl. FEND 1981, S. 17); von den Institutionen der Jugendhilfe übernimmt in ergänzender Weise vor allem die

---

[15] Der Begriff „Identitätsbildung" wird hier in der Fassung von DÖBERT/NUNNER-WINKLER (1982) verwendet.

[16] Selbstverständlich wirkt in der Lebenspraxis jede Ausbildung auch identitätsbildend, wie es auch keine Identitätsbildung ohne materiale Inhalte gibt (vgl. KLAFKI 1963, S. 43). Nach NUNNER-WINKLER (1985, S. 90) besteht sogar ein enger korrelativer – nicht entwicklungslogischer – Zusammenhang zwischen moralischer Entwicklungsstufe und gesellschaftskritischen Einstellungen.

[17] Vgl. auch die Unterscheidung zwischen „Qualifikation" (Verwertbarkeit von Lernerfolgen) und „Kompetenz" (Fachwissen, Persönlichkeitsentwicklung und verantwortliches Handeln), die der DEUTSCHE BILDUNGSRAT bereits 1974 (S. 65) getroffen hat.

Jugendberufshilfe diese Funktion.[18] Partizipation ist relativ unstrittig eines der Struk-

turprinzipien der Jugendarbeit in Vereinen/Verbänden und Offenen Einrichtungen

(einhergehend mit ihrem Freiwilligkeits- und Selbstorganisationsprinzip); in den

Schulen gibt es ebenfalls partizipative Formen in Bezug auf das Unterrichtsgesche-

hen, die Übernahme von Ämtern und die Gestaltung des Schullebens. Analog lässt

sich nach diesen jeweiligen Schwerpunkten eine „arbeitsbetonende Schulpädago-

gik"[19] von einer „interaktionsbasierten Sozialpädagogik" unterscheiden (RICHTER

2001, S. 218).[20]

Nun kann man Bildungsinstitutionen danach charakterisieren, ob in ihnen die

quantitativen Zeitanteile formeller oder nicht-formeller Arrangements von Bildung

überwiegen. Gesellschaftstheoretisch relevanter ist allerdings, welche qualitativen

Formen die wert- oder zweckrationalen Handlungsorientierungen der Akteure an-

nehmen. Der systematische Vorteil von Jugendeinrichtungen ist dabei weniger, dass

sie ‚Partizipation' zum Thema machen,[21] als dass sie qua Strukturprinzipien in sich

selbst unhintergehbar auf Verständigungsorientierung basieren – sonst *sind* sie nicht

(vgl. STURZENHECKER 2004). Der systematische Vorteil von Schulen ist dagegen,

dass sie gar nicht anders kann, als ‚Qualifikation' durch ihre Kernstruktur des ver-

pflichtenden Unterrichts allen Kindern und Jugendlichen zugänglich zu machen –

sonst verliert sie ihre gesellschaftliche Legitimation (vgl. TILLMANN 2003, S. 315).

---

[18] Immer wieder ist, je nach Position bemängelt oder betont worden, dass die allgemeinbildenden Schulen kaum direkte Berufsqualifikation leisten (sollten), jedoch vermitteln sie unbezweifelbar in den allermeisten Fällen Kulturtechniken und Arbeitseinstellungen (vgl. TILLMANN 2004b, S. 170-171).

[19] Mit etymologischen Argumenten kann dieser Benennung entgegengehalten werden, dass Schule in der griechischen Antike gerade das Gegenteil von Arbeit, nämlich Muße, bedeutete. In der Moderne ist diese Herkunft sicherlich nur noch insofern zutreffend, als dass die Schüler von materiellen Reproduktionszwängen befreit sind, nicht aber dahingehend, dass in der Schule nicht gearbeitet würde bzw. die Arbeitsergebnisse nicht auf dem Arbeitsmarkt verwertet werden müssten.

[20] Wichtig ist dabei im Blick zu behalten, dass alle vier von RAUSCHENBACH/OTTO (2004) genannten Perspektiven teils zur materiellen Reproduktion durch Arbeit (z. B. via Zwecktätigkeit), teils zur symbolischen Reproduktion durch Interaktion beitragen (z. B. via kultureller Tradierung).

[21] Wie z.B. das schulbezogene Projekt der Bund-Länder-Kommission „Demokratie leben und lernen"; grundsätzlich zu „Schülerdemokratie" siehe PALENTIEN/HURRELMANN (2003).

6.4 Zwischenbetrachtung: Bildung 2030

Für den Übergang von den begrifflichen Erörterungen zu einigen weiterführenden Überlegungen zur Rolle von ‚Ganztagsbildung' zwischen System und Lebenswelt nutze ich das Zukunftsszenario, das TILLMANN (2003, S. 313-323) über die „Aufgaben und Chancen öffentlicher Bildung" entworfen hat: Schon für das baldige Jahr 2015 zählt der Autor vier wahrscheinliche Entwicklungen im Schulsystem auf: Angesichts struktureller Massenarbeitslosigkeit könne die Schule ihren Anspruch, für den Arbeitsmarkt zu qualifizieren, kaum noch glaubwürdig aufrechterhalten, und der Verlust der politischen Sozialisationsfunktion in nationalstaatlichen Kontexten würde unübersehbar. Jedoch: Die Selektionsfunktion könne dem Schulsystem durch zentrale Testinstitute abgenommen werden, und „die Funktion der Aufbewahrung ließe sich am ehesten privatisieren" (ebd., S. 318).

Für weitere 15 Jahre später sieht der Autor, neben kirchlichen und kommunalen Einrichtungen für Kinder der „sozialen Grundschicht", privat-gewerbliche „Kindergarten-Ketten" für zahlungskräftige Eltern entstehen (ebd., S. 319). Auch im Bereich der weiterhin vierjährigen Grundschule steige der Anteil privater Anbieter. Ab der 5. Klasse gäbe es einen offenen Bildungsmarkt, auf dem die staatlich verteilen Bildungsgutscheine umgesetzt werden könnten, zusätzlich werde es jedoch ein großes Spektrum kostenpflichtiger Lernangebote geben. Die Schulaufsicht gerate zu einer Gewerbeaufsicht über die Bildungsfirmen, LehrerInnen wären Angestellte für jeweils ein Jahr. Erst im 16. Lebensjahr müsse eine zentralstaatlich beaufsichtigte Prüfung in Allgemeinbildung abgelegt werden, deren Bestehen Voraussetzung für einen Arbeitsplatz wäre. An den Hochschulen gäbe es Aufnahmeprüfungen, Studiengebühren und Studiengänge zum „Bildungsunternehmer". Gewinner wären die Kinder zahlungskräftiger Eltern, Verlierer diejenigen, die nur die garantierte Grundbildung wahrnehmen könnten; Arbeitsplätze würden noch deutlicher als bisher allein dementsprechend erlangbar.

6.5 Ganztagsbildung zwischen System und Lebenswelt

Während TILLMANN für die Zukunft also mehr Markt anstelle von Staat befürchtet (und dabei außer den Kirchen keine andere lebensweltliche Institution erwähnt[22]), lautet die hier darlegte Alternative: mehr Lebenswelt statt Staat (mit möglichst wenigen privat-gewerblichen Anbietern). Angesichts des wohl unvermeidlichen Rückzugs des Staates aus der Bildungslandschaft und der immer deutlicher werdenden Kolonialisierung des Bildungswesens durch ökonomische Imperative einerseits, sowie der unhintergehbaren Notwendigkeit von Qualifikation *und* Partizipation in einer demokratisch-kapitalistischen Gesellschaft andererseits, stellt ‚Ganztagsbildung‘ ein Theorie-Konzept zur Verfügung, das integrierte Aus- und Identitätsbildung auf einer kommunalen Basis begründet. Eine der wichtigsten Voraussetzungen dafür besteht darin, dass die staatliche Schule (weiterhin) Verantwortung für die Qualifizierung der Heranwachsenden übernimmt (vgl. ebd., S. 323) und mit anderen lebensweltlichen Institutionen kooperiert, um in Arbeitsteilung einen ganzheitlichen Bildungsanspruch einzulösen.

Entsprechend ist der folgende Abschnitt gegliedert in einen institutionstheoretischen Teil (mit Beispielen aus internationalen Vergleichen) und in eine identitätstheoretische Passage (mit Bezügen zu demokratierelevanten Raumdimensionen).

Institutionsbezogene Überlegungen: staatliche Qualifikation, gewerbliche Nachhilfe und zivilgesellschaftliche Partizipation

Wie in Abb. 1 dargestellt, beinhaltet die Programmatik der ‚Ganztagsschule‘ den Grundgedanken einer Nicht-Formalisierung der bisher hauptsächlich formell strukturierten Vormittagsschule. Eingedenk des oben genannten Zukunftsszenarios ließe sich als These dazu formulieren: Unter den Rahmenbedingungen einer kapitalistisch-

---

[22] Für die Sozialpädagogik/Sozialarbeit erwartet der Autor in vereinseitigender Defizitzuschreibung (ebd., S. 321) viel Arbeit „mit problematischen, von Desintegration bedrohten Gruppen" (z.B. rechtsextremen oder arbeitslosen Jugendlichen).

demokratischen Gesellschaft und einer zukünftig eher noch steigenden Selektivität auf dem Arbeitsmarkt führt eine weitere Nicht-Formalisierung der Schule zu einem Anwachsen der gewerblichen Nachhilfeindustrie – deren Angebote nachgefragt werden, damit die SchülerInnen die Arbeitsmarktselektivität bewältigen können[23] – und somit zu einer noch höheren Schichtabhängigkeit formeller Zertifizierungen, als sie ohnehin schon gegeben ist. Auf diese Weise würde die sich ent-formalisierende Schule den harten Handel auf dem Arbeitsmarkt ausblenden und ihn in den Verantwortungsbereich der vereinzelten SchülerInnen als nachwachsende „Arbeitskraftunternehmer" legen (VOß/PONGRATZ 1998; VOß 2000). Im internationalen Vergleich illustriert hierzu das japanische Beispiel die mögliche Entwicklungsrichtung:[24]

Japan hat zwar unter allen Staaten, die an PISA 2000 teilgenommen haben, die geringste Korrelation zwischen schulischen Lernleistungen von 15-Jährigen und ihrem sozio-ökonomischem Status; das Land bescheinigt zwar seinen Schülern in den reinen Berichtszeugnissen, die zudem nicht versetzungs- und zugangsrelevant sind, eine Reihe von nicht-formellen Tätigkeiten; es stellt seine staatlichen Ganztagsgesamtschulen seit Neuestem unter die didaktischen Leitziele ‚emotionale Bildung' und ‚Lebensfreude'. Aber: Die späteren Zugänge zu den kostenpflichtigen und nach ihren *ranking*-Plätzen mehr oder weniger renommierten Oberschulen und Hochschulen sowie zum Arbeitsmarkt sind in Japan durch äußerst harte Tests aufs Strengste selektiv eingeschränkt. Das dazu notwendige Wissen eignen sich die japanischen SchülerInnen in privat-gewerblichen Nachhilfekursen an (*Naraigito*), die von zwei Dritteln aller Jugendlichen besucht werden – Tendenz: steigend.

Mit dem Blick auf das demokratische Egalitätsprinzip könnte man aus dem japanischen Beispiel für das deutsche Bildungssystem schlussfolgern: Die staatlich garantierte Schule muss (ggf. verstärkt) ihre materielle Reproduktionsfunktion in den Vor-

---

[23] Dazu muss man wissen, dass mittlerweile fast alle Firmen Eingangstests für ihre Auszubildenden durchführen und die Zeugnisnoten nur als ersten, äußerst groben Filter ernst nehmen.
[24] Vgl. ITO (1997), LIPSKI (1998) und TAKI (2005).

dergrund rücken und die diesbezügliche pädagogisch-gesellschaftliche Verantwortung übernehmen, nämlich für die bestmögliche Qualifikation der Heranwachsenden zu sorgen – sonst liefert sie die SchülerInnen dem Nachhilfe-Markt aus.

Wenn man diesen Gedankengang nachvollziehen mag, stellt sich die Frage, warum Qualifikation *und* Partizipation, Ausbildung *und* Identitätsbildung nicht gleichermaßen in ein und derselben Institution, eben der Ganztagsschule, organisiert werden können. Wenn sich das Lernleistungsproblem (Stichwort: PISA), das Betreuungsproblem (Stichworte: Frauenerwerbsquote, Geburtenrate) und das Integrationsproblem (Stichwort: Sprachförderung) und weitere Aufgaben durch eine Ganztags*schule* lösen

lassen, warum dann nicht einfach das Nicht-Formelle inkorporieren?[25] Mit wenigen Ausnahmen plädieren fast alle wissenschaftlichen Schulexperten für diese Lösung, und auch zahlreiche Stimmen aus der Sozialpädagogik rufen nach der offenen, gemeinwesenbezogenen und weniger kognitiv ausgerichteten Schule. Dagegen drei Einwände:

1. Die Alternative aus ‚Unterrichtszentrierung‘ versus ‚Öffnung von Schule‘ beruht auf einer schiefen Entgegensetzung, denn: Würde eine schulische Konzentration auf das Formelle tatsächlich zur Folge haben müssen, unkooperativ und verschlossen zu sein?

2. Professionspolitisch relevanter als dieser konzeptionelle Fehlschluss ist die Befürchtung eines ‚doppelten Konkurrenzproblems‘ für die Jugendarbeit (RAUSCHENBACH/OTTO 2004, S. 26): Wenn Kinder und Jugendliche zu-

---

[25] In diesem Zusammenhang wird immer wieder auf die gesellschaftspolitischen Vorteile des französischen Bildungssystems hingewiesen: sehr hohe Frauenerwerbsquote und Geburtenrate. Allerdings sind die Probleme in Frankreich nicht geringer als in Deutschland: durchschnittlicher PISA-Rang, sehr hohe Jugendarbeitslosigkeit, Integrationsprobleme, Vandalismus und Gewalt in den *banlieues*. Zudem ist als analoges Problem beider Länder der enge Zusammenhang zwischen sozialer Herkunft und Schulleistung/-laufbahn zu nennen. Das heißt: In Bezug auf die genannten drei Problemfelder (Lernleistung, Erwerbsbeteiligung von Frauen, Integration) hat Frankreich ähnliche, nur leicht verschobene Probleme (vgl. HÖRNER 2005).

nehmend Zeit im Rahmen der schulischen Organisation verbringen und dort auch vermehrt sozialpädagogische Inhalte und Methoden nutzen können, dürfte es für die außerschulische Pädagogik künftig schwerer als bisher werden, Heranwachsende für ihre Angebote zu begeistern. In theoretischer Hinsicht allerdings vermag auch dieser Einwand noch nicht zu überzeugen.

3. In bildungs- und gesellschaftstheoretischer Hinsicht ist vielmehr ein dritter Aspekt entscheidend: Die Inkorporierung nicht-formeller Anteile stößt an systematische Grenzen, weil der dazu notwendige verständigungsorientierte Modus unausweichlich von den erfolgsorientierten Rahmenbedingungen des Arbeitsmarktes perforiert wird (vgl. HABERMAS 1995, Bd. 2, S. 539-547): Tief in die schulischen Interaktionen hinein wirkt die Sorge um die Existenzsicherung nicht nur als Notengefeilsche und juristische Anfechtung, sondern auch – um mit FOUCAULT zu sprechen – als ‚Einschreibungen in die Körper und die Räume‘.[26] Insofern ist die Ganztagsschule eine diffuse Vermengung von erfolgs- und verständigungsorientierten Handlungsorientierungen, während Ganztagsbildung ihre Verschränkung institutionalisiert, die beide Orientierungen in sich ‚aufhebt‘[27]. Hingegen versucht die Ganztagsschule die systembedingten erfolgsorientierten Einstellungen durch Verständigungselemente abzumildern, d.h. ihre institutionellen Zwänge zu arrondieren. Die Handlungsorientierungen vermischen sich dergestalt miteinander, dass die dahinter liegenden Geltungsansprüche weder für Schüler noch für Lehrer deutlich unterscheidbar sind.

Während der erste Einwand konzeptionell zu kurz greift und der zweite lediglich auf den Erhalt von Einrichtungen abzielt, ergibt sich aus der dritten Überlegung als schultheoretische Konsequenz folgende These:

---

[26] Zur Pädagogik im Werk FOUCAULTs siehe COELEN (1996) und aktuell PONGRATZ u.a. (2004) sowie RICKEN/RIEGER-DADICH (2004).
[27] Im dreifachen HEGELschen Wortsinne von Bewahren, Überwinden und Erhöhen.

- Um ihrem Bildungsauftrag unter kapitalistisch-demokratischen Rahmenbedingungen gerecht werden zu können, ist die Schule auf andere lebensweltliche, weniger verrechtlichte und vermachtete Institutionen angewiesen, da sie die symbolische Reproduktion (in) der Lebenswelt aus strukturellen Gründen (Schulpflicht, Beurteilungswesen, Zertifizierung von Zugangschancen) nur begrenzt gewährleisten kann.

Die komplementäre jugendarbeitstheoretische Konsequenz – diesmal als These aus Adressatenperspektive formuliert – lautet:

- Kinder und Jugendliche müssen – ggf. im Kontext ganztägiger Bildungsarrangements – zeitlich und inhaltlich signifikante Angebote der Jugendarbeit nutzen können, weil diese durch ihre Strukturprinzipien ein Maß an Verständigungsorientierung ermöglichen, das für die symbolische Reproduktion (in) der Lebenswelt unverzichtbar ist und in der Struktur der schulisch organisierten Bildung unter kapitalistisch-demokratischen Rahmenbedingungen nicht vollständig gewährleistet werden kann.

Das heißt: Potenziell können Jugendarbeit und Schule einander die aus systematischen Gründen jeweils unüberbrückbaren, immanenten Lücken ausfüllen: Die Schule stößt an ihre Grenzen *in puncto* Partizipation, die Jugendarbeit in Bezug auf Qualifikation. Allerdings – und das ist entscheidend: Zur vollständigen Erfüllung ihrer *Bildungs*aufträge sind beide Institutionen auf Kooperationen mit solchen Institutionen angewiesen, deren Schwerpunkte im jeweils anderen Bildungsmodus liegen.[28]

---

[28] Möglicherweise ist das Thema Beruf für solche Kooperationen ein geeignetes Schnittfeld: Berufsqualifikation als schulische Aufgabe und Berufsorientierung als Aufgabe der Jugendhilfe (siehe hierzu aktuell v. WENSIERSKI/SCHÜTZLER/SCHÜTT 2005). Damit könnte der Komplementarität von ,Qualifikation' und ,Partizipation' Rechnung getragen werden. Während die schulische Ausbildung das notwendige und sinnvolle Moment der Qualifikation für den strukturell kleiner werdenden Arbeitsmarkt bzw. weitere Ausbildungen hochhielte, würde die Jugendarbeit Perspektiven auf sinnstiftende Lebensbereiche neben der alleinigen Orientierung auf Erwerbsarbeit eröffnen. Vielleicht ist das Schnittfeldthema deshalb treffender als ,Beschäftigungsorientierung' zu fassen, um somit auch die identitätsbil-

Der Einwand aus der Schulpädagogik, die hier vorgeschlagene Aufgabenteilung ordne der Schule allein negative Aufgaben zu (Qualifikation) und der Jugendarbeit positive (Partizipation), ist ganz treffend, wenn man Bildungsaufgaben ausschließlich aus Sicht *einer* Institution betrachtet (und wenn man die schulische Qualifikationsfunktion als etwas Negatives ansieht). Falls man aber einen die Institutionen übergreifenden Standpunkt einnimmt und die Frage von der Subjektebene und der gesellschaftlichen Ebene her analysiert, könnte sowohl nachvollziehbar sein, dass Aus- und Identitätsbildung subjektiv untrennbar zusammengehören, als auch dass die politökonomische Struktur unserer Gesellschaft ihren Bildungsinstitutionen unterschiedliche Aufgaben abverlangt: den Jugendeinrichtungen, Kinder und Jugendliche an möglichst vielen Angelegenheiten zu beteiligen und auf diesem Wege zu ihrer gemeinschaftsfähigen Persönlichkeitsentwicklung beizutragen; den Schulen, dieselben Menschen kognitiv zu qualifizieren und auf diesem Wege auch normativ zu integrieren. Die bisherige Selektionsfunktion ließe sich organisatorisch *outsourcen*, kann aber theoretisch nicht ausgeblendet werden.[29]

Identitätsbezogene Überlegungen: globale, nationale und lokale Demokratie

In den sozialpädagogischen Beiträgen zur Ganztagsdebatte[30] blieb bisher stets eine Lücke: Es fehlte nämlich, neben subjekt- und professionsbezogenen Einlassungen, eine gesellschaftstheoretische Begründung dafür, warum Jugendarbeit in ganztägigen Bildungsarrangements eine signifikante Rolle spielen sollte. Ausgehend von dem hier dargelegten theoretischen Rahmen heißt die Lücke: Es fehlt die in theoretisch befriedigender Weise einbezogene Zielsetzung ‚Demokratiebildung'.

---

dende Funktion ehrenamtlicher Tätigkeiten systematisch berücksichtigen zu können. Zur identitätsbildenden Rolle von Arbeit bzw. Ehrenamt bei Jugendlichen siehe Elisabeth RICHTER (2004) und die Dissertation von Ulf KRÖGER (Universität Rostock, 2004).

[29] So auch TILLMANN (2003, S. 320-321).

[30] Aus dem Spektrum zahlreicher Autoren seien hier nur namentlich genannt: DEINET, MÜLLER, OLK, OTTO, SCHERR, THIMM.

Gleichwohl ist in der Ganztagsdebatte mit ‚Demokratie' viel argumentiert worden:

- Mit ‚Demokratie' ist bisher in *inhaltlich-methodischer* Hinsicht begründet worden, dass sich das Subjekt zu einer eigenverantwortlichen und gemeinschaftsfähigen Persönlichkeit entfalten können müsse (und das ginge besser in der Jugendarbeit als in der Schule; siehe z.b. SCHERR 2004a). Dieses Argument ist m.E. zutreffend, aber nicht hinreichend.

- Mit ‚Demokratie' ist in *materieller* Hinsicht begründet worden, dass durch spätere Selektion im Bildungswesen die Chancengleichheit erhöht werden müsse (und das ginge besser in einer Gesamtschule als im gegliederten Schulsystem, siehe z.b. SÜNKER 2004). Auch diese Bedingung ist m.E. notwendig, aber ebenso wenig hinreichend.

- Hinreichend werden die beiden Argumente, wenn sie durch ein drittes ergänzt werden: Jugendarbeit muss unter demokratischen Aspekten aufgrund ihrer *formalen* Organisationsprinzipien eine signifikante Rolle in ganztägigen Bildungseinrichtungen spielen: Durch ihre Prinzipien der Freiwilligkeit und Selbstorganisation, der Partizipation und Mitbestimmung, sogar durch die Wahl von (Ehren-) Ämtern und Formen von interner und lokaler Öffentlichkeit, schließlich – und lange nicht zuletzt – durch die Verbürgung von Teilhaberechten, füllt die Jugendarbeit die systematisch unüberbrückbare Demokratie-Lücke der Schule – und zwar erst recht, wenn die beiden erstgenannten Aspekte hinzukommen.

Demokratie ist eben mehr als eine Regierungsform, nämlich vorrangig „a mode of associated living, of conjoint communicated experience" (DEWEY 1966, S. 87), eine Form erfüllten, nicht-entfremdeten Lebens. Diese Lebensweise muss in jeder Generation wieder neu belebt werden und lässt sich an zwei Maßstabsfragen überprüfen, die die Wesensverwandtschaft von Demokratie und Bildung markieren: „How numerous and varied are the interests which are consciously shared? How full and free is the interplay with other forms of associations" (ebd., S. 83)?

Die Maßstäbe für demokratische Bildungsgesellschaften sind also: eine möglichst große Vielfalt artikulierter Interessen und ein möglichst reiches Zusammenspiel zwischen zahlreichen Institutionen.[31] Der schulische Beitrag dazu liegt im Erreichen und in der Betreuung *aller* Heranwachsenden für eine lange Zeit sowie in der Gewährleistung formalisierter Integrationsmöglichkeiten. Darüber hinaus ist die Pflichtschule unverzichtbar „in ihrer Funktion, eine Grundbildung für alle zu sichern: Teilnahme am politischen Prozeß setzt Literalität, setzt Fähigkeit zur Informationsbeschaffung, setzt elementare Urteilskraft voraus" (TILLMANN 2003, S. 315). Zudem liegen große Vorteile der *Ganztags*schule unbestreitbar in den ausgeweiteten Möglichkeiten, Lernleistungen zu steigern sowie Sprachförderung und Erziehungsarbeit zu leisten.[32] Ein gewichtiger Nachteil ist – und bleibt auch in Zukunft – die Verlängerung des strategischen Handelns vom Arbeitsmarkt über Noten und Abschlüsse bis in die Klassenräume.

Der Beitrag der Jugendarbeit zur steten Wiederbelebung der Demokratie liegt in der Erreichbarkeit und ggf. Betreuung von Heranwachsenden und in der Gewährleistung inhaltlicher Integrationsmöglichkeiten. Darüber hinaus ist das Freiwilligkeitsprinzip der Jugendarbeit unverzichtbare Rahmenbedingung für die ggf. bildende Selbstorganisation von Jugendlichen und die Institutionalisierung verständigungsorientierten Handelns.[33] Ein Nachteil der Jugendarbeit ist die informell wirkende Selektivität ihrer Angebote; sie erreicht in jedem Fall nicht alle Kinder und Jugendlichen.

Nun stellt sich die Frage, auf welche politische Bezugsgröße eine zeitgemäße demokratische Aus- und Identitätsbildung angelegt sein kann und sollte. Dafür bietet sich die lokale, die kommunale Ebene an: Durch das Ziel einer kommunalen, statt

---

[31] Zur „Philosophie der Demokratie" von DEWEY siehe überblicksartig den von JOAS (2000) herausgegebenen Band.

[32] Dem gegenüber hat die Ganztags*betreuung* lediglich den Vorzug, eine größere Vereinbarkeit zwischen Familie und Beruf oder Eigenzeit zu gewährleisten.

[33] Dass dies längst nicht immer umgesetzt wird, ist klar und lässt sich bei STURZENHECKER nachlesen (2004, S. 153-155).

einer nationalen Identitätsbildung können – so die, die o.g. Überlegungen zur Demokratiebildung einschließende, These – die Fallstricke einer Instrumentalisierung
von und durch Raumbezüge sowie durch vereinseitigende Identitätsbegriffe vermieden werden. Mit Hilfe der Kategorie der Öffentlichkeit[34] kann es gelingen, den Zusammenhang von Raum und Identität sowohl aus seiner deterministischen Tradition
zu befreien als auch einen Weg für die theoretische Rückgewinnung dieser Begriffe in
der Kritischen Erziehungswissenschaft aufzuzeigen.[35]

Allerdings sind in den gegenwärtig vorherrschenden kritischen und skeptischen
Positionen zu sozialraumbezogenen Fragestellungen[36] kaum Überlegungen zu der
grundlegenden Frage zu finden, welche Bedeutung der Raum für die individuelle
Identitätsbildung hat. Im Gegensatz zu dieser Kritik und diesen Zweifeln wird mit
der „kommunalen Jugendbildung" (COELEN 2002a) die Doppelthese vertreten, dass
der Raum sowohl eine unhintergehbare Rolle bei der Identitätsbildung von Kindern
und Jugendlichen spielt, als auch dass mit Hilfe der Kategorie der Öffentlichkeit ein
Hang zur Sozialtechnologie vermieden und der ,Boden der Tatsachen' konkretisiert
werden kann. Die Rekonstruktion einer kommunalen Öffentlichkeit, die ethnisch-
nationale Fixierungen aufhebt und dadurch erst eine Weltöffentlichkeit ermöglicht,
birgt die Chance, der vorherrschenden systemischen Wirtschafts- und Verwaltungsra-
tionalität eine lebensweltliche ,kommunikative Macht' entgegenzuhalten. Die bekannten „Assoziationsverhältnisse" (HABERMAS 1993, S. 46) einer solchen kommunalen
Öffentlichkeit sind Vereine und lokale Untergliederungen von Verbänden. Kommunikative Macht im Rahmen einer vereinsorientierten kommunalen Öffentlichkeit
herstellen zu wollen, impliziert einen Politikbegriff, der nicht in Herrschaftspolitik
aufgeht und somit die konstitutive Funktion der Pädagogik im Rahmen des Politischen hervortreten lässt. Ihr Ansatzpunkt liegt in der Bildung und ggf. Motivierung

---

[34] Der Begriff der Öffentlichkeit wird hier im HABERMASschen (1993) Sinne verwendet; siehe auch
HAMBURGER/OTTO (1999) und MANGOLD/OELKERS (2003).
[35] Zur theoretischen Herleitung dieses Gedankens siehe ausführlich RICHTER (1998 und 2001), zu
empirischen Grundlagen siehe COELEN (2003).

verschiedener Segmente einer (lokalen) demokratischen Öffentlichkeit als gemeinsamer, sowohl räumlicher als auch sozialer Foren. Die Kommune ist dabei empirische Basis, pädagogisches Medium und politische Perspektive zugleich.

Hier schließt sich auch der Kreis zu den o.g. institutionellen Erörterungen über ganztägige Bildungseinrichtungen: Ausgehend von dem skizzierten Verständnis kommunaler Öffentlichkeit und einer daran gebundenen demokratischen Identitätsbildung favorisiert das Konzept der Ganztagsbildung eine lebensweltliche (d.h. konkret: vereinsrechtliche) Trägerschaft. *Innerhalb* derer sollte das schulische, vorwiegend ausbildende Segment wie bisher staatlich (d.h. konkret: kommunal) getragen und anhand staatlicher (d.h. realistischerweise: landeshoheitlicher) Bildungsstandards gesteuert werden, um primär für eine möglichst hohe Bildungsgerechtigkeit zu sorgen. Das außerschulische, vorwiegend nicht-formelle Segment sollte wie bisher entweder kommunal oder vereinsrechtlich getragen sein und dem Subsidiaritätsprinzip unterliegen, um den Selbstorganisationskräften der Zivilgesellschaft freien Lauf zu lassen.

Demnach hätten Ganztagsbildungseinrichtungen – wie alle Bildungs- und Sozialeinrichtungen – ein „dreifaches Mandat" (BAUER 1995): Sie – und mithin auch ihr Personal – sind intermediäre Instanzen (vgl. BRAUN 1994, S. 41-45) zwischen den lebensweltlich eingebundenen Bedürfnissen und Interessen der AdressatInnen einerseits (d.h. hier der SchülerInnen bzw. der Kinder und Jugendlichen) und den Systemimperativen des Arbeitsmarktes sowie der staatlichen Verwaltung andererseits. Sie vermitteln zwischen (Sub-)Kulturen (d.h. den Generationen, Geschlechtern, Ethnien und Schichten) und verhandeln mit Unternehmen (insbesondere in deren Funktion als Arbeitgeber und Sponsoren) und der Administration (insbesondere um Personal- und Sachmittel), sie sind also Gesprächs- und Geschäftspartner gleichermaßen (vgl. RICHTER 1986, S. 158-160).

---

[36] Zuletzt OTTO/ZIEGLER (2004).

6.6 Offene Fragen und Perspektiven für die weitere Forschung

Angesichts der immensen Komplexität des Themas können an dieser Stelle nur einige Stichworte stellvertretend für offene Forschungsfragen genannt werden:[37]

Der erste Komplex offener Fragen bezieht sich auf das Feld der Methodik, denn in den bisherigen Ganztagsdebatten fehlte vielfach die mittlere Ebene pädagogischer Verhältnisse und pädagogischen Verhaltens: Wie wird in ganztägigen Bildungseinrichtungen das unterschiedliche Lernen in verschiedenen formellen und nichtformellen *settings* arrangiert? Und vor allem: Wie wird es wechselseitig aufeinander bezogen?

An zweiter Stelle weist der Einwand, die Schule könne ihre Kernaufgabe des Unterrichtens doch gar nicht erledigen, weil dazu die familiären Erziehungsvoraussetzungen fehlten, auf einen weiteren Bereich offener Fragen hin: nach der Rolle von Familien bzw. der familiären Erziehung in Bezug auf ganztägige Bildungseinrichtungen und Ganztagssysteme.[38]

Der dritte große Bereich für Forschung und Konzeption betrifft die unterschiedlichen Varianten politischer Sozialisation (in Form demokratischer Identitätsbildung) durch verschiedene Typen ganztägiger Bildungssysteme.[39]

---

[37] Zu weiteren forschungspolitischen Konsequenzen für die Sozialpädagogik aus PISA siehe TREPTOW (2004a).
[38] Siehe dazu GROPPE (2004) bzw. VINKEN (2002, S. 38-72).
[39] Der häufige Verweis der International Vergleichenden Schulpädagogik auf Frankreich zeigt, dass demokratische Identitätsbildung offenbar durch eine einzige staatliche Bildungsinstitution mit geringeren (Zeit-)Anteilen nicht-formeller Bildung gewährleistet werden kann. Aber, so wäre hier nach der *path dependency* (Pfadabhängigkeit) des französischen Systems zu fragen: Welche Rolle spielt die Französische Revolution (aufgrund derer dem französischen Bürger der Staat möglicherweise als etwas selbst Geschöpftes erscheint und nicht, wie in Deutschland, als etwas von Fürsten – 1871 – bzw. Alliierten – 1949 – bzw. Abgeordneten – 1990 – Gegebenes)? Welche Rolle spielt der historisch verankerte Zentralismus (der möglicherweise eine einzige Bildungsinstitution angemessen erscheinen lässt und nicht, wie in Deutschland, eine pädagogisch-pluralistische Landschaft)? Welche Rolle spielt der Laizismus (der zu einer tageszeitlich bezogenen Kompromissformel zwischen Kirche und Staat geführt hat, und nicht, wie im konfessionell und politisch zersplitterten Deutschland, zur staatlicherseits

Dazu sei abschließend ein institutions- und demokratiebezogener Zusammenhang formuliert, der ebenfalls weiterer Forschungsarbeiten zu Grunde liegen könnte: Der Hypothesenzusammenhang basiert auf der Überlegung, dass demokratiebildende Institutionen ein Mischungsverhältnis aus zweckrationalen und wertrationalen Interaktionsstrukturen beinhalten bzw. als Handlungsorientierungen ermöglichen müssen. Ferner wird angenommen, dass der demokratiebildende Charakter von Institutionen sich nach formalen (z.b. Schulpflicht, Zertifizierung; Beteiligungsrechte; Sprachkompetenz, Befähigung) und inhaltlichen Anteilen ausdifferenzieren lässt (z.b. Willensbildung, Selbstorganisation; Beteiligung; Sprechkompetenz, Befugnis). Auf dieser Basis wird die These formuliert, dass Bildungsinstitutionen je mehr demokratiebildend wirken, desto ausgewogener die Mischungsverhältnisse aus zweckrationalen und wertrationalen Interaktionsstrukturen bzw. Handlungsorientierungen sind. Dieses Mischungsverhältnis könnte am Beispiel ganztägiger Bildungsinstitutionen auf den Ebenen Organisation, Profession/Personal, AdressatInnen und Disziplin/ Theorie international vergleichend erfasst, typologisch dargestellt und bewertet werden. Schließlich wird angenommen, dass sich aus einem solchen internationalen Vergleich Modelle für ganztägige demokratiebildende Institutionen im Inland ableiten ließen.

6.7 Literatur

ANDRESEN, Sabine (2004): „Bildung" als fragile Denkfigur im 20. Jahrhundert: Zur bildungstheoretischen Reduzierung von Komplexität, in: OTTO/COELEN (2004) (Hg.), a.a.O., S. 41-50.
BAACKE, Dieter (1985): Einführung in die außerschulische Pädagogik (2., neu bearbeitete Auflage), Weinheim: Juventa.
BAUER, Rudolph (1995): Wohlfahrtsverbände und Soziale Arbeit: Das „dreifache Mandat", in: SÜNKER, H. (Hg.): Theorie, Politik und Praxis Sozialer Arbeit, Bielefeld, S. 122-137.

erhobenen Kirchensteuer)? Zu diesen und vielen ähnlichen Fragen wird das soeben begonnene Forschungsprojekt „The German Half-Day Model: A European Sonderweg? The 'Time Politics' of Public Education in post-war Europe: an East-West Comparison", unter der Leitung der Historikerin Karen HAGEMANN von der TU Berlin.

BMBF – Bundesministerium für Bildung und Forschung (2004): Konzeptionelle Grundlagen für einen Nationalen Bildungsbericht – Non-formale und informelle Bildung im Kindes- und Jugendalter (Bildungsreform Bd. 6), Berlin.

BÖHNISCH, Lothar (1992): Sozialpädagogik des Kindes- und Jugendalters. Eine Einführung, Weinheim und München: Juventa.

BRAUN, Karl-Heinz (1994): Die Förderung sozialen Lernens als gemeinsame Aufgabe von Schule und Sozialarbeit/Sozialpädagogik, Magdeburg.

BRUMLIK, Micha (2002): Bildung und Glück. Versuch einer Theorie der Tugenden, Berlin/ Wien: Philo.

BUNDESJUGENDKURATORIUM (2002): Bildung und Lebenskompetenz. Kinder- und Jugendhilfe vor neuen Aufgaben (hrsg. v. MÜNCHMEIER/OTTO/RABE-KLEBERG), Opladen: Leske + Budrich.

COELEN, Thomas (1996): Pädagogik als „Geständniswissenschaft"? Zum Ort der Erziehung bei Foucault, Frankfurt a. M. u. a.: Lang.

COELEN, Thomas (2002a): Kommunale Jugendbildung. Raumbezogene Identitätsbildung zwischen Schule und Jugendarbeit, Frankfurt a.M. u.a.: Lang.

COELEN, Thomas (2002b): „Ganztagsbildung" – Ausbildung und Identitätsbildung von Kindern und Jugendlichen durch die Zusammenarbeit von Schulen und Jugendeinrichtungen, in: neue praxis 1/02, S. 53-66.

COELEN, Thomas (2003): Raumpädagogik. Skizzen zu einem pädagogischen Raumbegriff, in: PETERS/COELEN/MOHR (Hg.): Kommune heute. Lokale Perspektiven der Pädagogik, Frankfurt a. M. u. a.: Lang, 2003, S. 63-78.

DEUTSCHER BILDUNGSRAT/BILDUNGSKOMMISSION (1974): Zur Neuordnung der Sekundarstufe II: Konzept für eine Verbindung von allgemeinem und beruflichem Lernen; Stuttgart.

DEWEY, John (1966/1916): Democracy and Education. An Introduction to the Philosophy of Education, New York: Free Press.

DÖBERT, Rainer/NUNNER-WINKLER, Gertrud (1982): Adoleszenzkrise und Identitätsbildung (3. Aufl.), Frankfurt a. M.

FEND, H. (1981): Theorie der Schule, München u.a.

FLÖSSER, Gaby/OTTO, Hans-Uwe/TILLMANN, Klaus-Jürgen (1996) (Hg.): Schule und Jugendhilfe. Neuorientierung im deutsch-deutschen Übergang, Opladen: Leske + Budrich.

GROPPE, Carola (2004): Die Rolle der Familie im Kontext ganztägiger Bildungseinrichtungen, in: OTTO/COELEN (2004) (Hg.) a.a.O., S. 163-178.

GUTMANN, Amy (1999): Democratic Education. With a New Preface and Epilogue, New Jersey.

HABERMAS, Jürgen (1992): Faktizität und Geltung. Beiträge zur Diskurstheorie des Rechts und des demokratischen Rechtsstaats, Frankfurt a.M.: suhrkamp.

HABERMAS, Jürgen (1993/1962): Strukturwandel der Öffentlichkeit. Untersuchungen zu einer Kategorie der bürgerlichen Gesellschaft. Mit einem Vorwort zur Neuauflage 1990, Frankfurt a.M.: suhrkamp.

HABERMAS, Jürgen (1995/1981): Theorie des kommunikativen Handelns, 2 Bde., Frankfurt a.M.: suhrkamp.

HAMBURGER, Franz/OTTO, Hans-Uwe (1999) (Hg.): Sozialpädagogik und Öffentlichkeit. Systematisierungen zwischen marktorientierter Publizität und sozialer Dienstleistung, Weinheim und München.

HARTNUß, Birger/MAYKUS, Stephan (2004) (Hg.): Handbuch zur Kooperation von Jugend-hilfe und Schule, Berlin.

HÖRNER, Wolfgang: Ganztagsschule in Frankreich, in: OTTO/COELEN (2005) (Hg.): a. a. O., S. 63-70.

HOLTAPPELS, Hans Günter (2005): Empirische Erkenntnisse über ganztägige Schulformen in Deutschland, in: OTTO/COELEN (2005) (Hg.), a. a. O., S. 123-144.

ITO, Toshiko (1997): Zwischen „Fassade" und „wirklicher Absicht". Eine Betrachtung über die dritte Erziehungsreform in Japan, in: ZfPäd 3/97, S. 449-466.

JOAS, Hans (2000) (Hg.): Philosophie der Demokratie. Beiträge zum Werk von John DEWEY, Frankfurt a.M.: suhrkamp.

KLAFKI, Wolfgang (1963): „Zweite Studie: Kategoriale Bildung. Zur bildungstheoretischen Deutung der modernen Didaktik (1959)", in: ders.: Studien zur Bildungstheorie und Didaktik, Weinheim-Berlin-Basel: Beltz, S. 25-45.

LANGEWAND, A. (2000): Bildung, in: LENZEN, D. (Hg.) unter Mitarbeit von Fr. ROST: Erziehungswissenschaft. Ein Grundkurs (rowohlts enzyklopädie), Reinbek bei Hamburg: Rowohlt, S. 69-98.

LIPSKI, Jens (1998): Was können wir von Japan lernen? Ein Plädoyer für die Öffnung der Schule zur Freizeitwelt, in: die deutsche schule 3/98, S. 362-368.

MANGOLD, Max/OELKERS, Jürgen (2003) (Hg.): Demokratie, Bildung und Markt, Bern: Lang, S. 339-363.

NUNNER-WINKLER, Gertrud (1985): Adoleszenzkrisenverlauf und Wertorientierungen, in: BAACKE/HEITMEYER (Hg.): Neue Widersprüche – Jugendliche in den achtziger Jah-ren, Weinheim und München, S. 86-107.

OELERICH, Gertrud (1996): Jugendhilfe und Schule: Zur Systematisierung der Debatte, in: FLÖSSER/OTTO/TILLMANN (Hg.), a. a. O., S.222-237.

OLK, Thomas (2004): Jugendhilfe und Ganztagsbildung. Alte Rollenzuweisungen oder neue Perspektiven?, in: neue praxis 6/04, S. 532-542.

OTTO, Hans-Uwe/COELEN, Thomas (2004) (Hg.): Grundbegriffe der Ganztagsbildung. Beiträge zu einem neuen Bildungsverständnis in der Wissensgesellschaft, Wiesbaden: VS.

OTTO, Hans-Uwe/COELEN, Thomas (2005) (Hg.): Ganztägige Bildungssysteme. Innovation durch Vergleich (Studien zur International und Interkulturell Vergleichenden Erzie-hungswissenschaft", hrsg. v. Wilfried BOS u.a., Bd.5.), Münster: Waxmann.

OTTO, Hans-Uwe/RAUSCHENBACH, Thomas (2004) (Hg.): Die andere Seite der Bildung. Zum Verhältnis von formellen und informellen Bildungsprozessen, Wiesbaden: VS.

OTTO, Hans-Uwe/ZIEGLER, Holger (2004): Sozialraum und sozialer Ausschluss. Die analytische Ordnung neo-sozialer Integrationsrationalitäten in der Sozialen Arbeit (2 Teile), in: neue praxis 2 u. 3/04, S. 117-135 u. 271-291.

PALENTIEN, Christian/HURRELMANN, Klaus (2003) (Hg.): Schülerdemokratie. Mitbestim-mung in der Schule, München: Luchterhand.

PONGRATZ, Ludwig A. u. a. (Hg.) (2004): Nach Foucault. Diskurs- und machtanalytische Perspektiven der Pädagogik, Wiesbaden: VS.

RAUSCHENBACH, Thomas/OTTO, Hans-Uwe (2004): Die neue Bildungsdebatte – Chance oder Risiko für die Kinder- und Jugendhilfe?, in: OTTO/RAUSCHENBACH (Hg.), a.a.O., S. 9-29.

RHYN, Heinz (2003): Standards demokratischer Bildung, in: MANGOLD/OELKERS (Hg.), a.a.O., S. 339-363.

RICHTER, Elisabeth (2004): Jugendarbeitslosigkeit und Identitätsbildung. Sozialpädagogik zwischen Arbeitserziehung und Vereinspädagogik. Eine historisch-systematische Rekonstruktion, Frankurt a.m.: Lang.

RICHTER, Helmut (1986): Verstehen oder Kolonialisieren? Eine falsche Alternative, in: MÜLLER/OTTO (Hg.): Verstehen oder Kolonialisieren? Grundprobleme sozialpädagogischen Handelns und Forschens (2., überarb. Aufl.), Bielefeld, S. 151-160.

RICHTER, Helmut (1991): Der pädagogische Diskurs. Versuch über den pädagogischen Grundgedankengang, in: PEUKERT/SCHEUERL (Hg.): Wilhelm Flitner und die Frage nach einer allgemeinen Erziehungswissenschaft im 20. Jahrhundert, in: ZfPäd, 26. Beih., Weinheim und Basel, S. 141-153.

RICHTER, Helmut (1998): Sozialpädagogik – Pädagogik des Sozialen. Grundlegungen – Institutionen – Perspektiven der Jugendbildung, Frankfurt a.M. u.a.: Lang.

RICHTER, Helmut (2001): Kommunalpädagogik. Studien zur interkulturellen Bildung, Frankfurt a.M. u.a.: Lang.

RICKEN, Norbert/RIEGER-DADICH, Markus (Hg.) (2004): Michel Foucault. Pädagogische Lektüren, Wiesbaden: VS.

SCHERR, Albert (2004a): Gesellschaftspolitische Bildung – Kernaufgabe oder Zusatzleistung der Jugendarbeit?, in: OTTO/COELEN (2004) (Hg.), a.a.O., S. 167-179.

SCHERR, Albert (2004b): Jugendsoziologische und jugendpädagogische Aspekte schulischer Ganztagsangebote. Folgen und Nebenwirkungen einer veränderten Bildungslandschaft, in: neue praxis 6/04, S. 550-557.

STURZENHECKER, Benedikt (2004): Zum Bildungsanspruch der Jugendarbeit, in: OTTO/COELEN (2004) (Hg.), a.a.O., S. 147-165.

SÜNKER, Heinz (2003): Politik, Bildung und soziale Gerechtigkeit. Perspektiven für eine demokratische Gesellschaft, Frankfurt a.M.: Lang.

SÜNKER, Heinz (2004): Sozialpädagogik und Ganztagsbildung, in: OTTO/COELEN (2004) (Hg.), a.a.O., S. 199-202.

TAKI, Mitsuru (2005): Ganztagsschule in Japan, in: OTTO/COELEN (2005) (Hg.): a.a.O., S. 57-62.

THIERSCH, Hans (2004): Bildung und Soziale Arbeit, in: RAUSCHENBACH/OTTO (2004) (Hg.), a.a.O., S. 237-252.

TILLMANN, Klaus-Jürgen (2003): Aufgaben und Chancen öffentlicher Bildung, in: MANGOLD/OELKERS (Hg.): Demokratie, Bildung und Markt, Bern: Lang, S. 305-324.

TILLMANN, Klaus-Jürgen (2004a): Sozialisationstheorien. Eine Einführung in den Zusammenhang von Gesellschaft, Institution und Subjektwerdung (13. Aufl.), Reinbek: rowohlt.

TREPTOW, Rainer (2004a): Bildung und Soziale Arbeit, in: Otto/Coelen (2004) (Hg.), a.a.O., S. 111-130.

TREPTOW, Rainer (2004b): Verpasste Chancen, neue Chancen? Konsequenzen für die Jugendhilfe im Blick auf OECD, in: OTTO/RAUSCHENBACH (Hg.), a.a.O., S. 107-114.

V. WENSIERSKI/SCHÜTZLER/SCHÜTT (2005) (Hg.): Berufsorientierende Jugendhilfe, Weinheim und München: Juventa (i.Dr).

VINKEN, Barbara (2002): Die deutsche Mutter. Der lange Schatten eines Mythos, München: Piper.

VOGEL, Peter (2004): Zum Gebrauch des neuhumanistischen Wortes „Bildung", in: OTTO/COELEN (2004) (Hg.), a.a.O., S. 33-39.

VOß, G. G. (2000): Unternehmer der eigenen Arbeitskraft. Einige Folgerungen für die Bildungssoziologie, in: Zeitschrift für Erziehungssoziologie und Sozialisation, 2/00, S. 149-166.

VOß, G. G./PONGRATZ, H.G. (1998): Der Arbeitskraftunternehmer. Eine neue Grundform der Ware Arbeitskraft?, in: Kölner Zeitschrift für Soziologie und Sozialpsychologie, 1/98, S. 131-158.

Stefan Küpper

7 Die Bedeutung der Ganztagsschule für den Wirtschaftsstandort Deutschland

„Die Arbeit des Erziehers gleicht der eines Gärtners, der verschiedene Pflanzen pflegt. Eine Pflanze liebt den strahlenden Sonnenschein, die andere den kühlen Schatten; die eine liebt das Bachufer, die andere die dürre Bergspitze. Die eine gedeiht am besten auf sandigem Boden, die andere im fetten Lehm. Jede muss die ihrer Art angemessene Pflege haben, andernfalls bleibt ihre Vollendung unbefriedigend." Dieses Zitat stammt von dem 1921 verstorbenen arabischen Schriftgelehrten Abbas EFFENDI, und beschreibt in wunderbarer Weise das, was letztlich schulische Arbeit ausmacht und heute sehr abstrakt als individuelle Förderung und Entwicklung umschrieben wird.

Genau hier aber liegt eine der Hauptschwächen des deutschen Schulsystems. Es gelingt den Bildungseinrichtungen nur schlecht, die Potenziale und Begabungen des einzelnen Kindes, des einzelnen Jugendlichen herauszuarbeiten und darauf aufbauend die Persönlichkeit sowie die Qualifikationen und Kompetenzen zu entwickeln. Dabei ist besonders problematisch, dass unser Bildungssystem geradezu auf dem Kopf steht:

-   So liegen die Ausgaben pro Schüler im Primarbereich mit 17 % und im Sekundarbereich I mit 21 % erheblich unter dem OECD-Durchschnitt von 20 % bzw. 23 %, während sie im Sekundarbereich II und Tertiärbereich überdurchschnittlich sind.

- Der private Anteil der Ausgaben in den deutschen Kindergärten ist doppelt so hoch wie im OECD-Mittel. Dagegen machen die privaten Aufwendungen an den Hochschulen weniger als die Hälfte des OECD-Durchschnitts aus.

Das ist der blanke bildungsökonomische Unsinn, den wir in diesem Land betreiben, gehört es doch mittlerweile zu den Binsenweisheiten, dass der früh eingesetzte Euro im Bildungssystem die höchste Rendite bringt. Die wirtschafts- und sozialpolitischen Folgen der mangelnden individuellen Frühförderung sind dramatisch. Entwicklungspotenziale insbesondere von Kindern aus unteren sozialen Schichten und aus Zuwanderer-Familien werden geradezu verschleudert. In keinem anderen Industrieland besteht ein derart enger Zusammenhang zwischen sozialer Herkunft und Bildungserfolg wie in Deutschland. Schon in der Grundschule zeigt sich, dass die höhere Sozialschicht der Familie und damit die zunehmende Bildungsnähe auch die durchschnittlichen Leistungen in allen Bereichen höher ausfallen lässt. Bereits am Ende der Grundschulzeit beträgt die Differenz bei der Lesekompetenz 33 Punkte zwischen der obersten und der untersten Sozialschicht. Der Blick auf die 15-Jährigen in der PISA-Studie zeigt, dass sich in der Sekundarstufe die Differenz mit fast 100 Punkten alarmierend ausweitet. Besonders irritierend ist dabei, dass selbst bei gleichen kognitiven Grundfähigkeiten und gleicher Lesekompetenz Kinder aus oberen Schichten eine zweieinhalb mal so große Chance auf eine Gymnasialempfehlung haben als Kinder aus unteren Schichten.

Ein besonderes Augenmerk muss dabei den Kindern mit Migrationshintergrund geschenkt werden. Die Zahlen sind ernüchternd: Jeder fünfte Jugendliche aus dieser Gruppe verlässt die Schule ohne Abschluss, fast 50 Prozent der Jugendlichen ohne deutschem Elternteil kommen laut PISA-Studie nicht über die elementare Kompetenzstufe I im Lesen hinaus. An Hauptschulen hat jeder fünfte Schüler Eltern mit ausländischem Pass, an den Gymnasien jedoch nur jeder 25ste. Und auch hier lassen sich bereits die Defizite in der Grundschule nachweisen. Kinder, deren Eltern beide aus dem Ausland stammen, liegen am Ende der Grundschulzeit im Lesen bereits rund ein Schuljahr zurück. Dabei ist wiederum besonders irritierend, dass selbst bei gleicher sozialer Herkunft und Lesekompetenz, Kinder, deren Eltern in Deutschland geboren wurden, eine um den Faktor 1,7 höhere Chance auf eine Gymnasialempfehlung im Vergleich zu Kindern mit Migrationshintergrund haben.

Seit Jahren bleiben rund 10 Prozent der Jugendlichen unter 25 Jahren arbeitslos. Das Gros stellen nicht oder nur gering Qualifizierte. Von allen Variablen, die Einfluss auf die Jugendarbeitslosigkeit haben, ist Bildung das einflussreichste individuelle Merkmal, das den Erfolg auf dem Arbeitsmarkt fördert oder hemmt. Die Folgen der Jugendarbeitslosigkeit sind für Wirtschaft und Gesellschaft, vor allem aber auch für die Jugendlichen selbst gravierend. Sie sind in einer grundsätzlichen Orientierungsphase, in der sie ihren Platz in der Gesellschaft noch suchen. Versagens- und Scheiternserfahrungen sind in dieser Phase herbe Rückschläge, die dauerhaft eine negative Wirkung auf die Persönlichkeit und ihren weiteren Lebensweg entfalten können. Dies kann bis zur Vorprogrammierung von „Sozialhilfekarrieren" gehen. Die sozialpolitischen Kosten sind erheblich, denn es werden große Summen für „Reparatur- und Nachqualifizierungsmaßnahmen" in der Arbeitsmarkt- und Sozialpolitik aufgewendet. Gleichzeitig beklagen Unternehmen, dass ihnen der gut und hoch qualifizierte Nachwuchs in vielen Bereichen fehlt. Wirtschaftliche Chancen können wegen des Mangels an qualifizierten Mitarbeitern nicht ergriffen werden, die Innovationsfähigkeit der Wirtschaft leidet.

All dies macht deutlich: Wir brauchen dringend andere und bessere Unterstützungsmechanismen. Es sind neue Konzepte zur individuellen Förderung von Schülern erforderlich. Dabei steht die Ganztagsschule im Mittelpunkt. Denn erst Ganztagsangebote schaffen den Raum für individuelle Fördermaßnahmen. Sie schaffen Raum für die frühzeitige Feststellung und treffsichere Förderung der Potentiale jedes einzelnen Schülers, unabhängig von den familiären Startbedingungen. Zur Erinnerung: Vor dem Start des Ganztagsschulprogramms der Bundesregierung konnten nur knapp fünf Prozent der Schülerinnen und Schüler ein Ganztagsangebot nutzen. Die mittlerweile von Bund und Ländern unternommenen Anstrengungen sind daher sehr zu begrüßen.

Ganztagsschule darf allerdings nicht einfach die Verlängerung der Halbtagsschule in den Nachmittag sein. Es darf nicht nur um Betreuung, es muss um Bildung und Erziehung gehen. Deshalb muss die Ganztagsschule mit neuen Formen des fachübergreifenden, des Projektunterrichts und des integrierten Unterrichts einhergehen. Es müssen Gestaltungs- und Entwicklungsfreiräume für die Schüler zur Persönlichkeitsentwicklung geöffnet werden. Quantität darf nicht vor Qualität gehen. Gemeinsam mit dem DGB hat daher die BDA im letzten Jahr sieben Qualitätskriterien als Maßstab für den Ausbau des Ganztagsschulbetriebs definiert:

1. Jede Ganztagsschule benötigt ein Konzept, eine „Schulphilosophie", die unter anderem der Leistungsförderung, der Integration und Chancengleichheit dient. Gezielte und schnelle Förderung bei Lernproblemen, selbstverantwortetes Lernen, die individuellen Persönlichkeits-, Lern- und Leistungsentwicklungen sollen im Vordergrund stehen.

2. Das Angebot von Ganztagsschulen soll bedarfsgerecht sein, es soll für alle Schulformen offen stehen. Damit sind Ganztagsschulen weder Schulen nur für benachteiligte noch für besonders leistungsstarke Schülerinnen und Schüler allein. Auf keinen Fall darf es vom Einkommen der Eltern abhängen, ob Kinder und Jugendliche Ganztagsschulen besuchen können.

3. Die Ganztagsschule benötigt einen eigenen Lernrhythmus abseits der üblichen 45-Minuten-Strukturierung des normalen Schulunterrichts. Dazu gehört beispielsweise fachübergreifendes bzw. fächerverbindendes Lernen. Dies gilt vor allem für die gebundene Ganztagsform. Offene Ganztagsschulen bieten am Nachmittag zusätzliche Angebote, die aber Teil des pädagogischen Gesamtkonzeptes sein müssen.

4. Die Entwicklung von Ganztagsschulen setzt genügend qualifiziertes Personal voraus, wobei zum Personalbedarf nicht nur Lehrkräfte, sondern auch Sozialpädagogen, Tutoren, Berater u.a.m. gehören.

5. Die Entscheidung des jeweiligen Schulträgers für die Errichtung einer Ganztagsschule bzw. für die Umwandlung einer bestehenden in eine Ganztagsschule soll Eltern, Schüler und Lehrer „mitnehmen", denn die Schulpflicht besteht dann grundsätzlich auch am Nachmittag.

6. Außerschulische Kooperationspartner, z.b. Träger der Jugendhilfe, Jugendverbände, Sportvereine, kulturelle Einrichtungen müssen in die Ganztagsplanung einbezogen werden. Auch die Kooperation mit Betrieben bietet sich an. Mit den Kooperationspartnern der Schule müssen gemeinsame Zielsetzungen und verabredete Verbindlichkeiten bestehen.

7. Die Förderung von Ganztagsangeboten muss in enger Kooperation von Bund und Ländern verstetigt werden. Das Fördervorhaben der Bundesregierung sollte durch ein entsprechendes Evaluierungsprogramm begleitet werden. Unter Einbeziehung der Schulträger und der Länder sollen dadurch die Erfahrungen mit dem Ausbau von Ganztagsangeboten handhabbar und übertragbar gemacht werden.

Die notwendige Grundlage zur verbesserten individuellen Förderung in der Ganztagsschule ist die Einführung von klaren und verbindlichen Bildungsstandards. Die Standards halten fest, welche Kenntnisse und Kompetenzen zu welchem Zeitpunkt der Schullaufbahn erreicht sein sollen. Der internationale wie nationale PISA-Vergleich hat eindeutig belegt, dass klar formulierte und regelmäßig überprüfte Standards der entscheidende Hebel sind, um vor allem die schwachen Ergebnisse der unteren Leistungsgruppen deutlich anzuheben. Entscheidend ist dabei eine wirksame und länderübergreifende Evaluation der Standards. Standards und individuelle Förderung sind zwei Seiten derselben Medaille und untrennbar miteinander verbunden. In diesem Zusammenspiel liegt der Schlüssel, um den engen Zusammenhang von sozialer Herkunft und Bildungserfolg aufzulösen. Denn durch Standards wird auch die individuelle Leistung objektiver bewertet – die Leistung entscheidet und nicht der familiäre Hintergrund.

Voraussetzung ist, dass die Entwicklung des einzelnen Schülers in den Mittelpunkt der schulischen Arbeit gestellt wird. D.h. Standards dürfen nicht zum Selbstzweck verkommen. Daher muss die Überprüfung der Bildungsstandards in den Schulen mit individuellen Lern- und Entwicklungsstandüberprüfungen gekoppelt werden. Tests dienen somit auch als Diagnosearbeiten und sollten Hinweise für eine individuelle passgenaue Förderung geben. Es ist also nicht damit getan, nur Standards für das Ende eines Bildungsabschnittes zu entwickeln, um dann gegebenenfalls festzustellen, dass ein Großteil der Schüler diese Standards nicht geschafft hat.

Lehrer haben sich auf die unterschiedlichen Lerngeschwindigkeiten und Leistungsniveaus der Schüler in ihrer Lerngruppe einzustellen. Schüler brauchen eine auf ihr Begabungsprofil zugeschnittene Lernunterstützung, das Lernen ist stärker zu individualisieren. Je nach Schülergruppe kann dabei mit ganz unterschiedlichen didaktisch-methodischen Ansätzen gearbeitet werden. Die Feststellung und Förderung der Potenziale jedes einzelnen Schülers müssen so früh und treffsicher wie möglich greifen. Die kontinuierliche Begleitung und die ebenso regelmäßige wie systematische Beratung aller Schüler muss selbstverständlich werden.

Wir müssen dabei schon den Kindergarten als eine Bildungseinrichtung von enormer Bedeutung begreifen, in dem wichtige Grundlagen gelegt werden. Und zugleich muss die Grundschule gestärkt werden, weil ihr eine überragende Bedeutung im lebenslangen Lernprozess zukommt. Was hier versäumt und nicht gekonnt wird, lässt sich später kaum noch aufholen. So ist es beispielsweise zur besseren Integration der Zuwandererkinder dringend geboten, die Sprachförderung in der Vor- und Grundschule auszubauen. Die Grundschule braucht eine höhere Stundenzahl, definierte Leistungsstandards und mehr Möglichkeiten gezielter Förderung. Es spricht daher einiges dafür, beim Ausbau der Ganztagsschulen hier einen Schwerpunkt zu setzen.

Die diagnostischen Fähigkeiten der Grundschul-Lehrkräfte zur Feststellung individueller Leistungs- und Fördermöglichkeiten müssen weiterentwickelt werden. Schüler sind leistungsgerecht auf die weiterführenden Schulen zu empfehlen. Dabei muss die Durchlässigkeit und die Zusammenarbeit zwischen den Schulformen aktiv gefördert werden.

Die weiterführenden Schulen sind aufgefordert, die pädagogische Arbeit der Grundschulen fortzusetzen: Lesestrategien müssen ausgebaut und gezielt gefördert werden, schlecht lesende Viertklässler brauchen auch in der Sekundarstufe I Förderunterricht, die Lesekompetenz muss über die Fachgrenzen hinaus gefestigt werden, die Lesemotivation muss erhalten und gesteigert werden und die Sprachförderung in der deutschen Sprache ist fortzuführen. Außerdem ist auch in der Sekundarstufe I ein gezielter Rechtschreibunterricht erforderlich. Die naturwissenschaftliche Kompetenz muss kontinuierlich und nachhaltig gefördert werden, schülerorientierter Sachunterricht muss die Förderung der naturwissenschaftlichen Kompetenz insbesondere der Mädchen in den Fokus nehmen. Schließlich müssen auch Kinder mit Defiziten in der mathematischen Kompetenz über die Grundschule hinaus gefördert werden.

Die Klage der Unternehmen mit Blick auf die Schulabgänger bezieht sich nicht nur auf den Mangel an Wissensdefiziten im Lesen, Schreiben und Rechnen sowie in der Allgemeinbildung, sondern auch auf fehlende Schlüsselqualifikationen und eine mangelnde Berufsorientierung. Die Unternehmen stehen seit geraumer Zeit vor dem Problem, dass sie auch diese Kompetenzen bei den Schulabgängern im Grunde nicht mehr voraussetzen können. Es fehlt leider schon zu oft an Kenntnis der einfachsten Regeln des Zusammenlebens und -arbeitens, und auch Selbstständigkeit und Verantwortungsbewusstsein lassen zu wünschen übrig.

Dabei haben die Schlüsselqualifikationen – d. h. methodische, persönliche und soziale Kompetenzen – sogar noch an Bedeutung gewonnen. Qualifikationen wie z.B. die Fähigkeit zum kontinuierlichen und systematischen Lernen, die Flexibilität in der Anwendung von Kenntnissen und Methoden oder die Fähigkeit in Zusammenhängen zu denken und fachübergreifend zu kommunizieren. Denn die Innovationszyklen verlaufen in den Unternehmen immer schneller und effektiver. Neue Technologien, neue Verfahren und neue Marktanforderungen müssen in den Unternehmen verstanden und umgesetzt werden können. Zugleich hat der gesamte Dienstleistungsbereich in unserer Wirtschaft stark an Bedeutung gewonnen. Der Umgang mit den Kunden verlangt gleich eine ganze Reihe von Verhaltensweisen. Ich nenne nur Höflichkeit und Pünktlichkeit, Sensibilität und Empathie ebenso wie Zuverlässigkeit und Redlichkeit.

Die Arbeitgeber benötigen heute vor allem selbstständig denkende und verantwortlich handelnde Menschen in den Betrieben. Der Begriff der persönlichen und sozialen Kompetenz hat sich deshalb zu recht durchgesetzt, weil dazu weit mehr gehört, als einmal gelernte Muster nachzuvollziehen. Notwendig sind vielmehr Urteilskraft und Orientierungsvermögen, Handlungsfähigkeit, Eigenständigkeit und Entscheidungssouveränität. Der Einzelne ist heute mehr denn je in seiner Selbstständigkeit gefordert. Wir kennen das aus dem Alltag, und in den Betrieben ist es nicht anders. Entscheidungsprozesse verlaufen immer weniger hierarchisch und immer stärker dezentral; Abläufe müssen sehr flexibel gehandhabt werden. Je komplexer Aufgaben und Problemstellungen werden, umso stärker ist die gemeinsame Lösung in der Gruppe notwendig.

Diese gewandelten Strukturen erfordern mehr denn je Mitarbeiter, die eigenständig denken und handeln und zugleich im Team Probleme lösen. Die Fertigung führt nicht einfach stillschweigend aus, was die Planung vorab beschlossen hat; und den Aufsicht führenden Kollegen mit dem Schild „Qualitätskontrolle" am Kittel finden wir schon lange nicht mehr. Charlie Chaplins Bild vom funktionierenden Rädchen im Betrieb ist nur noch eine nostalgische Erinnerung an das Industriezeitalter des frühen 20. Jahrhunderts. Zwischen diesen neuen, dezentralen und flexibel agierenden Einheiten gewinnen Kooperation und Kommunikation folgerichtig erheblich an Bedeutung. Selbstständigkeit und Offenheit, Lern- und Leistungsbereitschaft sind ebenso gefordert wie Zuverlässigkeit, Kollegialität und Verantwortungsbewusstsein.

Die Schule ist damit also doppelt gefordert: Sie muss erstens sicherstellen, dass die Schulabgänger die Kulturtechniken sicher beherrschen und eine ausbaufähige Allgemeinbildung vorweisen können. Und sie muss zweitens eine Grundausstattung methodischer, persönlicher und sozialer Kompetenzen vermitteln. Fachliche und überfachliche Mindestqualifikationen und -kompetenzen müssen jedem Schüler – unabhängig von seiner individuellen Leistungsfähigkeit und Begabung – auf jeden Fall mitgegeben werden.

Ganztagsangebote eröffnen hier für die Integration und Erziehung der heranwachsenden Generationen neue Möglichkeiten. Dabei ist mir bewusst, dass die Eltern vorrangig das Recht und die Pflicht zur Erziehung ihrer Kinder haben. Daran wollen wir selbstverständlich nichts ändern. Aber auch die Schulen haben einen Bildungsauftrag, und das heißt auch: einen Erziehungsauftrag. Ein Blick in die Schulgesetze der Bundesländer lohnt sich an dieser Stelle: Was hier an Erziehungszielen formuliert ist, ist außerordentlich eindrucksvoll und kann nur unterstrichen werden. Dabei muss der Weg in Richtung auf ein neues gemeinsames Handeln von Lehrern und Eltern gehen.

In ihrem jüngsten schulpolitischen Positionspapier zur selbstständigen Schule hat die BDA sich daher auch dafür ausgesprochen, die Abnehmerseite der schulischen Leistungen, darunter vor allem auch die Eltern, in der Funktion „kritischer Freunde" im Schulbeirat – einem erweiterten Schulausschuss – an der Gestaltung der Schule zu beteiligen. Erziehung kann nur gelingen, wenn das Umfeld der Schüler nicht die gegenteiligen Signale aussendet. Lehrer und Eltern müssen sich zusammentun, um gemeinsam den Bildungs- und Erziehungserfolg der ihnen anvertrauten Kinder und Jugendlichen zu sichern. Die wichtigsten Vorbilder sind und bleiben die Eltern. Die Familie ist der erste und zentrale Ort, an dem Kinder Orientierungspunkte finden.

Zugleich müssen die Eltern ihren Kindern den Wert von Bildung verdeutlichen und sie zu Anstrengungen und Leistungsbereitschaft wie zur Entfaltung ihrer individuellen Fähigkeiten ermutigen. Das Interesse und die Anteilnahme der Eltern trägt erheblich zum Bildungserfolg ihrer Kinder bei. Das gilt gerade auch bei Fragen der Berufsorientierung und Berufswahl.

Gleichzeitig braucht die Berufsorientierung einen steigenden Stellenwert in der Schulbildung. Die jungen Menschen müssen auf das Arbeits- und Berufsleben vorbereitet werden. Nur so sind Fehlorientierungen und Brüche in der Ausbildungsbiografie zu vermeiden. Deshalb ist der Bezug zur Arbeits- und Berufswelt durchgängig im Unterricht zu stärken. Auch hier bietet die Ganztagschule völlig neue Möglichkeiten bei der Gestaltung eines eigenen Faches Wirtschaft ab Klasse 5. Dieses kann theoretisch wie praktisch auf die Arbeitswelt vorbereiten und eine ökonomische Allgemeinbildung vermitteln. Die Ganztagschule bietet zudem verbesserte Möglichkeiten für eine breite Kooperation von Schule und Wirtschaft, der gerade für die Berufsorientierung eine enorme Bedeutung zukommt. Schulen und Betriebe können zusammenarbeiten durch die Einbindung von Unternehmensvertretern in den Unterricht, thematische Erkundungen in den Betrieben, verschiedene Formen von Praktika, gemeinsame Projekte von Schülern und Auszubildenden und die Gründung von Schülerfirmen.

Der Kontakt von Schule und Wirtschaft ist aus zweierlei Gründen wichtig. Erstens hilft er, Lernziele zu definieren und die für das spätere Berufsleben notwendigen Qualifikation zu benennen. Und zweitens eröffnet die Praxiseinbindung den Schülern eine völlig neue Lernwelt, in der sie viele Erfahrungen sammeln und Schlüsselqualifikationen trainieren können, wie es bei einer reinen Theorieorientierung niemals möglich wäre. Vor diesem Hintergrund kann die vielfältige und intensive Arbeit von Schulleitern und Lehrern, Unternehmern und Verbandsmitarbeitern in dem von den Arbeitgeberverbänden getragenen *SCHULE*WIRTSCHAFT-Netzwerk gar nicht hoch genug eingeschätzt werden. Der dort seit nunmehr fünf Dekaden gepflegte

Dialog sowie die vielfältigen Innovationen im Bereich von Betriebspraktika, Lehrerfortbildungen und Qualitätssicherungsinstrumenten sind zu einer tragenden Säule in der deutschen Schullandschaft geworden.

Bei all dem kommt den Lehrkräften die zentrale Schlüsselrolle zu. Laut PISA-Studie werden gerade mal 11 Prozent der leistungsschwächeren Schüler von ihren Lehrern als solche überhaupt identifiziert. Wir brauchen daher dringend eine Neuorientierung der Aus- und Fortbildung der Lehrer, die ihre Diagnosefähigkeit und ihr didaktisches Know-how verbessert. Lehrer müssen frühzeitig lernen und erfahren, wie am Arbeitsplatz „Schule" mit Bildungsstandards, Organisationsentwicklung und individueller Förderung umzugehen ist. Die Aneignung von Diagnosefähigkeit und die Entwicklung von Führungsqualitäten muss in der Ausbildung weit oben rangieren. Die Entwicklungs- und die Lernpsychologie und die Lehr- und Lernforschung brauchen in der Lehrerbildung einen neuen und hohen Stellenwert. Frühzeitig muss die fachliche und methodische Kooperation mit den Lehrerkollegen, aber auch die Kooperation mit den Eltern trainiert werden.

Bei der Ausbildung der Lehrer ist auch darauf zu achten, dass sie ausreichende Kenntnisse über die Arbeits- und Berufswelt erhalten. Hier bieten sich Lehrerbetriebspraktika an. Der Praktikant lernt betriebliche Abläufe kennen, erfährt aus erster Hand Grundlagen wirtschaftlichen Handelns und beobachtet vor Ort die Anforderungen an Azubis und Arbeitnehmer. Gerade bei Fragen der Berufsvorbereitung sind diese Erfahrungen von unschätzbarem Wert. Deshalb sollte auch ein Betriebspraktikum obligatorischer Bestandteil der Lehrerausbildung sein.

Das alles bedeutet eine grundlegende Umorientierung in der Lehrerbildung. Die BDA hat dazu ihre Vorschläge im letzten Sommer vorgelegt. Sie basieren darauf, von Anfang an und durchgängig Theorie und Praxis, d.h. Hochschulstudium und Schulpraktika, zu verbinden. Das Studium soll in der neuen Struktur von Bachelor und Master organisiert sein, wobei erst der Master den zukünftigen Lehrer qualifiziert. Zu

Beginn des Bachelor-Studiums und vor dem Master-Studium sind jeweils Eignungstests für die Studienbewerber durch die Hochschulen vorgesehen. Die Qualität der Studienangebote soll durch die Akkreditierung sichergestellt werden. Das Referendariat wird durch Trainee-Programme mit einem Qualifizierungszeugnis nach dem Vorbild der betrieblichen Praxis ersetzt.

Der Ganztagsschullehrer muss aber auch andere Rahmenbedingungen vorfinden. So zeugt das Festmachen der Arbeitsleistung an der Zahl der gehaltenen Unterrichtsstunden von einem antiquierten Arbeitszeitverständnis in den Schulen. Wir brauchen statt dessen eine Arbeitszeitdefinition, die den verschiedenen Aufgaben von Lehrern auch außerhalb des Unterrichts besser gerecht wird. Hierzu müssen flexible Modelle von Wochen- und Jahresarbeitszeiten entwickelt werden. Auch brauchen Lehrer einen richtigen, eigenen Arbeitsplatz in der Schule.

Neben der bildungs- und sozialpolitischen hat der Ausbau des Ganztagsschulangebots eine zweite, eine familien- und arbeitsmarktpolitische Dimension. Denn durch den Mangel an solchen Angeboten sind viele Erwerbsfähige mit Familienpflichten in ihren zeitlichen Dispositionsmöglichkeiten sehr eingeschränkt. Für die Vereinbarkeit von Familie und Beruf und somit für eine Entscheidung pro Kinder liegt im Ausbau von Ganztagsangeboten ein Schlüssel. Gerade hochqualifizierte Frauen mit einem Hochschulabschluss sehen sich häufig vor eine „Entweder-oder"-Entscheidung gestellt. Rund 40 % von ihnen bleiben kinderlos. Der Kinderwunsch wird oft als karrieretechnisches und materielles Risiko wahrgenommen. Was das für diese Gesellschaft bedeutet, brauche ich wohl nicht weiter auszuführen. Fest steht: Hier muss Abhilfe geschaffen werden. Frauen und Männer, die heute Beruf und Familie verbinden wollen, müssen dazu die Chance bekommen. Neben Ganztagsschulangeboten kommt hier auch Ganztagsangeboten für die unter 3-Jährigen und die Kindergartenkinder eine große Bedeutung zu.

Das ist kein Plädoyer für die staatliche Zwangsbeglückung. Niemand in der Wirtschaft will die Pflicht zur Ganztagsbetreuung, auch nicht im Schulbereich. Wir wollen die Vielfalt der Angebote, die Vielfalt der Schulprofile und vor allem auch die Vielfalt der individuellen Lebensentwürfe. Es kann nicht um die staatliche Vollkostenübernahme von Familienleistungen gehen. Es geht vielmehr darum, die infolge einer Familiengründung entstehenden Belastungen und Wettbewerbsnachteile durch einen Lastenausgleich in angemessener Weise zu kompensieren. Denn natürlich profitiert die Gesellschaft von dem generativen Verhalten und der Erziehungsleistung der Familien in vielfältiger Weise. Angemessener Lastenausgleich bedeutet aus Sicht der BDA, dass eine solche Politik in Übereinstimmung mit den ordnungspolitischen Prinzipien der Gesellschafts- und Wirtschaftsordnung stehen muss. Vor allem anderen müssen Familien durch eine leistungsgerechte Besteuerungs- und Abgabenpolitik in die Lage versetzt werden, mittels einer adäquaten materiellen Ausstattung eigenverantwortlich entscheiden zu können, wie sie Erwerbstätigkeit und familiäre Anforderungen koordinieren. Aus diesem Grund halte ich auch nichts davon, erst den Familien das Geld aus der Tasche zu ziehen, um damit dann beispielsweise öffentliche Ganztagsangebote zu finanzieren. Wir brauchen vielmehr ein radikales Umsteuern in den öffentlichen Haushalten.

Allein schon ein Blick auf die Struktur der öffentlichen Ausgaben zeigt das Dilemma. Jeder vierte Euro des Bundeshaushaltes wird mittlerweile in die Rentenkassen umgelenkt. Jeder fünfte Steuer-Euro wird für Zinslasten aufgewendet. Der Schuldenberg türmt sich weiter auf und immer neue Neuverschuldungsrekorde werden aufgestellt. Wir setzen völlig falsche Prioritäten, subventionieren unhaltbare Versprechungen aus der Vergangenheit und finanzieren Gegenwartskonsum, statt in die Zukunft zu investieren. So liegen die öffentlichen Sozialausgaben mehr als sechs Mal so hoch wie die Aufwendungen für den gesamten Bildungsbereich in unserem Land. Wer daher den Eindruck erwecken will, man bräuchte nur hier ein bisschen Hartz-Reform und da ein wenig Streichung der Eigenheimzulage und schon stünden die notwendigen Mittel für Zukunftsinvestitionen bereit, verkennt die Realität. Wir brauchen eine gesellschaftspolitische Debatte über die Frage, was wir uns noch leisten können, und was wir uns noch leisten wollen. Den Ausbau von Ganztagsschulen und -angeboten sollten wir uns aus Sicht der Wirtschaft auf jeden Fall leisten.

Ganztagsschule als bildungspolitische Option

Michael Becker/Ute Debold

8 Entwicklungsschub für Ganztagsschulen in Mecklenburg-Vorpommern als landespolitische Aufgabe nach PISA

8.1 Einleitung

Seit Inkrafttreten des Bundesprogramms „Zukunft Bildung und Betreuung" wird in der breiten Öffentlichkeit wie auch in der Familie und der Schule verstärkt über den Sinn von Ganztagsschulen aus gesellschaftlicher, sozialer und pädagogischer Sicht nachgedacht. Auch in vielen Schulprogrammen der Bundesländer ist eine pädagogische Neuorientierung zu spüren. PISA und andere internationale Schulvergleiche haben Pädagogen in Deutschland vor Augen geführt, dass das hiesige Bildungssystem grundlegend reformiert werden muss und dass dazu eine gemeinsame Anstrengung notwendig ist. In keinem vergleichbaren Land entscheidet die soziale Herkunft der Schülerinnen und Schüler so sehr über den schulischen Werdegang und Bildungserfolg wie in Deutschland.

Das *Ganztagsschulprogramm des Bundes* ist zunächst vor allem ein Programm zur Qualitätsverbesserung der Schulen und zur Steigerung der Schulleistung. Darüber hinaus soll das Programm das gemeinsame Lernen und die Betreuung der Kinder in den Familien unterstützen. Ein weiterer wichtiger Teilaspekt des Programms sind schließlich Investitionen in eine ganzheitliche und damit auch bauliche Schulmodernisierung. Das Ziel dieses Programms ist letzten Endes der Aufbau eines engmaschigen Netzes von Schulen, die geeignet sind, Bildung und Betreuung auf freiwilliger Basis ganztägig zusammenzuführen, und die zugleich Identität stiftende regionale Bildungszentren und Orte für lebenslanges Lernen werden können. Mit den Ganztagsschulen wird also eine neue Qualität von Schule angestrebt. Diese neue Qualität soll in der Rhythmisierung der Tagesabläufe, in der veränderten Unterrichtsgestaltung, in mehr Zeit für individuelle Förderung und in der Vernetzung verbündeter Partner der Ganztagsschulbewegung in einem großen Raum um die Schule herum erkennbar werden.

Ganztagsschulen gehören bereits seit mehr als 10 Jahren zur Bildungslandschaft Mecklenburg-Vorpommerns. Die Geburtsstunde der *Ganztagsschule in Mecklenburg-Vorpommern* schlug mit einem Bürgerschaftsbeschluss der Hansestadt Stralsund im Jahr 1994. Auf Initiative der Olof-Palme-Schule und des Schulamtes in Stralsund wurde dem Antrag auf Errichtung einer Ganztagsschule durch die Bürgerschaft zugestimmt. Im Rahmen des Bundesvorhabens „Zukunft Bildung und Betreuung" (IZBB) in Höhe von vier Milliarden Euro, davon 93 Millionen für Mecklenburg-Vorpommern, kam es zu einer deutlichen Zunahme von Schulen dieses Typs in unserem Land. Im Jahr der ersten Verwaltungsvorschrift 1999 existierten 34 Schulen, zu Beginn des Bundesprogramms 2002 gab es schon 65 Schulen, mittlerweile sind es jetzt 173 genehmigte Schulen, weitere 22 Schulen haben zum Schuljahr 2005/06 einen Antrag auf Genehmigung als Ganztagsschule gestellt. Allein in den letzten zwei Jahren sind in Mecklenburg-Vorpommern 98 Ganztagsschulen aller Schularten genehmigt worden. Das Interesse der Schulträger, der Schulen, aber auch der Eltern am Investitionsprogramm ist enorm. Schon jetzt sind fast 100 Vorhaben in der Vorbereitung und Realisierung. Investitionen von rund 120 Millionen Euro sind geplant. Positiv ist dabei zu verzeichnen, dass viele Schulen nicht nur an den IZBB-Zuwendungen interessiert sind, sondern auch die Chance nutzen, die Ideen der Ganztagschulpädagogik zu verwirklichen. Derzeit streben ca. 90 kommunale und 15 freie Schulen eine IZBB-Förderung an. Darunter sind 15 Grundschulen. Bekanntlich sind Grundschulen, die ganztägige Bildungs- und Betreuungsangebote unterbreiten, d.h. volle Halbtagsgrundschulen und Grundschulen mit festen Öffnungszeiten, jeweils mit angegliederten Horten, förderfähig. Bedingung ist ein gemeinsames pädagogisches Konzept von Schule und Hort für ein verlässliches Ganztagsangebot.

Einen Förderschwerpunkt bilden die *Regionalen Schulen*. 47 Regionale Schulen rechnen mit Fördermitteln. Bisher wurden für 19 Projekte Zuwendungsbescheide in Höhe von ca. 8,5 Millionen Euro ausgereicht, davon: 13 Projekte an kommunalen Schulen, 4 Projekte an Privatschulen und 2 Projekte an Landesschulen. Schulen, die sich künftig als Ganztagsschulen profilieren wollen, müssen ihr Schulprogramm, ihr pädagogisches Konzept und die Verwendung ihrer finanziellen Mittel selbst entwickeln können. Ziel ist es, dass sie in ihrer Region starke Partnerschaften, z.B. mit Sportvereinen, Musikschulen oder Handwerksunternehmen, aber auch Tourismusverbänden u.a., auf- und ausbauen. Bei dem Aufbau von Ganztagsschulen in den nächsten Jahren kommt den Pädagogen eine zentrale Rolle zu. Die Lehrerinnen und Lehrer an den Schulen sind vor allem diejenigen, die in den nächsten Jahren an dem großen Reformprozess besonders hart arbeiten und eine entscheidende Verantwortung tragen werden.

8.2 Die Ganztagsschule in gebundener Form

Von einer *Ganztagsschule* wird heute erwartet, dass sie durch erweiterte Möglichkeiten des Lernens, des Lernspektrums und einer Individualisierung des Lernprozesses dazu beiträgt, das durchschnittliche Niveau einer anschlussfähigen Allgemeinbildung und der in ihr eingeschlossenen Kompetenzen zu erhöhen, dass also letzten Endes die Lernergebnisse verbessert werden. Weiterhin sollen in der Ganztagsschule intensivere erzieherische Möglichkeiten für eine ganzheitlich angelegte Stärkung von Kindern und Jugendlichen eröffnet werden, insbesondere durch eine Integration von lernförderlichen, auch sonderpädagogischen, sozialpädagogischen, psychologischen und gesundheitsfördernden Hilfen und Unterstützungssystemen. Damit kann ein wesentlicher Beitrag zur Entkopplung des Bildungsverlaufs von der sozialen Herkunft und zur Erhöhung der Chancengleichheit geleistet werden. Eltern, insbesondere Frauen, soll durch das gesellschaftspolitische Konzept der Ganztagsschule zu einer besseren Vereinbarkeit von Familie und Beruf sowie auch zu einer höheren Bereitschaft, Kinder zu bekommen, verholfen werden. Familien mit schwierigen Erziehungssituationen können intensiver unterstützt werden.

Abgesehen von den vielen, entwicklungsbedingten Zwischenschritten sollte daran festgehalten werden, dass eine Ganztagsschule zur Erreichung der oben genannten Ziele nur dann beitragen kann, wenn sie als voll gebundene Form geführt wird. Die Definition der Ganztagsschule durch die KMK, nach der diese Form einen für alle Schülerinnen und Schüler verbindlichen Aufenthalt in der Schule an mindestens drei Wochentagen mit mindestens sieben Zeitstunden am Tag vorsieht, soll in unserem Land den Mindeststandard bestimmen. Die Landeskonferenz der Ganztagsschulen vom 24.04.2004 hat bestätigt, dass in Mecklenburg-Vorpommern generell Übereinstimmung bezüglich der Ziele von Ganztagsschule besteht und dass ihre Entwicklung hin zur *Ganztagsschule in der voll gebundenen Form* geht. Viele Schulen des Landes Mecklenburg-Vorpommern haben das Potential der Ganztagsschule in voll gebundener Form erkannt und richten gegenwärtig ihre Schulprogramme an diesem Konzept aus. Die meisten Ganztagsschulen in Mecklenburg-Vorpommern arbeiten zu Zeit in einer Mischform, als voll gebundene und offene Ganztagsschule: die Klassen 5 und 6 werden an diesen Schulen in voll gebundener Form geführt, die weiterführenden Jahrgänge in teilweise gebundener oder offener Form. Die Ganztagsschule stellt sich als bedürfnisorientierte Schule dar. Sie ist kein Ersatz für die Abschaffung eines Betreuungsdefizits, sondern ein Angebot für Schüler mit einer neuen inhaltlichen Qualität. In der Ganztagsschule stehen größere Zeiträume zur unterschiedlichen Nutzung zur Verfügung. So ergibt sich die Möglichkeit erweiterter Bildungs- und Fördermöglichkeiten sowohl für benachteiligte und leistungsschwächere, als auch für hochbegabte Schülerinnen und Schüler. Diese Schule bietet der Persönlichkeitsentwicklung bessere Bedingungen und erhöht die Lernchancen für Heranwachsende. Ganztagsschulen erlauben die Herstellung und Pflege von Beziehungen zu außerschulischen Partnern und die Nutzung außerschulischer Lernorte.

Halbtagsschulen und offene Ganztagsangebote realisieren vielerorts ein qualitativ durchaus hochwertiges Bildungsangebot. Halbtagsschulen und „Halbtagsschulen mit Nachmittagsprogramm" schließen das Konzept des ganzheitlichen Lernens jedoch weitestgehend aus und erlauben keine Rhythmisierung des Tagesablaufes. Die offene Form der GTS schafft im Lernablauf und in der Unterrichtsintensität für den Schüler und den Lehrer kaum Veränderungen.

Gleichwohl werden den Schülern Alternativen zu kommerziellen und individualisierten Freizeitmöglichkeiten geboten, Defizite des Vormittags sollen in Förderkursen, Arbeitsgemeinschaften und Hausaufgabenbetreuung ausgeglichen werden.

Erforderlich ist aber eine neue Schulkultur, die von Partnerschaftlichkeit, Toleranz und Zuwendung geprägt ist. Der Schulalltag an einer gebundenen Ganztagsschule wird bestimmt durch den Wechsel von kognitivem und musisch-ästhetischem Lernen, von Phasen der Anspannung und Entspannung, von angeleitetem und eigenverantwortlichem Lernen, von Phasen gebundener Zeiten und Phasen selbstgestaltbarer Zeiten. Diese Phasen sind über den ganzen Tag verteilt und rhythmisieren den Tag pädagogisch sinnvoll. Die Zeitstrukturierung erlaubt es den Schülern, entsprechend ihren eigenen Neigungen und Interessen Schwerpunkte zu setzen und selbst Anteil zu nehmen an der Rhythmisierung für ihren individuellen Tagesablauf.

Aus den Gestaltungselementen der Ganztagsschule und aus dem verfügbaren Zeitfond ergeben sich Konsequenzen für die Schulorganisation und die Organisation der Schülerbeförderung. Das veränderte Zeitmodell in der beschriebenen Rhythmisierung kann nur in der gebundenen Ganztagsschule realisiert werden, wenn die Angebote für alle Schüler verpflichtend sind. Das trifft auch zu für die Schülerbeförderung, die im Flächenland Mecklenburg-Vorpommern mit zum Teil großen Schuleinzugsbereichen einheitliche Unterrichtszeiten für alle erforderlich macht. Mit dem Schuljahr 2007/08 werden die ersten Gymnasiasten in Mecklenburg-Vorpommern die Reifeprüfung wieder nach 12-jähriger Schulzeit ablegen. Ein Tagespensum von 8 Unterrichtsstunden pro Tag in der Sekundarstufe I macht einen rhythmisierten ganztägigen Schulalltag zwingend erforderlich.

Die gebundenen Formen schaffen am besten die Voraussetzungen für die Realisierung der Ziele der Ganztagsschulen, qualitative Veränderungen können hier am besten umgesetzt werden.

8.3 Das Evaluierungsprogramm Mecklenburg-Vorpommern

Obwohl also in den Zielen der Ganztagsschule im Ganzen Konsens besteht und Kritik sich eher auf das Detail bezieht, arbeiten in Mecklenburg-Vorpommern erst wenige Schulen konsequent in voll gebundener Form. Inwiefern die voll gebundene Form der Ganztagsschule dazu beitragen kann, die Unterrichtspraxis zu verändern, Gestaltungsspielräume zu nutzen und eine neue Schulkultur zu entwickeln, und welche Schwierigkeiten tatsächlich bei der Umsetzung entstehen können, wird eine Evaluation zeigen, die derzeit in Mecklenburg-Vorpommern in Kooperation mit der Universität Greifswald durchgeführt wird.

Das *Evaluierungsprogramm Mecklenburg-Vorpommern* beruht auf gemeinsamen Zielstellungen der Ganztagsschule und der Selbstständigeren Schule. Die Gleichwertigkeit, die Eigenständigkeit sowie Schnittstellen der Modellvorhaben sind die Säulen des Konzepts. Die Spannbreite reicht von der Gestaltung bis zur eigenständigen Verwaltung. Die entsprechenden Programme haben gemeinsame, aber auch eigenständige Untersuchungsmodule. Der Zeitrahmen und der Finanzplan wurden auf die Dauer von drei Jahren konzipiert. Der Start des Evaluationsprogramms Mecklenburg-Vorpommerns war das Schuljahr 2004/05. Die Grundzüge der Zusammenarbeit des

Bundes mit einzelnen Ländern in einem Begleitforschungsprogramm sind durch eine übergreifende Bundeskonferenz erarbeitet worden. Mecklenburg-Vorpommern wird sich mit spezifischen Modulen beteiligen. Es ist vorgesehen, dass schließlich alle Ergebnisse durch die Datenbank des DEUTSCHEN INSTITUTS FÜR INTERNATIONALE PÄDAGOGISCHE FORSCHUNG (DIPF) ausgewertet werden.

Durch die IZBB-Zuwendungen soll die Schaffung einer leistungsfähigen Infrastruktur im Ganztagsschulbereich unterstützt werden, um ein bedarfsorientiertes, regional ausgewogenes Angebot moderner Schulen in Ganztagsform zu entwickeln. Mit dem neuen *Programm „Schule Plus"* wird das Vorhaben von Ganztagsschulen, die gebundene Form zu verstärken, veränderte Rahmenbedingungen zu schaffen und die Schule für die Region zu öffnen, hervorragend unterstützt. Das Programm wird Kooperationen zwischen Schulen und Bildungspartnern anregen und somit lokale Lernorte mit der Schule vernetzen. Das Programm wird schul- und unterrichtsergänzende Projekte, die Schülerinnen und Schülern ab der 8. Klasse berufliche Vorerfahrungen, Fertigkeiten und Fachkenntnisse vermitteln, fördern und unterstützen. Die zusätzlichen Bildungsangebote in Form von Arbeitsgemeinschaften, Lernteams oder Zirkeln werden im naturwissenschaftlich-technischen, im ökonomisch-wirtschaftlichen Bereich, in der Arbeit mit Neuen Medien, aber auch in der Förderung von sprachlicher und sonstiger kommunikativer Kompetenz zum Einsatz kommen. Zudem wird das Land Mecklenburg-Vorpommern gemeinsam mit der DEUTSCHEN KINDER- UND JUGENDSTIFTUNG (DKJS) sowie mit Unterstützung des EUROPÄISCHEN SOZIALFONDS (ESF) neue Wege in der Förderung des lebensbegleitenden Lernens gehen.

8.4   Probleme, Notwendigkeiten und Möglichkeiten dieser Schulform

Nach einem Jahr intensiver Ganztagsschulentwicklung bleibt im gegenwärtigen Stadium zu fragen, warum der Übergang der in offener Form geführten Ganztagsschulen in voll gebundene Ganztagsschulen nur in einem unverhältnismäßig langen Zeitraum erfolgen kann. Hierfür gibt es einerseits schulpolitische Gründe und mangelhafte Rahmenbedingungen, andererseits ideelle Gründe, Barrieren in den Köpfen, auf die im Folgenden eingegangen werden soll.

Zum einen muss den baulichen Investitionen, die durch das Bundesprogramm „Zukunft Bildung und Betreuung" gefördert werden, noch eine erhebliche *Investition in das Personal der Ganztagsschule* folgen, wenn sie sich als Investitionen in die nachfolgenden Generationen und insofern als Zukunftsinvestitionen qualifizieren sollen. Das heißt klar und deutlich, dass die Rahmenbedingungen in der Versorgung mit Fachpersonal an Ganztagsschulen völlig unzureichend sind.

Zum anderen darf die Einstellung von zweifelsohne notwendigem zusätzlichen Personal an voll gebundenen Ganztagsschulen nicht über geringfügige und prekäre Beschäftigungsverhältnisse erfolgen. Das *Lehrerpersonalkonzept*, das den Beschäftigungsumfang der Lehrkräfte einzig und allein an deren Fachkombinationen und dem im Land ermittelten Bedarf in den jeweiligen Fächern festmacht und weder das zugegebenermaßen oft recht unterschiedliche Engagement der Lehrkräfte noch die Klassenleitertätigkeit oder die Fachschaftsleitertätigkeit in irgendeiner Weise berücksichtigt, kann der Motivation der Lehrkräfte nicht dienlich sein. Im Gegenteil, es untermauert die Annahme, dass eine Lehrkraft lediglich für erteilte Unterrichtsstunden vergütet wird. Das dem Lehrerpersonalkonzept innewohnende Potential wird nicht genügend genutzt, um das überdurchschnittliche Engagement vieler Lehrkräfte bei der Gestaltung von Ganztagsschulen angemessen zu honorieren.

Weiterhin muss die Arbeit der Lehrerinnen und Lehrer unbedingt wieder gesellschaftlich höheres Ansehen erlangen. Berücksichtigt man die Vor- und Nachbereitungszeit von qualifiziertem Unterricht, so schränkt die Erhöhung der Pflichtstundenzahl das weit über den Unterricht hinausgehende Engagement der Lehrkräfte beträchtlich ein. Das trifft auf korrekturintensive Fächer besonders zu. Es ist zu bedenken, dass die Korrektur einer Klausur in der 9. Klasse mit nur 20 Minuten angenommener Korrekturzeit pro Klausur bei 30 Schülern bereits 10 Stunden Arbeitszeit für die betreffende Lehrkraft bedeuten. Aus dieser Sicht ist es dringend erforderlich, *Lösungen für korrekturintensive und weniger korrekturlastige Fächer* zu suchen.

Mit einem gewandelten Verständnis von Schule muss zweifellos also auch ein verändertes Verständnis von Schularbeit, von der Arbeit der Lehrerinnen und Lehrern einhergehen. Dabei erweisen sich die derzeit praktizierten *Arbeitszeitregelungen* nicht als förderlich, um ungeregelte Zugriffe auf Mehrbelastung zu vermeiden. Gesellschaft und Politik müssen wissen, dass die Ganztagsschule nur zu haben ist, wenn sich die veränderten Anforderungen an die Lehrkräfte in klaren, zumutbaren und nachvollziehbaren Arbeitszeitregelungen widerspiegeln. Im Rahmen neuer Arbeitszeitmodelle müssen die pädagogischen Konzepte mit den Arbeitsbedingungen, mit der Belastbarkeit und der Gesundheit der Beschäftigten in Einklang gebracht werden. Nur wenn es gelingt, die Ganztagsschule mit ihren veränderten Anforderungen als eine Schule erfahrbar zu machen, die auch Entlastung sowie neben und außerhalb der Schulzeit auch wirkliche Entspannung kennt, können die Lehrerinnen und Lehrer als engagierte Bündnispartner auch für eine ganztägige Präsenz gewonnen werden.

Sehr viel mehr und anders, als es die herkömmliche Unterrichtsschule sein durfte und konnte, muss die Ganztagsschule schließlich auch zu einem akzeptablen und vollwertigen *Arbeitsplatz für das pädagogische Personal* werden. Auch hier müssen die Arbeitsbedingungen und Räumlichkeiten den Anforderungen genügen, die aus dem pädagogischen Konzept hervorgehen (z.B. Teambildung). An vielen Schulen des Landes haben Lehrer keine geeigneten Arbeitsplätze, die ihnen die Vor- und Nachbereitung des Unterrichts, z.B. in Freistunden, in einem Ganztagsschulbetrieb ermöglichen würden.

Es wird letztlich zu wenig darüber ausgesagt, auf welche Art und Weise das Lehrerpersonalkonzept darauf reagiert, wie mit den *teilzeitbeschäftigten Lehrkräften* des Landes Mecklenburg-Vorpommern zu verfahren ist. Curricula und Stundentafeln müssen mit der Qualität der Allgemeinbildung in Übereinstimmung gebracht werden. Eine Überarbeitung der Stundentafel erscheint dringend erforderlich, um das Bildungskonzept auch an Ganztagsschulen stärker auf die Entwicklung verschiedener Kompetenzen zu konzentrieren.

Viele Menschen in Mecklenburg-Vorpommern sind noch unzureichend über Ziele, Gestaltungsmöglichkeiten und Potentiale der voll gebundenen Form von Ganztagsschulen informiert. Diese überzeugend zu vermitteln, gestaltet sich auch deshalb als schwierig, weil jahrelang praktizierter Frontalunterricht das Schulbild in Mecklenburg-Vorpommern entscheidend mitgeprägt hat und Vorurteile gegenüber offenen Formen der Unterrichtsgestaltung und dem rhythmisierten Tagesablauf nur langsam weichen. Die Anstrengungen des Landes, Ganztagsschulen mit regionalen Konferenzen zur Schulentwicklung zu unterstützen, tragen dazu bei, Ziele, Formen und Potential dieser Schulform transparent zu machen.

Viele Eltern, Lehrerinnen und Lehrer und natürlich auch Kinder haben Angst vor *„Mehrarbeit" an Ganztagsschulen*. Bei der Qualität eines Arbeitsplatzes spielt aber nicht nur die Zeit, sondern auch die Zufriedenheit eine Rolle. Damit ergeben sich zwangsläufig Fragen wie folgende: Wie viele Lehrerinnen und Lehrer an Halbtagsschulen sind denn mit ihrem Job zufrieden? Wie viele Schülerinnen und Schüler identifizieren sich mit ihrer Schule? Häufig reicht die Zeit am Vormittag einfach nicht aus, um pädagogische Ideen und soziale Beziehungen auszubauen.

Viele Familien fürchten neben einem „Verplanungseffekt" für ihre Kinder auch, dass ihnen ein Großteil ihrer *Verantwortung für Bildung und vor allem Erziehung* ihrer Kinder entzogen würde. Bildungsbewusste Eltern geben zu bedenken, dass erhöhte Chancengleichheit an voll gebundenen Ganztagsschulen auch die Einschränkung der persönlichen Freiheit für ihre Kinder bedeuten würde. Ganztagsschule darf also keine Aufbewahrungsschule sein, sondern muss umfassende Reformen der Schul- und

Lernkonzepte beinhalten. Hierbei brauchen die Schulen auch Beratung und Zeit zur Entwicklung ihrer Schulprogramme, denn eine volle Ganztagsschule auf dem Papier zum Erlangen von Fördermitteln nützt niemandem.

In Ganztagsschulen kann viel intensiver und länger an zu entwickelnden Kompetenzen gearbeitet werden, es können Projekte verwirklicht und bewegt werden, es entwickeln sich Freundschaften und Aktivitäten im Kollegium, im Schülerkreis und zunehmend auch unter Eltern. Die Qualität einer Schule, die Verbesserung von Schul- und Lernkultur, transparent für Eltern nachvollziehbar, gewinnt in diesem Zusammenhang besondere Bedeutung. Unser Ziel muss es sein, dass Kinder, Lehrerinnen und Lehrer von sich aus sagen: *„Ich bleibe gerne in der Schule."*

Zudem muss die Einsicht vorhanden sein, dass sich der Arbeitsplatz der Lehrerinnen und Lehrer nicht bloß in den Nachmittag verlängert, sondern richtiggehend verändert. Eine Ganztagsschule kann nur gelingen, wenn die Schulleitung und das Lehrerteam gemeinsam mit den Eltern permanent an der Schulzufriedenheit arbeiten. Sie funktioniert nicht, wenn Schüler und Lehrer nicht miteinander kommunizieren. Durch die Umsetzung des Investitionsprogramms „Zukunft Bildung und Betreuung" und eine Prozess begleitende Gestaltung zur guten Ganztagsschule erleben viele Lehrerinnen und Lehrer einen deutlichen Motivationsschub in ihrer Schule. Dieser ergibt sich auch durch den engeren Kontakt zu den Schülerinnen und Schülern. Schwierige Kinder können nach Auffassung der Lehrkräfte besser integriert werden. Lehrerinnen und Lehrer sehen für sich größere Gestaltungsmöglichkeiten – die Schule wird zum *Lebensort.*

8.5 Ziele und Kriterien der pädagogischen Konzepte

Die pädagogischen Programme zur Gestaltung von Ganztagsschulen nehmen an den Schulen immer mehr eine nicht wegzudenkende Plattform der Weiterentwicklung ein. Aus den pädagogischen Programmen lassen sich exemplarisch einige Ziele darstellen, wie z.b. die Qualitätsentwicklung der Schule für mehr Leistungs- und soziales Engagement, für breite Kompetenzentwicklung und schulische Identitätsfindung, die Unterstützung von Bildung und Erziehung in der Familie, die Investition in eine ganzheitliche und auch bauliche Schulmodernisierung. Einbezogen werden in das Programm sowohl *Schulen im Primarbereich*, die ganztägige Bildungs- und Betreuungsangebote unterbreiten, d.h. auch volle Halbtagsgrundschulen und Grundschulen mit festen Öffnungszeiten und mit jeweils angegliederten Horten, soweit ein mit dem Hort gemeinsames pädagogisches Konzept für ein verlässliches Ganztagsangebot vorliegt, als auch *Schulen des Sekundarbereiches I*, gegebenenfalls mit Kooperationsmodellen zwischen Schulen und Trägern der Jugendhilfe und freien Initiativen auf der Grundlage eines gemeinsamen pädagogischen Konzeptes.

So unterschiedlich Ganztagsschulen organisiert und profiliert sein können, sollten sie alle bestimmten pädagogischen Kriterien folgen. Das pädagogische Konzept der Schule soll deshalb Aussagen zur Unterrichtsorganisation, zur Öffnung der Schule und zu einer Erziehung zu gesunder Lebensweise enthalten. Das bedeutet im einzelnen, dass die *Lernbedürfnisse* der Schüler bei der Gestaltung von individueller Förderung und Forderung, bei der Hausaufgabenbetreuung und der Rhythmisierung des Lernens zugrunde zu legen sind. *Inhaltsbezogen* sollen z.B. die Arbeit an Projekten, Fach übergreifendes und Fächer verbindendes Lernen und vielfältige, auch Fach bezogene Unterrichtsformen dargestellt werden, die der Verbesserung von Bildung und Erziehung dienen. Dargestellt werden können weiterhin die Beziehungen zu außerschulischen Partnern und der Nutzung außerschulischer Lernorte. Und hierzu zählen schließlich Aussagen zur gesunden Ernährung, zur Balance von An- und Entspannung, zu Sport, zur Kommunikation und zur Freizeitgestaltung. Aufmerksamkeit muss dabei den Konsequenzen einer veränderten Unterrichtsorganisation im Hinblick auf die neue Rollengestaltung und die Zusammenarbeit aller Beteiligten (Lehrer, Schüler, Schulleitung, Eltern, technisches Personal) geschenkt werden.

Die Möglichkeit, *einen anderen Rhythmus* in den Tagesablauf der Schule zu bringen ist der wesentliche Unterschied der Ganztagsschule gegenüber einer normalen „Vormittagsschule". Bei nur geringem Mehrbedarf an Lehrerstunden und ohne Erhöhung der Unterrichtspensen für Schüler und Lehrer können unterrichtliche Abfolgen durch entspannende oder auf andere Art Konzentration verlangende sportliche, musische oder andere Gemeinschaft praktizierende Aktivitäten unterbrochen werden. Auch ohne inhaltliche Veränderung des Unterrichtsgeschehens würde eine derartige Auflockerung des Tagesablaufs zu gesünderem und effektiverem Lernen und Leben führen.

Partner von außen können neue Impulse geben, sinnvolle Freizeitangebote machen und die Verbindung zu den Erfordernissen der außerschulischen Wirklichkeit herstellen. Das Spektrum der möglichen Schüleraktivitäten, die im Rahmen des Schulkonzepts ihren Stellenwert und ihre Funktion haben müssen, kann Angebote der Bibliotheken, der verschiedenen Vereine, der Kirchen, der Musik- und Kunstschulen, der Rahmenvereinbarungen von Sportorganisationen, der fremdsprachigen Kulturinstitutionen, der Landwirtschaft und gemeinnütziger Organisationen umfassen. Schulsozialarbeiter können einzelne Schüler und Gruppen beraten, sinnvolle Programme entwickeln und im gewonnenen Freiraum umsetzen.

8.5 Grundpositionen der Unterrichtsgestaltung an Ganztagsschulen

Zu den Grundpositionen der neuen Unterrichtsgestaltung gehört es insbesondere, dass die *Unterrichtsdidaktik und -methodik* verändert und verbessert werden sollte, dass verstärkt auf schüler- und anwendungsorientiertes Lernen und die Vermittlung von Lernstrategien gesetzt werden muss. Dabei ist die Kompetenz im Umgang mit den neuen Medien ein wesentlicher Bestandteil eines zeitgemäßen Unterrichts. Die Verantwortung für den Bildungserfolg jedes einzelnen Schülers sollte an jeder Schule ein besonderer Bestandteil des Schulprogramms sein. Hier ist der Einsatz eines Koordinators für die Ganztagsgestaltung angemessen. Maßnahmen der Förderung und der Integration müssen immer Vorrang vor Sanktionen und Ausgrenzung haben. Dabei spielen die diagnostischen Fähigkeiten der Lehrer und Lehrerinnen eine wesentliche Rolle.

Weiterhin muss die *Qualitätssicherung (interne Evaluierung)* ein fester Bestandteil einer positiven Entwicklung jeder Ganztagsschule sein. Interne und externe Maßnahmen bieten geeignete Kontrollmöglichkeiten für die Leistungsfähigkeit und den Bildungs- und Erziehungserfolg jeder Schule. Jede Schule sollte sich jährlich vergewissern, welche Ziele in welchem Umfange erreicht wurden und welche nicht. Grundlage der Evaluierung werden dabei nicht nur das Schulprogramm und das Erreichen der in den jeweiligen Lehrplänen vorgeschriebenen Bildungsziele, sondern auch landesweit und ggf. bundesweit verabredete Mindeststandards für einzelne Schulformen, für einzelne Jahrgangsstufen sowie in bestimmten Fächern sein. Die Ergebnisse der Evaluierung müssen konkrete pädagogische Konsequenzen für die Unterrichtspraxis haben. Stärken gilt es auszubauen, Schwächen zu kompensieren. Die Schule muss über ihr Abschneiden bei Vergleichsmaßnahmen informiert werden, um in einer schulöffentlichen Diskussion Konsequenzen aus den Ergebnissen ziehen zu können, um über einen Wettbewerb der guten Ideen, der guten Programme und deren konkrete praktische Umsetzung *zu einer besseren Schule* zu werden.

Auch die *Stärkung der Selbstverwaltung*, also die Erweiterung der Entscheidungs- und Verantwortungsräume der Schule, gehören zu den Grundpositionen der Unterrichtsgestaltung an Ganztagsschulen. Dabei spielt die Öffnung der Schulen zum regionalen und sozialen Umfeld eine genauso wesentliche Rolle wie die Verfügung über eigene Budgets für bestimmte Aufgabenfelder. Schulen müssen mehr pädagogische Freiräume bekommen, um spezifische Bildungsprofile zu bilden und gezielter auf die Bedürfnisse der Schülerinnen und Schüler in ihrem jeweiligen regionalen Umfeld eingehen zu können. Eine besondere Qualifizierung der Schulleitungen und ihre administrative Unterstützung sind weitere Grundpfeiler eines Programms zur Qualitätsentwicklung.

Vor diesem Hintergrund sollte der *Ausbau von schulischen und außerschulischen Ganztagsangeboten* mit dem Ziel erweiterter Bildungs- und Fördermöglichkeiten stehen. Grundsätzlich ist die Förderung sowohl von Schülerinnen und Schülern mit Bildungsdefiziten als auch von besonderen Begabungen fester Bestandteil der Schulprogramme und der pädagogischen Konzepte *aller* Ganztagsschulen. Neben der Binnendifferenzierung im Unterricht wird dem individuellen Förderbedarf einzelner Kinder mit unterschiedlichen emotionalen, kognitiven oder sozialen Beeinträchtigungen u.a. durch gesonderte Betreuung in Diagnoseförderklassen (Grundschule „Am Rühner Landweg", Bützow) und in Räumen mit besonderer Ausstattung (z.b. Evangelische Grundschule Stralsund „Jona Schulz") Rechnung getragen. In Schulen in Ganztagsform, wie der Ueckermünder Grundschule wird z.b. die Lesekompetenz der Schülerinnen und Schüler im Rahmen eines zweijährigen Projektes gefördert. Ausgebildete LRS-Diagnostiker arbeiten an einigen Grundschulen (z.b. an der Grundschule in Tutow) und an ausgewählten Ganztagsschulen, hier insbesondere an Regionalschulen und Gesamtschulen des Landes. Andere Schulen werden der Forderung nach differenzierten Angeboten durch Teilungsunterricht in den Kernfächern Käthe-Kollwitz-Schule, Rehna) gerecht. An vielen Ganztagsschulen des Landes werden Schülerinnen und Schüler mit besonderen Begabungen gefördert. Am Gymnasium in Reutershagen wurde z.b. ein separater Schulzweig zur Förderung hoch begabter Kinder entwickelt, an der Borwinschule Rostock wird die Begabtenförderung von der Universität Rostock wissenschaftlich begleitet. Die Konzepte zur Förderung von Schülerinnen und Schülern mit Bildungsdefiziten und die Begabtenförderung sind verbindliches Kriterium im Anerkennungsverfahren der Ganztagsschulen.

8.7 Resümee

Zusammenfassend zeichnen sich drei *Besonderheiten der Ganztagsschulentwicklung in Mecklenburg-Vorpommern* ab. Zum einen hat sich der weitere Ausbau von Ganztagsschulen, basierend auf dem Anfangsangebot in den Jahrgangsstufen 5 und 6, als pädagogisches Verfahren als richtig erwiesen. Dazu und zu der Notwendigkeit, dass er aufbauend fortgesetzt wird, hat sich die Landesregierung bekannt. Zum anderen haben sich auch die Konzepte der Ganztagsschulen, welche die Unterrichtsgestaltung in den Mittelpunkt setzen und konsequent für alle Schüler, unabhängig von ihrer Lernfähigkeit, individuelle Förderung ausweisen, bewährt. Und schließlich bestätigte sich auch die Auffassung, die Teamarbeit als Chance zu begreifen. Gemeinsam im Kollegenkreis, aber eben auch gemeinsam mit Schülern und Eltern zu arbeiten, kann nicht genug Wertschätzung erfahren.

Bildungspolitisch gesehen müssen wir uns Gedanken machen über die Qualität von Unterricht. Die Evaluation von Schulen und Schulprogrammen sowie mehr Selbstständigkeit und Eigenverantwortung für die Schulen sind die pädagogischen Konzepte der Zukunft. Wir wollen, dass die ganztägige Zusammenführung von Erziehung und Bildung auf freiwilliger Basis und in geeigneten Schulen erfolgt, der Aufbau eines engmaschigen Netzes von Ganztagsschulen umgesetzt wird, die zugleich Identität stiftende regionale Bildungszentren sind und Orte für lebenslanges Lernen darstellen. Derzeit wird in gemeinsamer Verantwortung von Schule und Wissenschaft das oben genannte Programm zur Evaluierung von pädagogischen Leitzielen erarbeitet, die sich in den pädagogischen Konzepten der Ganztagsschulen widerspiegeln sollen. Ziel ist es, Prozess begleitend die besten Ergebnisse aufzugreifen und zu verallgemeinern.

Chancengleichheit, Kompetenzen, Integration, Qualitätssicherung und -entwicklung oder Lern- und Lehrkultur sind Forderungen, die in ihrer Umsetzung mit Inhalten auszufüllen sind. Schritt für Schritt werden wir die Ganztagsangebote in einem Umfang ausbauen, der dem Bedarf in den Städten und Landkreisen gerecht wird. Die

Ausweitung wird jedoch ausschließlich auf freiwilliger Basis erfolgen. Viele der neuen Antragssteller haben in ihren Konzepten eine neue Qualität erkennen lassen. Wir möchten diese Schulen ermutigen, diesen Weg auch unter den gegenwärtig schwierigen und komplizierten Rahmenbedingungen weiter zu gehen. Es macht Sinn, die Kräfte zu bündeln und den Nachmittag gemeinsam zu organisieren, dabei helfen uns viele Partner und engagierte Kommunen.

Ganztagsschulen sind heute so gefragt wie noch nie. Die zukunftsweisende Schulform bietet weitaus mehr als neue Öffnungszeiten: Raum für individuelle Förderung und für innovative pädagogische Konzepte. Ganztagsschule bedeutet auch, gemeinsam und voneinander zu lernen, Freizeit kreativ zu gestalten und mehr freie Zeit fürs Familienleben zu gewinnen. Mit dem Investitionsprogramm „Zukunft Bildung und Betreuung" – einem der größten Bildungsprogramme, die es in Deutschland je gab – unterstützt die Bundesregierung die Länder beim flächendeckenden Auf- und Ausbau des schulischen Ganztagsangebots. Die angestrebten Schulgesetzänderungen zielen in der Summe auf größere Schuleinheiten und leistungsstärkere Schulen. Größere Schulen bieten bessere Voraussetzungen für ganztägige Betreuung und eine eigenverantwortlichere, selbstständigere Schulgestaltung und -verwaltung.

Die „gute Schule" in M-V wird künftig in der Regel eine große, aus sich heraus leistungsstarke und selbstständigere Ganztagsschule sein. Diese Schule ist in der Lage, einerseits die künftigen Qualitätsanforderungen zu erfüllen, die aus dem erweiterten Bildungs- und Erziehungsauftrag der Schule erwachsen, und andererseits die Chancengleichheit zwischen Städten und Landkreisen zu fördern und zu sichern.

Jörg-Dieter Gauger

9 Ganztagsschule zwischen bildungspolitischer Opportunität und schulpädagogischer Konzeptlosigkeit

9.1 Zur Spannung zwischen Schulpädagogik und Bildungspolitik

Bildungspolitik lebt aus dem Gegensatz: Als die baden-württembergische Kultusministerin Annette SCHAVAN 2004 mit der zentralen Bedeutung von Bildung für die Zukunft unseres Landes operierte, um damit ihren Anspruch auf das Amt des Ministerpräsidenten zu untermauern, forderte zur gleichen Zeit der Berliner Erziehungswissenschaftler Dieter LENZEN im Verein mit der bayerischen Wirtschaft 13 Milliarden Euro zusätzliche Mittel pro Jahr, um Bildungsangebote im Vorschul- und im Primarbereich auszubauen, was beim Bundesfinanz- wie auch bei den Finanzministern der Länder eher Hohngelächter hervorgerufen haben dürfte. Auch der Titel dieses Beitrages kennzeichnet einen Spannungsbogen. Denn Bildungspolitik und Schulpädagogik sind nicht identisch. Die Schulpädagogik arbeitet letztlich idealtypisch; der Schulpädagoge versucht, auf wissenschaftlicher Grundlage die „gute Schule" zu entwerfen und damit die Realität zu beeinflussen: Welcher Rahmenbedingungen bedarf es, damit Schule gelingen kann. Seine Begründungen beruhen auf der Verbindung von Tradition, Empirie und wohlerwogenem Argument. So kann man sich auch durchaus die ideale Ganztagschule vorstellen, nämlich als eine Schule, die das Lernen durch guten Unterricht als Primärziel von Schule zusätzlich und zielgruppengerecht fördert und dafür entsprechende pädagogische Konzepte entwickelt, also mehr ist als eine „Halbtagsschule mit Suppenküche und Verwahrangebot". Solche Konzepte gibt es sehr wohl, allerdings bleiben sie Theorie, wenn die Rahmenbedingungen, insbesondere die finanziellen und personellen, nicht stimmen. Und damit wären wir wieder am Ausgangspunkt. Denn die stimmen nun einmal im Bildungsbereich hinten und vorne nicht: bekanntlich liegt Deutschland gemessen an den Bildungsausgaben in Relation zum Bruttoinlandsprodukt unter dem Durchschnitt der OECD-Länder. Und das ist keine Frage der Schulpädagogik, sondern eine Frage an die Bildungspolitik.

9.2 Bildungspolitik ohne Profil

Allen finanziellen Problemen zum Trotz, der Bildungspolitiker muss dazu beitragen, dass seine Partei Wahlen gewinnt: Es gibt den bekannten Spruch, man könne mit guter oder als gut empfundener Bildungspolitik zwar keine Wahlen gewinnen, aber sie mit schlechter oder als schlecht empfundener verlieren. Diese Aussage treffe ich unbeschadet einerseits der Tatsache, dass auch Bildungspolitiker von der Richtigkeit ihres Tuns überzeugt sein können (und im Durchschnitt wohl auch sind) und parteipolitische Divergenzen v.a. dadurch entstehen, dass unterschiedliche Menschen-, Familien-, Gesellschaftsbilder zugrunde liegen, und unbeschadet andererseits der Tatsache, dass es kaum ein Politikfeld gibt, das in den letzten 40 Jahren so ideologiebelastet wurde wie die Bildungspolitik – das klassische Tummelfeld der Freunde von Utopien und Visionen, wenn in andere Politikbereiche schon längst Pragmatik eingezogen ist. Der (kürzlich verstorbene) Philologe und Publizist Manfred FUHRMANN hat einmal darauf hingewiesen, dass sie dadurch ihren Charakter fundamental verändert hat: Waren bis in die frühen 60er Jahre des vergangenen Jahrhunderts noch Geist, Kultur, Begabung ihre bestimmenden Momente, so werden es seit den späten 60er Macht, Aufstieg, Gesellschaftsveränderung: Damit verliert sie ihr Profil, sie wird zur Sozialpolitik, Wirtschaftspolitik, Rechtspolitik, Frauenpolitik, Gesellschaftspolitik usf. Die technokratischen Schul- und Hochschulreformen unserer Ta-

ge, die Übertragung betriebswirtschaftlicher und an Quantitäten orientierter Denk-
muster, die Aufgabe des Zusammenhangs von Wissen und Bildung zugunsten for-
maler Standards und damit die Aufgabe eines noch halbwegs beschreibbaren Bildungsbegriffs für die Schule sind die folgerichtigen Konsequenzen.

9.3 Wie man eine schulpolitische Debatte inszeniert

Ich will hier nicht so sehr über das Pro und Contra von Ganztagsschule rechten,
obwohl das natürlich immer wieder durchscheinen wird und ich am Ende auch meinen eigenen Eindruck formulieren werde. Ich will vielmehr versuchen nachzuzeich-
nen, wie man eine bildungspolitische Debatte erfolgreich inszeniert.

Dabei gehe ich von zwei offensichtlichen Beobachtungen aus.

Die erste Beobachtung ist, dass vor Ende 2000, also vor Veröffentlichung der ersten PISA-Studie, zwar immer wieder einmal von der Ganztagsschule die Rede war,
v.a. in der pädagogischen Literatur, aber solche Ansätze im wesentlichen im Kreis
der Experten verblieben und keine öffentliche und damit auch keine politische Resonanz erreichten. Noch 1989 stellte Heinz-Jürgen IPFLING fest: „Ganztangsschulen
sind bei uns die große Ausnahme."[1] Ich habe eine Presserecherche bis in die 60er
Jahre durchführen lassen, das Resultat waren höchst vereinzelte Meldungen. Seit
2001 hingegen kann man sich vor dem Thema nicht mehr retten.

Die zweite Beobachtung ist, dass die rot-grüne Bundesregierung immer wieder
versucht, über eine Ausweitung der Bundeskompetenz die letzte originäre Zuständigkeit der Länder – und das sind nun einmal Kultur und Bildung – zu unterlaufen,
wobei ihr zupass kommt, dass in der Öffentlichkeit diese Kompetenzverteilung gar

---

[1] Zur Entwicklung der Ganztagsschule in der Bundesrepublik Deutschland, in: Die Ganztagsschule
Heft 1/1989, S. 3.

nicht bekannt ist. Wenn die „Bild"-Zeitung anlässlich des letzten OECD-Berichts vom September 2004 die Bundesbildungsministerin Frau BULMAHN auffordert, endlich auf den Tisch zu hauen und der KMK Beine zu machen, dann spricht das Bände über den öffentlichen Kenntnisstand, auch den der Journalisten. Es wäre taktisch wie strategisch geradezu sträflich, würde die Bundesregierung diese Lücke im öffentlichen Bewusstsein nicht nutzen, um sich auch in der Bildungspolitik als zumindest gleichberechtigten Partner, wenn nicht sogar als den eigentlichen Impulsgeber ins Spiel zu bringen. Daher ist es auch kein Wunder, dass die Föderalismus-Kommission im Dezember 2004 an der Bildungspolitik gescheitert ist: Bei keinem anderen Politikfeld kann sich der Bund bei einem im Bewusstsein der Bevölkerung wichtigen Thema so preiswert und so zukunftsbewusst inszenieren.

Für eine solche Inszenierung muss ein Begriff und damit ein Thema so dominieren, dass Auseinandersetzungen darüber nur noch eine Ebene darunter im Detail erfolgen, nicht mehr im Grundsatz. Wer diskutiert heute – vier Jahre später – noch grundsätzlich über die Ganztagsschule?

Dieses politische Spiel wird mit entsprechender Hartnäckigkeit betrieben, auch wenn es Rückschläge gibt wie zuletzt beim Juniorprofessor.

Daher erfindet man eben die „Eliteuniversität" auf der einen, und man erfindet die „Ganztagschule" auf der anderen Seite: Die Parallele ist, dass man auf diese Weise in der Hochschul- wie in der Schulpolitik nicht nur als positiv präsent, sondern sogar als Motor hin zu neuen Ufern erscheint. Wer nicht folgt, erscheint in negativem Licht, als jemand, der sich aus welch falschen Gründen auch immer der richtigen Lösung verweigert.

Die zweite Parallele besteht darin, dass es dem Bund erlaubt, sich auf ein Feld zu begeben, bei dem er eigentlich nur eine sehr geringe (Berufsbildung) oder gar keine

Kompetenz besitzt: als Motor auch der Schulpolitik, der die Länder endlich auf den richtigen Weg leitet, soweit sie sich (noch) verweigern, bis sie sich nicht mehr verweigern können, um den Anschein zu vermeiden, sie seien gegen den „Fortschritt".

Um eine solche Debatte hier jetzt konkret bezogen auf die Ganztagsschule in Gang zu setzen, bedarf es mehrerer, miteinander kombinierter Schritte, ich nenne fünf Schritte: 1. Die positive Etablierung des Begriffs/Themas „Ganztagsschule" in Medien und Öffentlichkeit, 2. plausibel klingende Argumentationen, warum nur diese Lösung das Heil verheißt, 3. die Sammlung der eigenen Klientel hinter Begriff/Thema, die wie ein Chor unisono das Loblied anstimmt, 4. Bereitstellung finanzieller Anreize, um Zauderer oder Gegner gegen „cash" zu gewinnen (s. zu alledem auch die „Elitehochschule"), ihnen zum mindesten das Ausweichen schwer zu machen, 5. Permanente Erfolgsmeldungen.

9.3.1 Die positive Etablierung des Begriffs/Themas „Ganztagsschule" in Medien und Öffentlichkeit

Man muss Begriff und ein damit verbundenes Thema propagieren, die man selbst als erster besetzt und die die Gegenseite zur Reaktion zwingen. Dafür müssen Begriff und Thema mehrere Bedingungen erfüllen, sie müssen positive Assoziationen wecken, ohne allzu konkret werden zu müssen, sie müssen vergangenheitsunbelastet sein und sie müssen die einfache und klare Lösung all derjenigen Probleme verheißen, die uns versprechen, vor dem Hintergrund jener Bildungsmisere, die uns erfolgreich zumindest aufgeredet wurde (s. letzten OECD-Bericht) oder wir uns selbst aufreden (s. PISA 2003), Heilung zu verschaffen.

Dazu vier klärende Bemerkungen:

1. Bemerkung: Operation gelungen

Zu konstatieren ist zum ersten, dass es sicher gelungen ist, Begriff und Thema der „Ganztagschule" zu etablieren, und zwar gerade nicht den Begriff der „Ganztagsangebote" o.ä., sondern den der „Ganzstagschule", und das ist nicht nur Semantik, sondern das verheißt viel mehr. Der Vorteil des Begriffs besteht darin, etwas Besonderes, etwas Systematisches zu suggerieren – „Schule", das klingt nach pädagogisch durchdachtem Konzept, nach systematischem Unterricht, nach Lehrern, das klingt nach mehr Bildung, klingt nach mehr Leistung, vermeidet die Assoziation: nur „Betreuung" oder nur „Verwahren". Man denkt unwillkürlich und ganz simpel an eine Schulform, in der das, was in der Halbtagsschule bis 13.00 Uhr stattfindet, also Unterricht, jetzt irgendwie auf den Tag verteilt bis 16.00 Uhr stattfindet. Das Problem ist allerdings, dass über das, was nach 13.00 Uhr stattfinden soll, ganz unterschiedliche Vorstellungen existieren. Denn schaut man jetzt genauer hin, so herrscht eine geradezu babylonische Sprachverwirrung. Diese Sprachverwirrung hatte z.B. dazu geführt, dass lt. „Spiegel" vom 17. Februar 2003 allein fünf Statistiken mit unterschiedlichen Zahlen über den derzeitigen Stand ganztägiger Angebote Auskunft gäben. Es hängt mithin davon ab, welchen konkreten Begriff von „Ganztagsschule" man eigentlich zugrundelegt: Ist eine „gebundene" oder eine „offene Form" gemeint, ist ein ganztätiger Unterricht gemeint im Wechsel von Unterricht und Erholungsphasen, handelt es sich um nachmittägliche Betreuungsformen mit Lehr- und Lerncharakter, wobei auch hier unterschiedliche Formen existieren, oder handelt es sich nur um eine Halbtagsschule mit „aufgesetzter Suppenküche" und ein bisschen Spiel und Sport und/oder ein wenig Hausaufgabenbetreuung? Exempla sunt: Die offene Ganztagsgrundschule in Nordrhein-Westfalen ist zweifellos keine Ganztags*schule*, sondern eine ganztägig betreuende Schule, kaum von Lehrern, sondern v.a. von Trägern der Kinder- und Jugendhilfe gestaltet. Hinzukommt noch, dass die Länder unterschiedliche Vorstellungen haben[2]: Bayern konzentriert den Ausbau auf Schulen mit spezifischem Förderbedarf, Baden-Württemberg im Bereich der Hauptschule an sozialen Brennpunkten, Schleswig-Holstein auf Haupt-, Sonder- und Gesamtschulen, Sachsen-Anhalt auf Sekundarschulen „mit besonderen sozialpädagogischen Aufgabenstellungen" und auf Grundschulen, Hamburg setzt v.a. auf die Gymnasien, Nordrhein-Westfalen konzentriert sich auf die Grundschulen" („offene Ganztagsschule im Primarbereich"), ebenso Berlin (was Probleme bei den bestehenden KITAs schafft), Mecklenburg-Vorpommern will bei den Regionalen Schulen im ländlichen Raum einen Schwerpunkt setzen, das Saarland will den Ausbau „Freiwilliger Ganztagsschulen", Brandenburg und Sachsen haben keinen erkennbaren Schwerpunkt in Fläche und Schulform usf. Die KMK hat das Problem wie üblich rasch erkannt und sich im März 2003 auf eine weite politisch wirkungsvolle Minimaldefinition geeinigt, bestimmt durch „Freiwilligkeit", also keine „Zwangsrekrutierung", und ein „additives System", die Deutschland vergleichsweise unkompliziert zum Ganztagsschulland umwidmet: Während etwa die GEW vier Tage in der Woche und wenigstens 8 Stunden forderte, gelten für die KMK als Ganztagsschulen alle Schulen, an denen der „Betrieb" an mindestens 3 Tagen in der Woche über 7 Zeitstunden läuft, für Mittagessen gesorgt ist und das Nachmittagsprogramm unter „Verantwortung der Schulleitung" organisiert ist. Dadurch wurde etwa Sachsen, das das Regierungswerben nur sehr zögerlich aufgriff, statistisch über Nacht zum Ganztagsschulland[3], ¾ aller allgemeinbildenden Schulen sind plötzlich solche Schulen: 10 Modellschulen, 24 Gymnasien mit vertiefter Ausbildung, 167 Förderschulen, 828 Grundschulen mit angeschlossener Hortbetreuung, 225 Mittelschulen und 65 Gymnasien mit Schuljugendarbeit; das Gleiche galt für Thüringen.

---

[2] Einzelheiten in der Übersicht des Gesamtschulverbandes GGT e.V. vom Stand November 2003, abzurufen unter www.ganztagsschulverband.de.
[3] „Den ganzen Tag Schule", Sächsische Zeitung vom 15. Mai 2004

2. Bemerkung: Gesellschaftliches Bedürfnis

Begriff und Thema müssen ankommen, einem „gesellschaftlichen Bedürfnis" entsprechen. Dieses gesellschaftliche Bedürfnis lässt sich mit dem Wandel des Familienbildes und Familienzustandes in Verbindung bringen: Man gilt nicht mehr als „Rabeneltern", wenn man sein Kind außerfamilial betreuen lässt. Jüngste Umfragen zur frühkindlichen Erziehung (BERTELSMANN-STIFTUNG 2004[4]) machen deutlich, dass die Eltern weit überwiegend Bildung und Erziehung als öffentliche Aufgabe betrachten und daher entsprechende Angebote fordern. Daher verwundert es auch nicht, dass 80 % für ganztägige Angebote (welcher Art auch immer) eintreten; nach einer „Spiegel"-Umfrage vom Januar 2003 waren es noch 56 %, aber immerhin die Mehrheit; 1990 ging man noch von 40 % aus[5]. Umgekehrt: Das „Hausfrauenmodell" wollen jedenfalls nur 5,7 % unserer jungen Frauen.

3. Bemerkung: Unverbrannter Begriff

Es gibt Begriffe, die sind einfach verbrannt (s. daher ist Brandenburgs neue „Oberschule" statt Regel- oder Mittelschule oder erweiterte Realschule ein echter semantischer Coup). Jedes mal nach einer neuen PISA hat man zunächst wieder begonnen, alte Ladenhüter zum Leben zu erwecken: die 6jährige Grundschule oder die Gesamtschule, immer das Siegerland Finnland fest im Visier. Das führte aber sofort wieder zu den alten Frontstellungen und Grabenkämpfen. Der Begriff der „Ganztagsschule" ist hingegen in Deutschland-West unbelastet, weil erstens eine echte Ganztagsschuldiskussion in der alten Bundesrepublik nie geführt wurde (s.o.), das Schreckbild sozialistischer Kindererziehung in der ehemaligen DDR, die gerne gegen das westdeutsche Familienbild ausgespielt wurde, verblasst ist und man sich im Osten Deutsch-

---

[4] Bertelsmann-Stiftung: Unfrage „Reformen auf den Weg bringen", Pressemeldung vom 6. September 2004.
[5] „Die große Illusion", Spiegel vom 17. Februar 2003.

lands unbeschadet der damaligen ideologischen Ziele und der durch die wirtschaftliche Situation erzwungenen Berufstätigkeit der Frau an solche außerfamilialen Betreuungsformen gewöhnt hat (s. jetzt die Volksabstimmung über die Krippen in Sachsen-Anhalt bei 20 % Arbeitslosigkeit!) und sie trotz der veränderten Situation auf dem Arbeitsmarkt fortsetzen möchte.

4. Bemerkung: Kurzer historischer Rückblick

Wenn wir uns darauf verständigen, unter Ganztagsschule alle möglichen Formen ganztätiger Betreuung zu verstehen, also die „echte" Ganzstagschule ebenso wie das nachmittagsbetreuende Angebot, dann ist schließlich darauf hinzuweisen, dass der Gedanke ja nicht neu ist. Eine echte Ganztagsschule war die deutsche Schule bis Ende des 19. Jahrhunderts mit bis zu 40 vollen Zeitstunden und täglichen Hausaufgabenzeiten zwischen 3 und 5 Stunden, 1890 wurde der Weg zur Halbtagsschule eingeschlagen und 1911 die 45 Minuten umfassende Unterrichtsstunde eingeführt.[6] Gründe waren damals, dass die Kinder noch arbeiten gehen sollten, das Erziehungsrecht der Eltern gestärkt werden sollte, Ärzte vor der Überforderung der Schüler gewarnt hatten und schließlich die langen Schulwege der Kinder zeitlich berücksichtigt werden sollten. Daher blieben der Ganzstagsschulgedanke und damit verbundene pädagogische Überlegungen im wesentlichen auf Teile der deutschen Weimarer Reformpädagogik beschränkt. Hingegen haben sich Ganztagformen vor allem im angelsächsischen Bereich etabliert. Dort liegt der Gedanke zugrunde, die Schule nicht nur als Unterrichtsanstalt, sondern als „social center" zu verstehen, als sozialerziehende Einrichtung, wie dies der amerikanische Pädagoge und Philosoph John DEWEY (1902) und die mit ihm verbundene sozialerzieherische Bewegung formulierte. Der Ausbau von Ganztagsbetreuung in der Sowjetunion und in der DDR hatte hingegen wesentlich das Ziel, die Mütter stärker in den Arbeitsprozess einzubeziehen

---

[6] Historische Übersicht nach J. LOHMANN, Das Problem der Ganztagsschule, Ratingen 1965 (Erziehungswissenschaftliche Beiträge).

und die Kinder ideologisch zu sozialistischen Persönlichkeiten zu formen, also einen zentralen Erziehungsanspruch durchzusetzen. Nach dem Kriege wurde in den 40er Jahren auch in Westdeutschland die Einführung der Ganztagsschule (damals: Tagesheimschule) diskutiert (Lina MEYER-KULENKAMPF/Hermann NOHL), hier standen wiederum sozialpolitische Erwägungen im Vordergrund, v.a. die Hilfe für erzieherischen Defizite der Nachkriegsfamilien. In den 50er (1955 Gründung der „Gemeinnützigen Gesellschaft Tagesheimschule e.V.") und frühen 60er Jahren (1961 UNESCO-Institut für Pädagogik) wurde der Gedanken da und dort noch einmal aufgegriffen, aber erst 1968, also im Zuge der neuen gesellschaftspolitischen Implikationen der Bildungsreform, startete die Bildungskommission des Deutschen Bildungsrates einen Modellversuch zur „Einrichtung von Schulversuchen mit Ganztagsschulen". Der Schlussbericht liegt seit 1981 vor (BLK: Modellversuche mit Ganztagsschulen und anderen Formen ganztägiger Förderung. Bericht über eine Auswertung von Heinz-Jürgen IPFLING). 1973 hatte die BLK unter „sozialpolitische(n) Gesichtspunkten" noch eine Ausweitung des Angebotes gefordert und wollte bis 1985 der Hälfte aller Schüler einen Platz anbieten, aber wie bei allen Bildungsausgaben wurde auch hier zurückgesteckt. Die Studie „Ganztagsschule" des BMBW (1990/91), in Auftrag gegeben von den damaligen Bundesministern MÖLLEMANN und ORTLEB (FDP), kam auf einen Versorgungsumfang von 5,4 %[7]. Obwohl die Autoren die Ganztagsschule eindeutig favorisierten – wobei man auch nur „ganztägige Angebote" meinte, wenn man „Ganztagsschule" sagte – hat damals man von Seiten der Bundesregierung das Projekt nicht weiter verfolgt, so dass sich die Ausgangslage auch nicht gravierend verändertet hat: Die Ganztagsschule war mit dem familienpolitischen Leitbild der Union jedenfalls noch nicht kompatibel.

---

[7] T. BARGEL/M. KUTHE, Ganztagsschule. Angebot, Nachfrage, Erfahrungen, hg. vom BMBW), Bonn 1990 (Reihe Bildung-Wissenschaft-Aktuell 10/90); Dies., Ganztagsschule. Untersuchungen zu Angebot und Nachfrage, Versorgung und Bedarf, hg. vom BMBW, Bonn 1991 (Schriftenreihe Studien zu Bildung und Wissenschaft 96).

Im Juni 2001 gab es nach Angaben der KMK 2015 Ganztagsschulen, im Schuljahr 2003/4 waren es 5647 (also statistisch fast verdreifacht!) und nahmen 962.700 der Schülerinnen und Schüler an allgemeinbildenden Schulen in Deutschland, das sind 10,9 %, an Ganztagsformen teil. 2003 besuchten gut zwei Drittel, nämlich 69 %, die Schule auf freiwilliger Basis. Ein Drittel besuchten gebundene Formen: Nachmittagsunterricht für bestimmte Klassen oder für die ganze Schule verpflichtend, die meisten Schüler (67 %) verzeichneten dabei die integrierten Gesamtschulen; an den Grund-, Realschulen und Gymnasien waren es nur etwa 4 %[8]; ausgebaut wurden in den 70er/80er Jahren v.a. die Sonderschulen.

Halten wir fest: es sind primär sozial-, familien-, frauenpolitisch und arbeitsmarktpolitisch motivierte Gründe, die für die Ganztagsschule plädieren lassen; pädagogische sind sozusagen „additiv": nach dem Krieg die Wohnungsnot, die Unterversorgung der Kinder („Schlüsselkinder"), die Erwerbstätigkeit der Mütter und die daraus möglicherweise entstehenden Gefährdungen für das Kind.

9.3.2 Plausible Argumente finden

Es bedarf plausibel klingender Argumentationen, warum nur diese Lösung das Heil verheißt.

Frau BULMAHN hat am 13. Februar 2003 zumindest zwei Ziele klar vorgegeben, ein pädagogisches – Erhöhung der Schulleistung – und ein gesellschaftspolitisches – die Überwindung der sozialen Benachteiligungen[9]:

---

[8] G. ZEITZ, „Erst spielen, dann lernen", RhM vom 12. Februar 2004.
[9] Wortlaut BULLETIN Nr. 14-4 vom 13. Febr. 2003.

„Der Ausbau der Ganztagsschulen ist ein wichtiger Schritt, um das deutsche Bildungssystem in zehn Jahren wieder an die Weltspitze zu bringen (...) Ein Blick über die Grenzen zeigt, dass ein solches Konzept erheblich zur Qualitätsverbesserung der schulischen Bildung beiträgt (...) (Es ist) ein Skandal, dass in Deutschland die soziale Herkunft über die Bildungschancen entscheidet (...) Unser Ziel bleibt es, Chancengleichheit zu verwirklichen, und dafür sind gute Ganztagsschulen notwendig. Gute Ganztagsschulen schaffen eine wichtige Voraussetzung für eine intensive, frühe, individuelle Förderung der Kinder und Jugendlichen (...) Hier muss das Motto des finnischen Bildungssystems ‚Jedes Kind kann es schaffen, vorausgesetzt, wir sind gut genug, es entsprechend zu fördern' Vorbild sein (...) Jede Schule muss ihr eigenes Konzept, ihr eigenes Profil entwickeln können, das sich an den Gegebenheiten vor Ort orientieren muss (...)“

Dazu sieben Bemerkungen:

1. Bemerkung: Keine neuen Argumente

Die Motivation und die Argumente pro Ganztagsschule haben sich gegenüber der Empfehlung der Bildungskommission des Deutschen Bildungsrates von 1968 und der BLK-Auswertung des Modellversuchs 1981 kaum geändert: Die Familie kann nicht mehr das Notwendige leisten, wird durch Hausaufgaben überfordert, steigende Berufstätigkeit der Mütter, soziales Lernen, Flexibilität der Unterrichtsplanung, Behebung der sozialen Benachteiligung. Diese gesellschaftspolitischen, bildungspolitischen und pädagogischen Erwartungen an die Ganztagsschule werden ebenfalls nur immer wieder idealtypisch variiert: Mehr Leistung, mehr Chancengerechtigkeit durch adäquate kompensatorische Erziehung, erweiterte innere und äußere Differenzierung, Möglichkeit zur Durchführung von Gruppenarbeit und Epochenunterricht aufgrund längerer Unterrichtsphasen, Erweiterung der extracurricularen Möglichkeiten, sinnvolle Freizeitgestaltung, Kooperation zwischen Schülern, Lehrern und Eltern zur Gewinnung sozialer Erfahrungen, was man heute gerne mit „soziales Lernen" umschreibt, schließlich „Öffnung von Schule" für die sie umgebende nichtschulische Welt, Ausbau der Schülermitverantwortung, Ausbau der schulinternen psychologischen Beratung. All das verbunden mit neuen flexibleren Organisationsformen; neue Formen der Zeiteinteilung, der Arbeitsteilung können erprobt werden.[10]

2. Bemerkung: Notwendige Rahmenbedingungen

Allerdings muss man für diesen Strauß von Erwartungen auch die entsprechenden Rahmenbedingungen schaffen: Der BLK-Bericht aus 1981, in den 34 Modellversuche zwischen 71 und 77 einbezogen worden sind, kam zu folgendem Schluss: Ganztagsschulen wurden als alternatives Angebot propagiert vor allem für die Schulformen der Sekundarstufe I, gefördert wird Schule dadurch als „Lebensraum", außerunterrichtliche Aktivitäten stärken die Leistungsbereitschaft im Pflichtunterricht. Das sind zweifellos alles ehrenwerte, auch pädagogisch sinnvolle Überlegungen, aber sie stoßen sich an der finanziellen Realität an unseren Schulen, an denen ja nicht einmal der Halbtagsunterricht ausreichend gesichert ist und dazu noch das Unterrichtsvolumen zwischen den Ländern erheblich differiert – süddeutsche Kinder erhalten in den ersten neun Schuljahren um bis zu zehn und mehr Prozent mehr Unterricht als nord-, west- oder mitteldeutsche (Bayern: 9.240 Stunden; NRW 8.640, Niedersachsen 8.431, Bremen 8.388, Brandenburg 8.327) – und ein horrender Unterrichtsausfall hinzukommt: Man nehme nur den Bericht des Landesrechnungshofes NRW 2000, der allerdings mangels Daten auch nur die ungefähren Dimensionen angeben kann:

---

[10] Erwartungen der Bildungskommission 1968 (S. 13):
„1.Stärkere innere und äußere Differenzierung des Unterrichts; insbesondere Einrichtung von Wahlkursen und freiwilligen Arbeitsgemeinschaften und Aufbau von Förderkursen. 2. Übung, Vertiefung und Wiederholung des Lernstoffes in der Schule anstelle der üblichen Hausaufgaben; Entwicklung neuer Arbeitsformen. 3. Erweiterte Möglichkeiten für künstlerische Betätigung. 4. Mehr Zeit und freiere Formen für Sport und Spiel. 5. Erweiterung des sozialen Erfahrungsbereichs und Vorbereitung auf die Arbeitswelt. 6. Verstärkung der Kontakte zwischen Schülern aus verschiedenen sozialen Schichten. 7. Verbesserung der Zusammenarbeit zwischen Schülern und Lehrern. 8. Ausbau der Schülermitverantwortung. 9. Engere Zusammenarbeit von Eltern und Schule. 10. Ausbau der schulinternen psychologischen Beratung."

im Durchschnitt liege der Unterrichtsausfall in NRW bei 10,4 %, in Grundschulen bei 5,3 %, in Hauptschulen bei 12 %, in Realschulen bei 10,3 %, in Gymnasien bei 8 % und in Gesamtschulen bei 12,2 % (untersucht wurden 15 Schulen im Schuljahr 1996/97, das dürfte aber kaum besser geworden sein).

Wollte man ein pädagogisches Konzept wirklich umsetzen, so bedeutete dies (immer noch BLK 1981): höherer Flächenbedarf in den Schulen und finanzieller Mehraufwand für Sachkosten von 20-25 %, Mehrarbeitstunden für Lehrer von bis 50 % plus weiteres Personal; Ulrike LORENZ kommt 1976 allein beim Lehrermehrbedarf auf 10 % bis 50 % je nach Altersstufe, wobei noch hinzuzurechnen ist, dass die im höherem Maße anfallenden „verwaltenden" Tätigkeiten auf das Deputat gehen.[11] Zugleich warnt die Auswertung vor Illusionen: die 45-Minuten-Stunde habe sich bewährt, nicht hinreichend gelöst sei das Problem der „Rhythmisierung des Schulalltages", die völlige Abschaffung der Hausaufgaben sei nicht sinnvoll, Kooperation mit Eltern, die so schon keine Zeit für ihre Kinder hätten, schwierig. Außerdem kommt die Auswertung zu dem Schluss, dass Ganztagsschulen sich vor allem für Bevölkerungsgruppen eignen, in denen die Erziehungsaufgabe der Familie aus verschiedenen Gründen defizitär geworden ist und die auch Ganztagsschulen sehr viel positiver annehmen als Eltern höherer sozialer Einkommensschichten, sich also die soziale Differenzierung fortsetzen werde.

---

[11] U. LORENZ, Ganztagschule im Versuch, München 1976, 92f.: „Angeregt durch Erfahrungen aus angelsächsischen Ländern und aus Skandinavien, versuchen immer mehr Schulen, Eltern, Hausfrauen, Handwerker oder Künstler für ganz spezifische Einsätze wie Aufsichten, Arbeitsgemeinschaften und Hobbys zu gewinnen. Was die Frage der Ausgliederung bestimmter erzieherischer und unterrichtlicher Tätigkeiten *aus dem Aufgabenfeld des Lehrers* anbelangt, so handelt es sich hier primär um eine Frage, die das pädagogische Selbstverständnis einer Ganztagsschule angeht, weniger die Organisation. Sie hat sich lediglich mit den Folgeproblemen auseinander zu setzen, die durch zuvor getroffene Entscheidungen entstehen. Hat man sich dazu entschlossen, bestimmte Phasen des Gruppenunterrichts, Kurse im Differenzierungssystem, Überwachung bei programmierter Instruktion oder den Hausaufgaben Assistenten zu übertragen, so steht man vor der fast unlösbaren Frage, wie man diese unterrichtlichen Hilfskräfte optimal einsetzt."

3. Bemerkung: Woher das neue Interesse an der Ganztagsschule?

Wenn wir das also alles schon wussten und nachlesen konnten (notabene: unter sehr viel besseren finanziellen und personellen Bedingungen als heute), woher kommt dann das plötzliche neue Interesse der Bundesregierung und v.a. der SPD-geführten Länder, einmal ganz abgesehen davon, dass sich dahinter (wie früher auch) eine konzertierte Aktion verbergen dürfte, um das Heft des Handelns zu gewinnen? Das erste Argument lautet PISA. Sagen wir es doch ganz deutlich: PISA war der Bankrott der SPD-Schulpolitik. Auch wenn es unter Insidern immer schon klar war, alle Schulleistungsuntersuchungen (INGENKAMP, 1992; LEHMANN 1992, TIMSS 1997, PISA E)[12] haben immer wieder ein deutliches Leistungsgefälle zwischen Unions-geführten und SPD-geführten Ländern deutlich gemacht. Bezeichnend die drastische Aussage des damaligen niedersächsischen Innenministers Gerhard GLOGOWSKI: „Zieht ein bayerisches Kind hierher, muss es sich erst mal zwei Jahre hängen lassen, damit es das niedrige niedersächsische Niveau erreicht." Daher war nach PISA der politisch motivierte Wunsch, vom eigenen Versagen abzulenken, nur allzu verständlich. Dabei neigen die deutschen Bildungspolitiker zu monokausalen Lösungen, jedes neue Projekt soll alles radikal verändern und verbessern, alles Alte sind Holzwege, wobei sie immer wieder nur die Schulorganisation im Auge haben statt Unterricht und Inhalte. War es in den 60er Jahren die Gesamtschule, die das deutsche Bildungssystem an die Spitze bringen sollte und zugleich die sozialen Benachteiligungen beiseite räumen sollte – was bekanntlich total gescheitert ist (s. Anm. 12) –, so ist es jetzt die Ganztagsschule, wobei die Brücke darin besteht, dass Gesamtschulen traditionell als Ganztagsschulen geführt worden sind (NRW: 98 %!), was ihnen einen gewissen politisch gewollten Wettbewerbsvorteil sicherte.

---

[12] Alle notwendigen Hinweise BEI J. KRAUS/H. SCHMOLL/J.-D. GAUGER, Von TIMSS zu IGLU. Eine Nation wird vermessen, St. Augustin Dezember 2003 (Zukunftsforum Politik Nr. 56, hrsg. von der Konrad-Adenauer-Stiftung).

4. Bemerkung: Das Ausland als Vorbild?

Zugleich träumen deutsche Bildungspolitiker immer wieder gerne vom Ausland: derzeit Finnland, früher mal Amerika, Japan, die als Vorbild dienen können. Natürlich kann man auf erfolgreiche PISA-Länder verweisen, in denen die Ganztagsschule üblich sei. Allerdings hatte der Deutsche Bildungsrat schon 1968 darauf hingewiesen: „Die Schulsysteme der meisten anderen Länder sind von dem der Bundesrepublik im allgemeinen so verschieden, dass der Ganztagsschule im Rahmen der gesamten Schulsystems jeweils eine andere Bedeutung als unter unseren Verhältnissen zukommt." Man mag daher auch auf Spanien, Luxemburg (drittletzter Platz!) oder Griechenland verweisen, dort gehört die Ganztagsschule zum Standard und ist in den letzten Jahren erheblich gefördert worden. Außerdem sind auch hier die üblichen Abweichungen festzustellen, die Ganztagsschule in Frankreich – eine reine Unterrichtsschule – etwas knapp oberhalb des OECD-Durchschnitts ist etwas anderes als etwa in England, Finnland oder Kanada. Die Besonderheit des finnischen Systems liegt darin, dass man lange Zeit auf Selektion durch Prüfung und differenzierte Schulform verzichtet, dass die Schulen lokale Freiheit haben für die Auswahl der Lehrer und die Entwicklung ihrer Eigenheiten und dass sie für die Zeit nach dem Unterricht über ein eigenes sozialpädagogisches Personal verfügen, das nicht dem Lehrkörper angehört. Und schließlich geht es auch um den hohen Anteil von Migrantenkindern an deutschen Schulen, die nach PISA 2003 einen Großteil der Risikogruppen ausmachen; Finnland hat das Problem nicht. Daher geht es nicht um „ganztags" als solches, es geht um die dort vorhandene Kombination von Eigenverantwortung, Kontrolle und Schulqualität; immerhin haben wir jetzt die ersten Schritte in diese Richtung getan. Jürgen KAUBE hat in der FAZ einmal formuliert[13], man täusche vor, dass das Bild sich ändere, wenn man den Rahmen wechselt.

---

[13] „Mehr vom selben?" FAZ vom 14. Mai 2003.

5. Bemerkung: Überforderung der Kinder?

Schule kann auch die Hölle sein, Jugendpsychiater warnen[14]: vor Gruppendruck insbesondere auf sensible Kinder, vor Schutzlosigkeit in der Schule, vor Drogendealern oder Repressalien älterer Mitschüler, vor fehlenden Ruhezonen usf. und fordern, wenn überhaupt, ein pädagogisches Konzept, das sich auf den „Biorhythmus" der Kinder einstellt, Kleingruppenarbeit fördert, dem Training und der Festigung dient, Lust am Lernen fördert und dafür über entsprechend geschultes Personal verfügt. Der Mainzer Kinder- und Jugendpsychiater Prof. Johannes PECHSTEIN[15] hat ganz eindeutig dafür plädiert, eine „Dreivierteltagsbetreuung" erst nach dem 12. Lebensjahr, also weder in der Krippe oder im Kindergarten, und auch nicht an der Grundschule, sondern erst in den weiterführenden Schulen einsetzen zu lassen, weil erst mit 12/13 Jahren die notwendige „Belastungsstabilität" (maximal 8 Stunden) erreicht sei; die Leistungsfähigkeit junger Schüler bis zu diesem Alter geht ab Mittag deutlich zurück. Erst mit etwa 16 Jahren (also in Berufsschulen und Gymnasien) sei eine Maximalbelastung von 10 Stunden möglich. Allerdings sehen das die Schüler nicht so positiv: Nach einer Umfrage[16] will jedenfalls die Hälfte der dazu befragten 215 Ganztagshauptschüler sich lieber in der Stadt herumtreiben als in der Schule herumzuhocken, „ganztags" ist also kein probates Mittel gegen Schulunlust. Und sind nicht auch Straße, Hof und Garten „anarchische Orte" kindlichen Lebens?

6. Bemerkung: Anhaltende Missverständnisse

Es gibt bis heute keinen Hinweis darauf, dass die tägliche Dauer der Beschulung den Lernerfolg entscheidend beeinflusst – nur beim „Sozialen" und beim Schulklima könnte es hier Verbesserungen geben. Ein Gutachten der Pädagogen Eckhard KLIEME und Falk RADISCH (DEUTSCHES INSTITUT FÜR INTERNATIONALE PÄDAGO-

---

[14] B. VOM LEHN, „Vollzeitarbeit für die Kleinen", RhM vom 10.Juni 2004.
[15] Zu Lasten der Schwächsten, FAZ vom 15. Mai 2003.

GISCHE FORSCHUNG, Frankfurt 2003) kommt zu dem Ergebnis: „Aus empirischer Sicht muss die Wirkung ganztägiger Schulorganisation auf die Entwicklung der Schüler als weitestgehend ungeklärt angesehen werden"[17]. Damit bestätigen sie nur, was Heinz-Jürgen IPFLING bereits 1981 festgestellt hatte: „Im Hinblick auf Schulleistung und Schulerfolg ergeben sich keine wesentlichen Unterschiede zwischen Ganztagsschulen (...) und Halbtagsschulen." Noch klarer ausgedrückt: Es gibt keinen Hinweis darauf, dass die tägliche Dauer der Beschulung über den Lernerfolg entscheidet. In 4 guten Schulstunden lernen die Kinder nicht mehr als in 8 schlechten. Es kommt daher auf die Qualität des Unterrichts an. Wenn mithin von den 80 % der Eltern, die die Ganztagsschule wünschen, sich immerhin 50 % davon sich einen besseren Unterricht erwarten, so ist diese Hoffnung jedenfalls nicht gesichert. Wenn daher die Hoffnung auf PISA-Heilung, anders ausgedrückt: auf bessere Bildung, durch kein Argument gesichert werden kann, dann kann es nicht um das (nur vorgeschobene) Bildungsargument gehen, es muss um Gründe gehen, die woanders oder tiefer liegen.

7. Bemerkung: Gesellschaftspolitische Gründe

Einen Grund hatte Frau BULMAHN nicht ausdrücklich, wohl bewusst nicht genannt, aber der spielt natürlich eine ganz entscheidende Rolle, wenn es um die Frage geht: Steht das Kindeswohl in Vordergrund oder geht es um das Erwachsenenwohl? Dass in der bildungspolitischen Diskussion beides betont wird, ist selbstverständlich. Niemand wird öffentlich zugeben, gegen das Kindeswohl zu verstoßen. Allerdings war es schon verräterisch, dass der damalige SPD-Generalsekretär SCHOLZ erklärte, man wolle die „Lufthoheit über den Kinderbetten erobern", und das geht natürlich nur dadurch, dass man Kinder aus der Familie entfernt und sie in alternative Erziehungseinrichtungen integriert. Damit verbindet sich ein sozialpolitischer Grund. Es geht um die Entlastung der Eltern vor dem Hintergrund der Vereinbarkeit von Fami-

---

16 S. HAUPT, Die „Schul-Manager kommen", Handelsblatt vom 19. August 2003.
17 S. auch H. SCHMOLL, „Kein Allheilmittel", FAZ vom 5. September 2003.

lie und Beruf. Das frauenpolitische und damit familienpolitische rot-grüne Leitbild ist das der in Erwerbsarbeit stehenden Mutter, der der Kinderwunsch dadurch erleichtert wird, dass ihr eigene Erziehungsarbeit durch öffentliche Einrichtungen abgenommen wird: Berufsarbeit als der einzig legitime Lebensentwurf der Frau[18]. Auch die damalige NRW-Kultusministerin Gabriele BEHLER und der Saarländische Kultusminister Jürgen SCHREIER wiesen 2001 vereint darauf hin, es gehe um die bessere Vereinbarkeit von Familie und Beruf[19]. Kein „bildungspolitisches, sondern ein sozialpolitisches Instrument" hat es daher Heike SCHMOLL in der FAZ vom 6. November 2002 genannt. Das entspricht der oben skizzierten Tradition der deutschen Ganztagsschuldiskussion.

9.3.3 Der Jubelchor

Es war schon bemerkenswert, wie rasch gerade die SPD-geführten Länder auf den Zug aufsprangen, besonders deutlich erscholl der Jubelchor aus Rheinland-Pfalz und Nordrhein-Westfalen: endlich die Lösung aller Probleme. Und natürlich sind die GEW dafür und der zuvor nicht einmal Insidern bekannte Ganztagsschulverband. Aber auch die Wirtschaft ist dafür[20], schon 1984 ließ das INSTITUT DER DEUTSCHEN WIRTSCHAFT (Köln) erkennen, dass mit Blick auf die Arbeitswelt und „frauenpolitische Gründe" die Vorteile überwiegen[21], im März 2003 erklärten sich BDA und DBG gemeinsam zu „Ganztagsangeboten", will auch die die Vereinigung der hessischen Unternehmer eine „echte" Ganztagsschule und schlägt vor, „Erziehungsverträge" zu schließen, die die Bereitschaft der Eltern sichern, sich an Ganztagsschulen „rund um den Unterricht" zu engagieren. Die CDU-regierten Länder reagierten zunächst höchst zurückhaltend, v.a. Bayern und Sachsen, zu erinnern ist hier an ein Pro

---

[18] Nach FAZ vom 21. Juni 2002 („Der Nachmittag").
[19] Focus 52/2001 (21. Dezember).
[20] „Unternehmer für ‚echte' Ganztagsschule", FAZ vom 4. September 2003.
[21] W. KRAMER, Die Ganztagsschule als offenes Angebot, Beiträge zur Gesellschafts- und Bildungspolitik des Instituts der deutschen Wirtschaft Köln, 161, Köln 10/1990; s. Folgerungen S. 38.

und Contra im FOCUS 2001 (also noch vor den Zusagen des Bundes) zwischen der damaligen NRW-Kultusministerin Gabriele BEHLER und dem saarländischen Kultusminister Jürgen SCHREIER: letzterer wollte nur von „zusätzlichen freiwilligen Angeboten am Nachmittag" etwas wissen.

9.4   Finanzielle Anreize

Zu diesem – parteiübergreifenden – Sinneswandel hat sicherlich nicht nur der weite Begriff der KMK beigetragen, was eine „Ganzstagsschule" wirklich sei, denn das lässt sich, wie am Beispiel Sachsens oder Thüringens gezeigt, relativ rasch in Realität und Erfolgsmeldungen ummünzen, sondern auch das Geld, das die Bundesregierung im April 2002 zugesagt hatte. Es wäre nicht zu vermitteln gewesen, hätte man das Angebot abgelehnt, zumal einige Vorstellungen des Bundes (etwa die 10.000 *zusätzlichen* Ganzstagsschulen oder die Kombination mit PISA) in der Verwaltungsvereinbarung zum Investitionsprogramm vom Mai 2003 zurückgenommen wurden. Vorreiter ist derzeit Rheinland-Pfalz, gestartet mit 81 Ganzstagsschulen, bis 2006 sollen es 300 Ganzstagsschulen sein, eingestellt wurden dafür zusätzliche 220 Mill. Euro bis 2007; in NRW sind bis 2007 dafür zusätzliche Personalkosten von 160 Mill. Euro vorgesehen; dafür sterben allerdings die Horte[22]. Zum Stichtag 30. Juni 2004 waren immerhin Vorhaben von einer Milliarde Euro angemeldet. Allerdings ist das Geld natürlich nicht mehr als ein Tropfen auf den heißen Stein. Nach einem Bericht aus einer Mainzer Grundschule reichen 50.000 Euro, die diese Grundschule bekommt, gerade für Stühle und Tische, einige Lehrmittel und abschließbare Schränke für die Klassenräume, die damit noch von anderen Gruppen benutzt werden müssen. Die zugesagten vier Milliarden bis 2007 (Sonderprogramm des Bundes Investitionsprogramm „Zukunft von Bildung und Betreuung 2003-2007, IZBB) beziehen sich allerdings nur auf Investitionen: Neubau, Ausbau, Renovierung, Mensen, Küchen, Aufenthaltsräu-

---

[22] Vgl. „Die Unsicherheit der Hortkinder-Eltern", Kölner Stadtanzeiger vom 7. Oktober 2004

me, Geräte, Schulbibliotheken usf. Nur um die Dimensionen zu verdeutlichen: Nach einer Berechnung des IW Köln wären 4,8 Milliarden jährlich notwendig, um für alle Schüler bis zur 10. Klasse ein flächendeckendes Ganztagsangebot mit echtem Unterricht zu schaffen.

Für Auswahl der förderfähigen Schulen sind die Länder zuständig, v.a. aber müssen die Länder für die Personalkosten aufkommen (man rechnet mit einer Steigerung von 30 %) und das ist der entscheidende Punkt, und daran wird es auch hapern, zumal die Eltern an staatlichen Schulen nur für das Mittagessen finanziell herangezogen werden können: Der Bericht der Bildungskommission von 1981 ging von bis zu 50 % mehr Lehrerstunden aus, hinzukommen sollte das übrige Personal wie Erzieher und Sozialpädagogen. Damals ging man noch von dem richtigen Ansatz aus, dass das Ganze mit dem Personal steht und fällt. Einmal abgesehen vom pädagogischen Effekt, ich halte es für zu optimistisch zu unterstellen, man könne auf Dauer mit Sportvereinen, (wer kann denn da vor 16.00 Uhr antreten?), Musik- und Volkshochschulen, Erzieherinnen oder engagierten Müttern eine Ganztagsschule unterhalten, wenn erst einmal die Euphorie des Anfangs geschwunden ist. Mehrarbeit bei Lehrern ist ja auch nur in Grenzen möglich, auch Lehrer brauchen Erholungs- und Entspannungsphasen, guter Unterricht verlangt gute Vor- und gute Nachbereitung: Lehrersein ist kein Bürojob. Und die Schulleitung muss sich weithin autodidaktisch zum Schulmanager weiterbilden, zuständig für Personal, Beschaffung, Prozesssteuerung, Vertragsrecht und Etat-Verantwortung[23]. Umgekehrt: die Gefahr ist ja keineswegs von der Hand zu weisen, wird jedenfalls formuliert, dass das außerschulische Vereinsleben oder die traditionellen außerschulischen Angebote wie Musikschulen; Jugendfeuerwehren, Traditionsvereine, kirchliche Jugendgruppen darunter leiden.

---

[23] Vgl. A. VON MÜNCHHAUSEN, „Ganze Tage, schlaflose Nächte", FAS vom 20. Oktober 2002.

9.5 Permanente Erfolgsmeldungen

Im September 2004 entdeckte Frau BULMAHN 3000 Ganztagsschulen, allein Hessen habe z.b. 254. Die Hessische Kultusministerin sieht das etwas realistischer, Hessen habe nämlich nur 61 neue Ganztagsschulen, es sei „unredlich, jeden Bauantrag für eine Cafeteria wie eine komplette Ganzstagschule zu zählen", so die Ministerin Karin WOLFF[24]. Niedersachsens Kultusminister Bernd BUSEMANN will nicht 215, sondern nur 84 Ganztagsschulen genehmigt haben. Und wenn erst einmal die Gymnasien auf 8 Jahre verkürzt sind, wie im Osten die Regel und in allen alten Ländern angedacht, dann werden wir uns vor Ganztagsschulen nicht mehr retten können.

Schlussbemerkung: Warum also ganztägige Angebote?

Wir werden auf den Ausbau von Ganztagsangeboten – um zum Schluss wenigstens einmal den zutreffenden Ausdruck zu verwenden – nicht verzichten können, primär in sozialen Brennpunkten (vgl. auch IPFLING 1981) und vor allem an Hauptschulen. Aber dabei geht es nicht um PISA oder um das Leitbild der Vereinbarkeit von Beruf und Familie. Und es bleibt auch eine Illusion, man könne über die Schule soziale Unterschiede kompensieren. Natürlich haben Kinder aus günstigerem familialen Umfeld bessere Chancen und geringere Akzeptanzprobleme, offenbar hat die Öffnung des Gymnasiums durch Absenkung der Leistungsmaßstäbe nicht zur Bestenauslese, sondern zur breiten Förderung des Mittelmaßes aus den Mittelschichten geführt, und ebenso offenbar gilt die alte Maxime in den unteren Sozialschichten nicht mehr, das eigene Kind solle es einmal besser haben. Aber es ist und bleibt ein Irrglaube, der in den 70er Jahren schon einmal erfolglos propagiert wurde, man könne durch „Kompensation" familiäre Defizite ausgleichen. Dieser pädagogische Allmachstraum wird auch weiterhin Illusion bleiben, weil Schule dem negativen Umfeld eines Kindes oder eines Jugendlichen nur in Grenzen gegensteuern kann, man

---

[24] Zitiert nach U. PLEWNIA, „Bulmahnsche Dörfer", Focus vom 14. Juni 2004.

schaffe denn die Familie ab und ersetze alles durch öffentliche Erziehung (PLATON lässt grüßen!). Auch eine Ganztagsschule, selbst wenn sie mehr als nur „betreuend" agiert, aber danach sieht es ja nicht aus, wird das nur in geringem Umfang leisten können. Aber auch dann wird die Unterschiedlichkeit der Begabungen und Persönlichkeitsstrukturen erhalten bleiben.

Außerdem besteht das deutsche Problem in der signifikant hohen Zahl von Risikogruppen; das betrifft insbesondere Zuwanderer. Hier rächen sich die illusionsgetränkten Versäumnisse der Vergangenheit. Sicher: Es wird immer wieder einen Anteil an der Schülerpopulation geben, der durch schulische Maßnahmen nicht zu erreichen ist, und das betrifft nicht nur ausländische, sondern zunehmend auch deutsche Schülergruppen, und zwar nicht nur aus sozialen Unterschichten, sondern auch infolge von „Wohlstandsverwahrlosung".

Aber PISA 2003 hat nachgewiesen, was man eigentlich schon längst wusste, dass nämlich die mittelmäßigen deutschen Ergebnisse zwar nicht ausschließlich, aber doch signifikant überrepräsentiert mit der Zuwanderung und den schlechten Deutschkenntnissen der Zuwandererkinder zusammenhängen: 21 % Problemschüler, 15 % der Lehrstellenbewerber gelten als nicht ausbildungsfähig! Was dabei nur verwundert, ist die sehr hohe Zahl erfolgreicher Abschlüsse, hier arbeiten Betriebe und Berufsschulen offenbar mit großem kompensatorischem Erfolg.

An diesem Punkt, nicht bei Realschule oder Gymnasium, muss man ansetzen, dem wird man freilich nur begegnen können, wenn man ganz allgemein eine konsequentere Integrationspolitik fährt und bei Vorliegen entsprechender Diagnose (vgl. Hessen) mit Pflichtangeboten reagiert und zwar vor Schuleintritt. Freiwilligkeit hilft nicht weiter, und das kostet natürlich Geld.

All diese Entwicklungen und ihre Folgen zusammengenommen werden wir Ganztags„schulen" brauchen. Infolge der demographischen Entwicklung und der damit verbunden notwendigen Höherqualifizierung möglichst vieler junger Menschen, der Erosion der Familie als Bildungs- und Erziehungseinrichtung, der steigenden Ausdifferenzierung unserer Gesellschaft nach unten und um der steigenden Dekultivierung unserer Gesellschaft Einhalt zu gebieten, werden wir gar nicht umhin können, ergänzende pädagogische Formen *zugunsten der Kinder* einzuführen. Denn was sind die schon mittelfristigen Wirkungen dieser Entwicklungen? Zum ersten bekommen wir einen steigenden Anteil akademisch vorgebildeter Frauen, aber diese Frauen bekommen keine Kinder mehr (derzeit 42 % mit steigender Tendenz) – die Gründe dafür sind offenbar nur sehr sekundär im fehlenden staatlichen Betreuungsangebot zu suchen, sie sind überwiegend privater Natur („fehlender Partner") bzw. hängen dem gesellschaftlichen („kinderfeindlich") Klima, mit Sorge um den Arbeitsplatz und mit Selbstverwirklichungsdrang zusammen, wie Umfragen Anfang 2005 belegen.[25] Daher dürfte es eine Illusion sein, dass sich durch ganztägige Angebote das Gebärverhalten zum positiven signifikant verändert. Jedenfalls: Kinder bekommen die Unterschichten oder Migranten, beide nehmen auch zahlenmäßig zu und beide sind bildungsferne Schichten, die Integration durch Bildung selbst nicht leisten können (Stichwort: „Trash-Kultur versus „Wissensgesellschaft"). Zum zweiten hat nur noch knapp die Hälfte aller Kinder Geschwister (Mikrozensus 2000), damit eröffnet sich den Familien immer weniger die Möglichkeit eines „sozialen Trainingslagers", in dem entsprechendes Verhalten, Werte und Einstellungen sozialer Art eingeübt werden können. Zum dritten ergibt sich das aus der Entwicklung der Arbeitswelt: Nicht nur die Berufsorientierung der Frauen, auch die steigende Notwendigkeit, beruflich mobil zu sein (16 % aller 25- bis 55-Jährigen sind davon betroffen bis hin zur reinen Wochenendbeziehung auch hier mit steigender Tendenz), all das lässt sich nicht zurückdrehen. Zum vierten lässt sich das aus der sozialen Lage von Kindern und Jugendlichen ableiten: Der trotz der Bildungsexpansion weiterhin beobachtbare Zusammenhang zwischen der sozialen Herkunft und dem wahrscheinlichen Bildungser-

---

[25] Vgl. WELT vom 12. Januar 2005: „Bewußter Verzicht auf Kinder".

folg ist vielfach nachgewiesen, und dabei haben Kinder aus unteren Sozialschichten immer „weiter an Boden verloren". Nach dem ersten Armuts- und Reichtumsbericht der Bundesregierung von April 2001 beziehen rund 8 % Prozent aller unter 15-Jährigen in der Bundesrepublik bereits Sozialhilfe, weit über eine Million Kinder sind mit steigender Tendenz von der Arbeitslosigkeit ihrer Eltern mit betroffen. Es ist davon auszugehen, dass der derzeit noch unveröffentlichte zweite Armutsbericht die Lage noch verschärft darstellen wird.

Nun ist es ist eine alltägliche Erfahrung, dass solche Lebenssituationen eher negative Auswirkungen auf das familiäre Zusammenleben haben, auch auf das Bildungsklima haben dürften, ohne gleich immer an Extreme zu denken (Gewalt, Vernachlässigung, Missbrauch etc.). Wir brauchen Tages- und Freizeiteinrichtungen, die es diesen Kindern erleichtern würden, den familiären Konflikten zu entfliehen und die sich anbahnenden Probleme zu kompensieren.

Dass das Angebot *grundsätzlich* freiwillig bleiben muss, ist klar, sonst wären nicht nur das Erziehungsrecht und die Erziehungspflicht der Eltern außer Kraft (Art. 7GG) gesetzt, ein solches Signal würde zu weiterer Ablösung auch jener Familien beitragen, die immer noch willens und in der Lage sind, ihren Bildungs- und Erziehungsauftrag zu erfüllen; und es ist ebenfalls alltägliche Erfahrung, dass es sich dabei keineswegs um eine Minderheit handelt. Friedrich MERZ hat das im Deutschen Bundestag am 18. April 2002 auf folgenden Punkt gebracht: „Ich sage das in aller Klarheit: Wir wollen nicht, dass das frühere Leitbild der Familie, in der in der Regel die Mutter auf eine Erwerbstätigkeit außer Haus verzichtet, nun ausschließlich durch das neue Leitbild einer Familie ersetzt wird, in der grundsätzlich beide Elternteile ganztägig außer Haus berufstätig sind und Kinder vom ersten Lebensjahr an in Krippen, Horten, Ganztagskindergärten und Ganztagsschulen groß werden."

Flächendeckend heißt dann auch nur, dass in erreichbarer Nähe eine Ganztagsschule existiert, der pädagogische Bedarf muss im Vordergrund stehen. Das wird aber mit dem „Patchwork-Angebot", das angesichts leerer Kassen hierzulande vorschwebt, nicht gelingen: Wenn schon Finnland, dann bitte richtig, auch bezogen auf das Personal. Der pädagogische Bedarf wird steigen, angesichts der skizzierten Fakten müssen wir uns schon darüber verständigen, inwieweit es auch ein gebundenes System, ein Pflichtangebot für solche Kinder geben muss, deren Bildungs- und Sozialintegration auf Grund ihrer Familienstruktur nur auf diese Weise überhaupt gelingen könnte.

Diese Schichten zu erreichen, müsste zentrales Anliegen der Bildungspolitik werden, nicht nur im Interesse der Kinder, sondern auch im Interesse unserer Gesellschaft. Aber das ist eine mühsame Aufgabe, die weder Glanz noch Glamour verspricht, der auch nicht mit kurzfristigen Strohfeuern gedient ist und bei der man auch aushalten muss, wie rasch in der Mediengesellschaft unserer Tage Themen aufkommen und verschwinden – die überdies zumeist noch unzutreffende Würdigung von PISA 2003 hat nach dem 7. Dezember 2004 gerade mal drei Tage angehalten, die Ganztagsschule ist Ende 2004 schon längst wieder kein Thema mehr, obwohl die Arbeit gerade erst begonnen hat.

Neue Wege aus dem schulpraktischen Reformstau?

Angela Schulz

10 Ganztagsschulen und die richtige Antwort auf PISA: Ein Erfahrungsbericht

Ganztagsschulen können einen Beitrag dazu leisten, dass Schüler das Lernen nicht nur als Belastung empfinden (wie heute häufig zu hören ist), sondern mit Freude in die Schule gehen. Sie ermöglichen eine stärkere Identifikation mit der eigenen Schule, sind als Angebotsschulen Wegbereiter für die Interessenbildung und Förderung von vorhandenen Begabungen und Talenten. Ganztagsschulen können dazu beitragen, dass der schulische Alltag so rhythmisiert wird, dass Phasen der Anspannung mit Phasen der Entspannung so wechseln, dass sie den Tagesleistungskurven der Kinder und Jugendlichen folgen. Damit können durchaus verbesserte Lernergebnisse einhergehen.

Die Nach-PISA-Debatte hat dazu geführt, dass die Ganztagsschule als Schulprofil wieder mehr in den Mittelpunkt der Aufmerksamkeit gerückt ist. Nun führt aber die flächendeckende Einführung von Ganztagsschulen *allein* nicht schon zu verbesserten Lernleistungen. Eine schlechte Schule wird nicht automatisch eine gute Schule, nur weil sie ihr Angebot auf den Nachmittag erweitert.

Es ist verständlich und sicher auch legitim, dass die in Aussicht stehenden finanziellen Zuwendungen aus dem Investitionsprogramm für Ganztagsschulen des Bundes viele Schulen veranlassen, an den Ganztagsschulzug anzukoppeln.

Aber die Entscheidung für ein Ganztagsprofil ist zunächst vor allem eine Entscheidung für viel zusätzliche Arbeit: konzeptionell, pädagogisch, didaktisch und schulorganisatorisch. Den Anfang macht die „Geburt" eines Konzepts, das unter den gegebenen örtlichen Bedingungen und mit den verfügbaren Ressourcen eine *nachhaltig wirksame* Ganztagsschule sichert. Daran schließt sich die Suche nach Partnern an, die die Umsetzung mit tragen. Es braucht Gedanken zu Anreizsystemen, Ressourcenzuweisung, pädagogische und sozialpädagogische Entscheidungen und vieles andere mehr. Und vor allem braucht es ein engagiertes und leistungsbereites Kollegium, denn das ist das Gesicht der Ganztagsschule.

Das Erasmus-Gymnasiums in Rostock (Bundesland Mecklenburg-Vorpommern), arbeitet seit 1998 als Ganztagsschule. Nachfolgend werde ich über Erfahrungen berichten, die hier bei der Ausgestaltung der Ganztagsschule gesammelt werden konnten.

1998 starteten wir unser Ganztagsschulangebot als offene Organisationsform für die Schüler der Jahrgangsstufen 5 und 6. Die Unterstützung durch nichtschulisches Personal war groß. Viele ABM-Kräfte verschiedenster Vereine der Hansestadt Rostock unterbreiteten Freizeitangebote und ergänzten so die Angebotspalette. Im Förderbereich waren vor allem Lehrer aktiv. Es gab verschiedenste Raumangebote von einem Computerraum, dem Schulclub, dem Hausaufgabenraum mit Bibliothek, dem Billardraum bis hin zu einem Raum für Sozialarbeit. Eine Sozialpädagogin stand ganztägig zur Verfügung. Die Schulspeisung wurde ergänzt durch das Angebot einer Cafeteria. Die Angebote erfolgten am Nachmittag in der Zeit von 13:50 Uhr bis 16:00 Uhr.

Seit 1999 ist das Erasmus-Gymnasium eine vom Ministerium für Bildung anerkannte Ganztagsschule und erfährt damit eine Unterstützung durch eine Lehrerstundenzuweisung mit einem Faktor von 0,0012 pro teilnehmendem Schüler und Tag. Wie sich leicht errechnen lässt, bedeutet das 1 Lehrer auf mehr als 83 Schülern für die Ganztagesangebote. Diese Quote beinhaltet außerdem auch Unterstützung bei der Hausaufgabenerledigung und Förderangebote. Dass ohne Unterstützung durch Dritte damit ein vielgestaltiges interessenförderndes Angebot schwer möglich ist, liegt auf der Hand.

Was haben wir unter diesen Voraussetzungen getan? Ziel des Erasmus-Gymnasiums war es, den Schülern ihrer 5. und 6. Klassen zu helfen, ihre Stärken zu finden, Interessen zu erkennen und sie entsprechend zu fördern.

Wir konnten Schüler der gymnasialen Oberstufe erfolgreich dafür werben, mit jüngeren Schülern am Nachmittag im Freizeit- und Förderbereich aktiv zu werden. Unter dem Motto „Schüler für Schüler" wurde eine breite Palette von Patenschaften geschlossen. Das Ganztagsschulangebot in offener Form konnte sogar auf die Klassenstufen 7 bis 8 und bei besonderen Angeboten vor allem im musischen und sportlichen Bereich auch auf die Klassenstufen 9 und 10 erweitert werden.

Als Anreiz wurden Oberstufenschülern angeboten, die qualifizierte Ganztagesbetreuung von Mitschülern im Rahmen der wahlobligatorischen Projektarbeit zu absolvieren. Die Mehrheit der Teilnehmer hat diesen Rollenwechsel aus der Schülerin die „Tutorenrolle" als wertvolle persönliche Bereicherung erlebt.

Im Zuge der Reorganisation des Abiturs in MV und der Rückkehr zum 12jährigen Bildungsgang mussten wir unsere offene Ganztagsschule grundsätzlich neu überdenken. In diesen Prozess der Neukonzeption fiel auch die Bekanntgabe der PISA-Studienergebnisse.

Die obligatorische Stundentafel sieht den regelmäßigen und mit steigendem Alter immer umfangreicheren Nachmittagsunterricht für alle Schüler vor. Damit haben die Schüler weniger Möglichkeiten, Angebote der Ganztagsschule zu nutzen, da sie obligatorischen Unterricht haben. Mit der Streichung der Projektkurse entfällt ferner die Möglichkeit der Beteiligung von Oberstufenschülern an der Ganztagsschulgestaltung.

Wir entschlossen uns daraufhin zur Gestaltung einer „Teilgebundenen Ganztagsschule", die die offene Form der Ganztagsschule in den Klassenstufen 5 und 6 ergänzt.

Seit dem Schuljahr 2004/05 lernen in einer 5. Klasse unseres Gymnasiums 25 Schülerinnen und Schüler im Rahmen dieser Ganztagsschulform. Sie sind an 3 Tagen in der Woche von 7:30 Uhr bis 15:30 Uhr in der Schule. Nach 5 Unterrichtsstunden am Vormittag gehen die Schüler in eine verlängerte betreute Mittagsfreizeit, um dann am Nachmittag an weiteren Unterrichtsstunden teilzunehmen, an Projekten mitzuarbeiten oder den Förderunterricht zu besuchen. An den verbleibenden 2 Unterrichtstagen besteht für die Schüler die Möglichkeit, die Angebote der offenen Ganztagsschule zu besuchen, sich in anderen sozialen Gefügen als dem Klassenverband auszuprobieren und am schulischen Leben teilzunehmen.

Allerdings übersteigt der Bedarf an Stunden zur Absicherung der Angebote und Betreuungsmöglichkeiten auf Dauer die Möglichkeiten unserer Schule. Die Ganztagsschule lebt zur Zeit zu einem nicht geringen Teil vom Enthusiasmus engagierter Lehrer meines Gymnasiums. Daneben helfen uns Referendare und Vereine bei unserer Arbeit. Hier bedarf es aber der Unterstützung durch unser Fachministerium mit einer erhöhten Stundenzuweisung (die gebundenen Formen der Ganztagsschule benötigen *mehr* Stunden als die offenen Formen) und der Absicherung der Betreuung durch qualifizierte Fachkräfte wie Sozialpädagogen, Schulpsychologen u.a.

Letzteres leitet sich aus der besonderen Zusammensetzung der teilgebundenen Ganztagsschulklasse her, die sich freiwillig mit ihren Eltern für das Lernen in dieser Form entschieden hat. Es treffen hier sehr leistungsstarke Schüler auf deutlich weniger leistungsstarke Mitschüler. Die Erwartungen der Gruppe der leistungsstarken

Schüler und deren Eltern zielen insbesondere auf eine bessere Bildung im Rahmen neuer Unterrichtsformen ab. Bei den weniger leistungsstarken Schülern, denen das Lernen aus den verschiedensten Gründen in der Gruppe nicht immer leicht fällt, erhoffen sich die Eltern bessere Lernleistungen für ihre Kinder und einen erfolgreichen Besuch des gymnasialen Bildungsganges durch die veränderte Rhythmisierung des Schulalltages, die der Leistungskurve der Schüler folgt. Anspannung und Entspannungsphasen wechseln durch eine entsprechende Gestaltung der Pausenzeiten für die Schüler. Dies erfordert eine hochgradig differenzierte und individualisierte Unterrichtsgestaltung. Hier stoßen wir an Grenzen in der Unterrichtsorganisation und den personellen Ressourcen (Sozialarbeiter, Schulpsychologen + mehr Lehrerstunden).

Für die Schulen des Landes Mecklenburg-Vorpommern stehen erneut schulpolitische Veränderungen ins Haus, die (wie in den zurückliegenden 14 Jahren so oft) ihrer Natur nach Richtungswechsel und Brüche darstellen, und in Ihrer Diskontinuität eine stetige, langfristige und nachhaltige Verbesserungsarbeit sehr erschweren bzw. unmöglich machen. Es ist beabsichtigt, die 5. und 6. Klassen und weiterführend auch die 7. und 8. Klassen aus dem gymnasialen Bildungsgang auszugliedern. Damit stirbt die Ganztagsschule am Gymnasium. Engagierte Arbeit von Lehrerkollegien zur Entwicklung schulinterner Arbeitspläne, insbesondere auch zur stärkeren Individualisierung der Arbeit mit den Schülern im Rahmen der Ganztagsschule, werden entwertet. Kooperationsverträge mit Partnern zur Ausgestaltung der Ganztagsschule verlieren ihren Sinn, Schulprofile und -projekte sind gefährdet. Es fällt schwer, hier Kongruenz mit den nötigen Schlüssen aus der PISA-Studie zu entdecken.

Aber noch ist es nicht soweit und die sich im bestehenden System befindenden Schüler können von unseren Ideen profitieren, die wir mit Eltern und Schülern entwickeln und erfolgreich umsetzen.

Ich hoffe, durch das oben Gesagte wird deutlich, was Schulen – und damit meine ich nicht nur Gymnasien – brauchen, um den Erwartungen zu entsprechen, die an Ganztagsschulen gestellt werden. Ganztagsschulen brauchen:

- Kontinuität im schulischen Alltag und stetige Verbesserungen im Rahmen langfristig zielklarer Schulentwicklungsperspektiven
- Anreizsysteme, die die Mitstreiter motivieren, sich neuen Herausforderungen zu stellen
- eine deutlich erhöhte Zahl an Lehrerstunden, für die gebundenen Formen noch mehr als für die offenen
- Schulsozialarbeiter und Beratungssysteme (für Schüler und Lehrer)
- finanzielle Mittel für Projekte und Honorare
- mehr Leitungszeit (erhöhte Zahl von Anrechnungsstunden) für die Organisation der Ganztagsschule und den Ausbau und die Pflege von Kontakten zu Partnern in der Region

Die Entwicklung der Ganztagsschule braucht Planungssicherheit, einen beständigen und leistungsfördernden Entwicklungsrahmen und die notwendigen Ressourcen, um das leisten zu können, was von ihr erwartet wird. An Ideen und Engagement von Seiten der Lehrer wird es dann auch nicht fehlen.

Bernd Ostermeyer

11 Ganztagsschule und Ganztagsbetreuung auf dem Prüfstand schulpraktischen Alltagshandelns

Mein Gedankengang weist vier Haltepunkte auf:

1. Jugend und Schule in veränderter Gesellschaft

2. Was kann und was soll Schule leisten?

3. Ganztagsschule und Ganztagsbetreuung realistisch betrachtet

4. Zum Umgang mit dem (Bundes-)Investitionsprogramm Zukunft, Bildung und Betreuung im schulischen Alltag

11. 1 Jugend und Schule in veränderter Gesellschaft

An dieser Stelle soll es nur wenige Hinweise geben, die aber helfen, die Problemlagen der Ganztagsschulen klarer zu beleuchten. „Früher versuchte man Erfindungen – heute erfindet man Versuchungen." Auf diese Weise hat Lothar KAISER die Veränderungen im kulturellen Zusammenleben beschrieben. Jugendliche und Erwachsene sind gleichermaßen von einem veränderten Verhältnis zum Selbst betroffen. Niklas LUHMANN gebrauchte das Bild eines Kühlschranks als er formulierte: „Die Innenbeleuchtung der Individuen ist eingeschaltet." Man fragt heute „Was macht das mit mir?", „Wie gehe ich damit um?", „Was setzt das frei?", „Wie bin ich heute drauf?", „Was tut mir gut?", „Was macht mich krank?" Bei dieser Blickrichtung nach innen wird schnell deutlich, dass der andere, der nächste, zunehmend aus dem Blickfeld gerät. Dieser Prozess der Subjektivierung betrifft auch das Rechtsbewusstsein vieler Menschen. Dieses franst zunehmend aus. Der kleine Steuer- oder Versicherungsbetrug – was ist schon dabei? Dumm sind doch die, die da nicht mitmachen wollen. Vor Jahren schon konnte man es von Jugendlichen an Wände gesprüht nachlesen: „Legal, illegal, scheißegal." Unsere Gegenwart ist begleitet von einer Entzauberung. In dem uns alle umgehenden, zum Pessimismus neigenden Lebensgefühl wachsen junge Menschen heute auf. Erwachsen werden ist heute nicht mehr mit einer intuitiv unterstellten Aufwärts- und Fortschrittserwartung verbunden. Völlig normales jugendliches Unbehagen oder Aufbegehren findet kaum noch Widerstände. Widerstände, die Orientierung bieten könnten und damit erzieherisch wirksam wären. Da uns Erwachsenen selbst Tradition und Autorität entglitten sind, kann es für Jugendliche nicht mehr den Aufstand und subjektiven Befreiungsakt von überholten Traditionen geben. Es gibt keine Verbote, kein richtig, falsch, gut, böse. Alles geht irgendwie, alles ist diskutierbar. Die sozialen Umfelder von Kindheit und Jugend weisen immer weniger Selbstverständlichkeiten auf. Ehe und Familie sind immer häufiger Bezeichnungen für veränderte, zerrüttete und/oder vervielfältigte Beziehungsformen in der Erwachsenenwelt, die Kinder und Jugendliche – immer weniger staunend – begleiten. Das jederzeit auch für Kinder und Jugendliche verfügbare Infotainment der Medien entzaubert die Erwachsenenwelt vollends; z.B. durch die mehr oder weniger peinlichen Versuche der Selbstdarstellung sogenannter ‚Prominenter' im australischen Dschungel. Noch nie gab es so viele Negativmeldungen aus dem Bereich Schule wie heute. Schule soll heute so viel mehr leisten an Erziehung und Bildung – das ist der Anspruch. Aber noch nie ging so wenig in Bildung und Erziehung wie heute – das ist die Wirklichkeit!

Ja, die Schule hat in der Tat Probleme mit unerzogenen Kindern unerzogener und erziehungsunwilliger Eltern. In geradezu paradoxer Weise steigt aber angesichts der spezifischen Ohnmacht von Schule und täglich der Anspruch an Schule auf kompensatorische Erziehungsfunktion. „Um 17.00 Uhr möchte ich mein Kind vokabelgepaukt, konfliktfrei, freizeitgesättigt und erkennbar abiturtauglich nach Hause bekommen zum Kuscheln vor den Fernseher, nicht aber zur Erziehung." So hat es Josef KRAUS, Präsident des Deutschen Lehrerverbandes, es einmal zugespitzt formuliert. Ist aber die Ganztagsschule das richtige Rezept?

11.2 Was kann und was soll Schule leisten?

Wir wissen es längst: Schule ist immer so gut oder so schlecht wie die sie tragende Gesellschaft. Deshalb ist die Frage nach der gesellschaftlichen Realität von entscheidender Bedeutung.

Um den in den letzten Jahren zu recht in die Kritik geratenen Aussagewert schulischer Zeugnisse wieder als Zutrittsberechtigung für die auf Schule folgenden Bereiche Hochschule und/oder Ausbildung festschreiben zu können, müssen über Ländergrenzen hinweg die Anforderungen gleich hoch sein. Zur Leistungsfeststellung müssen also objektivierbare und vergleichbare Eichkriterien durchgesetzt sein, d.h.: Ja zu Standards.

Natürlich ist uns allen bewusst, dass es vieles in der Schule gibt, das nicht messbar ist und überprüft werden kann, denn Bildung ist immer auch ein innenpersonaler Ausformungsprozess, der sich einer direkten Überprüfbarkeit entzieht. Aber: Das, was wir messen können, Fertigkeiten und Kenntnisse, sollten wir einheitlich überprüfen und feststellen. Wenn das zunehmend gelingt, könnte es einer der Wege sein, die aus dem Tal des PISA-Pessimismus herausführen.

Das staatliche Schulsystem muss sich bei seinem doppelten Auftrag – *Bildung* und *Erziehung* – wieder verstärkt dem Bildungsauftrag zuwenden. Die Überbetonung des Sozialpädagogisch-Erzieherischen kann von Schule – so wie sie in Deutschland konstruiert ist – nicht geleistet werden; auch wenn viele Befürworter der Ganztagsschulen dies so erwarten. Schule muss geschützt werden vor den immer neuen Anforderungen, z.B. neue Fächer betreffend – wir haben zu wenig Ingenieure, deshalb sollte sofort das Fach Technik flächendeckend eingeführt werden. Drogenprävention und Umwelterziehung sind so wichtig, dass sie schon längst eigenständige Fächer sein sollten. Was soll Schule nicht alles vermitteln: Das Zähneputzen, die Körperpflege, das Auto- und Mofafahren, Kurse in Selbstverteidigung für Mädchen, Ernährungslehre, Verbraucherkunde, Arbeitsplatzkunde, Sicherheitslehre und immer, wenn wieder mal ein grölender Soldat bei der Bundeswehr Nazi-Parolen von sich gegeben hat, muss sofort mehr politische Bildung her.

Schule muss geschützt werden, damit sie das, was sie kann, auch tut: Unterricht erteilen und sich nicht in Projekt-Aktionismus selbst verlieren (,Multum non Multa'). Es werden gemeinsam Wege gefunden werden müssen, um die grundgesetzlich vorgegebene elterliche Erziehungspflicht wieder als normal und selbstverständlich in das Zentrum der Bemühungen zu rücken.

Der vorhin formulierte Anspruch „um 17.00 Uhr möchte ich mein Kind zum Kuscheln vor den Fernseher abholen" muss als das erkannt und benannt werden, was er ist: eine Anmaßung.

Die Schulpraktiker machen sich größte Sorgen bezüglich der Lehrerrekrutierung. Deshalb soll der **zweite Haltepunkt** mit einigen Bemerkungen über die ,faulen Säcke' abschließen:

Die Unaufrichtigkeit und klammheimliche Freude vieler Diskutanten bei der Debatte um dieses Wort des jetzigen Bundeskanzlers ist sicherlich noch gut in Erinnerung. Wie kein anderer Berufsstand hat die Lehrerschaft eine völlig Umkehrung ihrer Wertschätzung erfahren – und das innerhalb kürzester Zeit! Von den „faulen Säcken" zur fachspezifischen Mangelware. Angesichts der bevorstehenden Pensionierungszahlen ist Lehrermangel und fachspezifischer Notstand an den Schulen vorprogrammiert. Sorgen machen müssen wir uns um die Rekrutierung von Lehrkräften für das staatliche Bildungswesen auch deshalb, weil eine stetig steigende Feminisierung zu verzeichnen ist. Angesichts der (vorhin angedeuteten) veränderten familiären Situation ist das Fehlen von männlichen Lehrkräften, z.B. im Grundschulbereich, besonders bedenklich. Wer will diesen Beruf noch ergreifen? Welche psychische Disposition liegt bei den Berufungsanfängern vor?

Das Bemühen muss dahin gehen, das Ansehen des Berufsstandes ‚Lehrer/ Lehrerin' wieder mit einer normalen Würdeform zu versehen. Sonst werden immer weniger prinzipiell geeignete junge Leute bereit sein, diesen Beruf zu ergreifen. Die Wahrnehmung dieser Berufsgruppe in der Öffentlichkeit und der veröffentlichten Meinung ist aber auch nicht zuletzt deshalb so schlecht, weil die Selbstwahrnehmung dieser Berufsgruppe eher negativ ist. Entlarvend ist doch z.B., wenn Kollegen sich darüber unterhalten, wo sie Urlaub gemacht haben und stolz darauf sind, nicht als Lehrer erkannt worden zu sein.

Den Auftrag, ‚Reparaturbetrieb' für gesellschaftliche Defizite zu sein, kann Schule – auch Ganztagsschule – nicht erfüllen.

Ein betroffener Lehrer hatte es vor einiger Zeit in einem Leserbrief so formuliert: „Viele Kinder haben heute ein ungeheures Bedürfnis, gehört, gesehen, wahrgenommen und gelobt zu werden – und das einzeln. Sie können diese Bedürfnisse kaum zugunsten anderer für längere Zeit zurückstellen. Ihre Gefühle in Worte zu fassen (falls deutsch überhaupt ihre Muttersprache ist) fällt den meisten schwer, zuzuhören erst recht. In dieser Situation werden die Klassenstärken erhöht – ebenso wie die Pflichtstunden der Kolleginnen und Kollegen ... Wieso erwartet die Gesellschaft eigentlich von über fünfzigjährigen Lehrern, dass sie als Einzelkämpfer mit 30 Schülern das schaffen, was gesunde junge Eltern mit einem oder zwei Kindern nicht schaffen?"

11.3 Ganztagsschulen und Ganztagsbetreuung realistisch betrachtet

Weniger als 10 % der mehr als 40.000 Schulen der Bundesrepublik Deutschland werden im so genannten ‚Ganztagsbetrieb' geführt. Bei dieser Berechnung bleibt unberücksichtigt, dass viele weiterführende, allgemein bildende Schulen ein vielfältiges Spektrum an Nachmittagsunterricht bereits jetzt aufweisen, ferner dass der Nachmittagsunterricht in den berufsbildenden Schulen der Regelfall ist und dass die meisten der sonder- bzw. förderpädagogischen Schulen als Ganztagsschulen geführt werden. Besonders in den Bundesländern, in denen nach 12 Schuljahren insgesamt das Abitur erreicht werden kann, muss schon jetzt für Mittelstufenschüler an mindestens einem Nachmittag Pflichtunterricht vorgehalten werden. Dort, wo das sogenannte ‚G8' eingeführt ist (Sachsen, Thüringen, Saarland, Bayern und demnächst Baden-Württemberg), haben sogar schon Schülerinnen und Schüler der 5. und 6. Klassen obligatorischen Nachmittagsunterricht. Der Grund dafür liegt in der KMK-Vorgabe, 265 Pflichtstunden von Klasse 5 bis zum Abitur vorzuhalten. Unabhängig davon, ob das in 12 oder 13 Schuljahren insgesamt erreicht wird.

In den gymnasialen Oberstufen ist seit der Einführung der reformierten Oberstufe grundsätzlich nachmittags Unterricht vorgesehen, um die Wählbarkeit von Fächern in einem Raum-Zeit-Gefüge überhaupt ermöglichen zu können. Außerdem – auch das gehört zur realistischen Betrachtung – ist es in den allermeisten weiterführenden Schulen spätestens ab der 5. Klasse guter Brauch, neben den Pflichtfächern Wahlpflichtfächer und Wahlfächer anzubieten und natürlich Arbeitsgemeinschaften, die – zumeist am Nachmittag – stattfinden. In fast allen weiterführenden Schulen in der Bundesrepublik Deutschland werden Arbeitsgemeinschaften angeboten zu z.B. neuen Technologien, Musik und Theater, Sport und Hauswirtschaft, zusätzlichen Fremdsprachen und berufsorientierenden Schnupperkursen, usw., usw. Der häufig bemühte Vergleich mit den Ganztags-Schulstrukturen des Auslandes kann nur bedingt in die bundesdeutsche Diskussion um Ganztagsschule und Ganztagsbetreuung einbezogen werden; zumindest müsste hier berücksichtigt werden, dass die in Deutschland übliche ‚Halbtagsschule' außerschulisch einhergeht mit einem Spektrum an Vereins- und Jugendarbeit wie es in anderen Staaten in dieser Breite nicht existiert. Besonders im ländlichen Bereich sind Sportvereine, Jugendfeuerwehr, kirchliche Jugendgruppen, u.a. wesentliche Teilzeiterzieher. Ob es gelingt, mittels der Ganztagsschule Bildungszeiten zu verkürzen, muss bezweifelt werden – auch wenn es rechnerisch zu stimmen scheint. Es ist aber zu fragen, was der Preis dafür ist.

Tatsächlich sind Ganztagsschule und Ganztagsbetreuung verschiedene Sachverhalte:

- Bei der Ganztagsbetreuung handelt es sich um das Angebot einer kontinuierlichen Beaufsichtigung von Schülern während der Mittags- und Nachmittagszeit mit Anleitungen zur Erledigung von Hausarbeiten und gemeinsamen Freizeitaktivitäten.

- In der Ganztagsschule sind diese Formen von Betreuung nicht ausgeschlossen; in ihr überwiegt aber das Unterrichtliche. Sie ist damit mit wesentlich mehr Pflichtveranstaltungen ausgestattet.

Ganztagsbetreuung und Ganztagsschule werden in ihrer gesellschaftspolitischen Wirksamkeit vielfach überschätzt. Weder Ganztagsbetreuung noch Ganztagsschule sind – entgegen anderslautenden Beteuerungen der Politik – in der Lage, das erzieherische Bewusstsein der Eltern zu fördern; eher fördern sie die Bereitschaft der Eltern, immer mehr originäre erzieherische Aufgaben an den Staat zu delegieren. Ganztagsbetreuung und Ganztagsschule sind auch allenfalls begrenzt in der Lage, dem Arbeitsmarkt mehr qualifiziertes Personal zuzuführen oder die Qualifikations- und Beschäftigungsproblematik junger Frauen bzw. Mütter zu lösen.

Grundsätzlich gilt festzuhalten:

1. Die Frage der Vereinbarkeit von Familie und Beruf kann nicht nur eine Frage der Schule sein; sie muss von jeder einzelnen Familie verantwortungsbewusst selbst entschieden werden und sie muss eine Frage der gesamten Gesellschaft, der Wirtschaft und der Nachbarschaftshilfe sein.

2. Ganztagsbetreuung und Ganztagsschule sind gegenüber einer familiären Betreuung der Kinder am Nachmittag und gegenüber außerschulischen Erfahrungsfeldern nur die zweitbeste Lösung. „Pflege und Erziehung der Kinder sind das natürliche Recht der Eltern und die zuvörderst ihnen obliegende Pflicht" (Art. 6 GG). Mit anderen Worten: Schule kann kein Ersatzelternhaus sein. Im Betreuenden und Erzieherischen hat Schule allenfalls subsidiäre Aufgaben, sonst aber primär die Aufgabe des Unterrichts.

3. Schulische Ganztagsangebote dürfen zu keinem Funktionsverlust der Familie und des elterlichen Erziehungssouveräns führen, sie sollten auch Eltern nicht dazu verführen, nur noch „außer Haus" erziehen zu lassen.

4. Eine flächendeckende Einführung einer Ganztagsbetreuung oder der Ganztagsschule ist allein mit öffentlichen Mitteln nicht finanzierbar. Der Mehrbedarf an Raum, Ausstattung und Personal beziffert sich auf 30 bis 40 % Mehrkosten im Vergleich zu den Halbtagsregelschulen. Kein Land in der Bundesrepublik Deutschland vermag diese Mehrkosten zurzeit aufzubringen, selbst wenn Eltern teilweise zur Kasse gebeten werden.

5. Die gegenwärtigen Familien- und Arbeitsmarktstrukturen verlangen nach einer Ausweitung des Angebots an Nachmittagsbetreuung. Die Erwerbsquote von Müttern mit Kindern liegt in der Bundesrepublik Deutschland bei rd. 60 %; rund ein Viertel aller Kinder wächst mit nur einem und deshalb zumeist berufstätigen Eltern auf.

6. Der mit einem Ganztagsschulbetrieb verbundene Betreuungsaufwand darf – zumal in Zeiten eines bevorstehenden dramatischen Lehrermangels – in keinem Fall zulasten der Unterrichtsversorgung gehen und auch nicht zu einer zusätzlichen, nicht mehr leistbaren Aufgabe für Lehrer werden.

Bei einer realistischen Betrachtung von Ganztagsschulen und Ganztagsbetreuung ist aus pädagogischer Sicht auch die Bedeutung der außerschulischen Erfahrung für die Persönlichkeitsentwicklung mit zu berücksichtigen. Für Kinder, Jugendliche und Heranwachsende ist es wichtig, in einem verlässlichen und zugleich anregenden Umfeld aufzuwachsen. Ganztagsbetreuung und Ganztagsschule schränken das Spektrum an möglichen Erfahrungen allerdings erheblich ein. Wenn die in Deutschland sehr vielfältigen Möglichkeiten der Jugendarbeit ausgeschlossen oder an den Rand gedrückt werden, gibt es Folgeprobleme sowohl für die Kinder wie auch für die Sportvereine, kirchliche Jugendgruppen, Kreismusikschulen und alle anderen Anbieter außerschulischer Erfahrungsräume auch.

Schule und staatliche beaufsichtigte und gelenkte Freizeit sollten nicht alleiniger Lern- und Erfahrungsraum für junge Menschen sein. Schule muss auch den Reichtum, den eine unverplant und spontan gestaltete Freizeit bieten kann, achten. Eine Totalverplanung der Kinder und eine drohende Gettoisierung bestimmter Sozial- und Schülergruppen wäre auch unter staatsbürgerlichen Aspekten sehr bedenklich. Die Verplanung junger Menschen durch Ganztagsschulen erreicht eine zeitliche Beanspruchung, die den normalen Wochenarbeitsumfang Erwachsener leicht überschreiten kann. Für die meisten Kinder und Jugendlichen bedeutet dies eine erhebliche Überforderung.

Es könnte eventuell der Eindruck harscher Kritik an der Ganztagsschule durch Leiter einer Ganztagsschule entstehen. Dieser Eindruck ist falsch! Sinnvoll kann Ganztagsbetreuung bzw. Ganztagsschule sehr wohl sein, wenn sie bedarfsorientiert vorgehalten wird. Wenn auf freiwilliger Basis ein bedarfsorientiertes Angebot, besonders in Ballungsgebieten mit schwierigen sozialen Hintergründen bzw. Brennpunktgegenden, Betreuungs- und Beaufsichtigungsmöglichkeiten eingerichtet werden, ist das sinnvoll. Aber auch für Schulen mit besonderen pädagogischen Profilen und z.B. Hochbegabtenzweigen sollte es ermöglicht werden, ganztägig Unterricht – Pflicht- und Wahlunterricht – vorzuhalten, um entsprechend fördern zu können.

11.4 Zum Umgang mit dem ‚Investitionsprogramm Zukunft Bildung und Betreuung im schulischen Alltag'

Es gibt eine Reihe kühner Versprechungen in dem ‚Investitionsprogramm Zukunft Bildung und Betreuung' (IZBB):

- ‚Ganztagsschule – Zeit für mehr' heißt es in einem Faltblatt und einer Broschüre
- Bundesbildungsministerin BULMAHN lässt sich im Vorwort der Hochglanzbroschüre zitieren mit der Aussage: „Unser Ziel: das deutsche Bildungssystem in zehn Jahren wieder an die Weltspitze zu bringen."
- „An Ganztagsschulen ist Zeit – Zeit für mehr Qualität im Unterricht, individuelle Förderung, kreative Freizeitgestaltung und familienfreundliche Betreuung."
- „Auch in Deutschland müssen wir endlich lernen, auf die Stärken und individuellen Voraussetzungen eines jeden Kindes einzugehen."
- „Erfolgserlebnisse aus erster Hand: Ein halber Tag reicht nicht aus, um die Welt zu erklären und all das zu lernen, was heute wichtig ist."
- „Extrawünsche streng erlaubt: In Ganztagsschulen können Kinder in ihrem eigenen Rhythmus lernen. Und in kleinen Lerngruppen trauen sich auch die Schüchternen nachzufragen."
- „Abenteuer in der Schule: Wenn die Grenzen zwischen Schule und Freizeit verschwimmen – bestens!"

Das IZBB-Programm umfasst den Zeitraum 2003 bis 2007 und ist mit vier Mrd. € ausgestattet. Davon entfallen z.B. auf NRW 913 Mio. €, Bayern 595 Mio. €, Niedersachsen 394 Mio. € und Mecklenburg-Vorpommern 93 Mio. €.

Dieses Bundesprogramm geht von zwei Grundformen der Ganztagsschule aus:

a) der offenen Ganztagsschule (das ist eine Halbtagsschule mit geregeltem Mittagessen und freiwilligem Nachmittagsprogramm) und

b) der gebundenen Ganztagsschule, die den ganzen Tag über verpflichtende Unterrichtsveranstaltungen vorsieht.

Die KMK hat Kriterien für die Förderung nach dem IZBB-Programm festgelegt:

- über den vormittäglichen Unterricht hinaus muss an mindestens 3 Tagen in der Woche ein ganztägiges Angebot für Schülerinnen und Schüler vorgehalten werden, das insgesamt täglich mindestens 7 Zeitstunden umfasst.
- An allen Tagen des Ganztagsbetriebs muss ein Mittagessen bereitgestellt werden.
- Die nachmittäglichen Veranstaltungen finden unter Aufsicht und Verantwortung der Schulleitung statt.

Konkret gefördert werden können Investitionen für Klassenräume, Gruppenräume, Versorgungsküchen, Aufenthaltsräume, Speiseräume, Bibliotheken, PC- und Internet-Ausstattungen, Pausenhöfe mit Spiel- und Sportgeräten, Experimentierräume und Räume für das praktische und musische Gestalten.

Für diese Investitionen werden in der Regel 90 % durch das IZBB-Programm übernommen; die restlichen 10 % müssen die Schulträger (zumeist Landkreise oder Kommunen) aufbringen. Grundsätzlich nicht gefördert werden können die Personalkosten und genau dort liegt die schulpraktische Untauglichkeit dieses Modells begründet. Neben den räumlich-baulichen Problemen, die lösbar sind, ist das fehlende Betreuungspersonal und die Rekrutierung, Finanzierung und Qualifikation des Betreuungspersonals nicht geregelt. Kein Land in der Bundesrepublik Deutschland kann sich diese Betreuungsaufgaben – durch Lehrer-Ist-Stunden finanziert – leisten, besonders, wenn sie zu Lasten der Unterrichtsversorgung in den Pflichtunterrichtsstunden gehen sollten. Sehr problembehaftet ist ebenfalls die Frage des Schülertransports, besonders in ländlichen Regionen.

Kommunen und Landkreise versuchen verständlicherweise, schulbauliche Sanierungsmaßnahmen sozusagen mit einem Sprung in den BULMAHN-Finanzierungstopf mit der Ganztagsschulproblematik zu verknüpfen. Dieses sicherlich gut nachvollziehbare Verhalten ist aber nicht pädagogisch-didaktisch begründet!

Die Umsetzung dieses Programm, seine alltagspraktische Bewährung ist kaum verlässlich zu prognostizieren; man kann mit einer gewiss skeptischen Neugier einer möglicherweise vorgesehene Evaluation dieses Programms entgegensehen – ob es je dazu kommt, ist angesichts der einseitigen Lastenverteilung und angesichts des Umstands, dass das Programm mit seiner publizistischen „Vermarktung" einen erheblichen Teil des politischen Zwecks bereits erfüllt hat, eher ungewiss.

Eckhardt Preuß

12 Leistungserziehung und Leistungsbeurteilung in der Grundschule/Schule im Blick auf die Ganztagsschule

12.1 Vorbemerkung zur Problematik und Inhalt des Themas

In diesem Beitrag geht es mir darum, Gedanken zur Schule, insbesondere der Grundschule als eine – im Sinne KLAFKIs – „demokratischen Leistungsschule" skizzenhaft vorzutragen; Schulen, die in erster Linie das Leisten (als dynamischer Vorgang) und die Leistung (als Ergebnis dieses Vorgangs) des Kindes/des jungen Menschen wahrnehmen, fördern, herausfordern und würdigen.

„Leistungsschule" – so fordert bereits KLAFKI (1975, 528) –, welche „die Bewältigung von Aufgaben und Lernprozessen ermöglicht und herausfordert, die zur Mündigkeit, Selbst- und Mitbestimmung führen können". Die Frage nun, ob dies in einer Halbtagsschule oder Ganztagsschule insgesamt gelingt, besser oder weniger besser, ist dabei in erster Linie von einem ausgestalteten pädagogischen Konzept einer Schule allgemein abhängig. Unstrittig sind dabei – wie es in vielen Schulgesetzen der einzelnen Bundesländer zu lesen ist – viele gemeinsame Merkmale einer Ganztagsschule; exemplarisch ausgewählt heißt es z.B. im hessischen Schulgesetz vom 1.8.2004:

„Ganztätig arbeitende Schulen bieten Schülerinnen und Schülern eine ergänzende Förderung und ein verlässliches Bildungs- und Betreuungsangebot. Sie eröffnen Möglichkeiten, die Bildungschancen von Schülerinnen und Schülern zu verbessern und auszuweiten, vorhandene Interessen der Jugendlichen zu stärken und zu fördern und die Kooperation der Schülerinnen und Schüler untereinander sowie zwischen Schülerschaft und Lehrkräften zu verbessern. Die Einbeziehung außerschulischer Angebote, die Öffnung der Schule zur Gemeinde und die Kooperation mit den Schulträgern und Jugendhilfen (kooperative Ganztagsschule) können neue Lernorte erschließen, das Schulleben bereichern und das Angebot der Schulen erweitern."

Ohne die in diesem Sammelband vorgestellten Tagungsbeiträge zur Ganztagsschule näher zu befragen, machen sie deutlich, wie vielschichtig und problemorientiert diese Auseinandersetzung mit der Ganztagsschule geführt wird.

Im Blick auf meinen Beitrag, insbesondere unter dem Aspekt „Leisten und Leistung" der Kinder erwarte ich von einer pädagogisch gestalteten Ganztagsschule – ohne jede Abwertung der geleisteten und zu leistenden Arbeit der Lehrer an Halbtagsschulen – u. a. vier Anforderungen:

1) dass sie wirklich mehr Zeit für alle Kinder hat;
2) dass sie stärker und gezielter fördert und fordert;
3) dass sie Chancengerechtigkeit für alle Kinder praktiziert;
4) dass sie sich neben der Wissens- und Erkenntnisvermittlung vor allem verpflichtet weiß, das „Sich–Bilden" und das „Erziehen" sogenannter Schlüsselqualifikationen zu erweitern und zu vertiefen wie z.B. Problembereiche mehr eigenständig zu lösen, Eigenverantwortung zu übernehmen, im Team zu arbeiten usw.

Ganztagsschulen in diesem Sinne zeichnen sich aus durch ein integratives pädagogisches Konzept und sind mehr als nur eine „Betreuungs- und Freizeitinstitution".

Auf diesem kurz skizzierten Hintergrund sind auch die weiteren Ausführungen zu verstehen:

Zunächst geht es immer um Kinder und junge Menschen; dabei gilt der von KLAFKI angemahnte Perspektivwechsel.

Dieser Perspektivwechsel (vom Kinde her und nicht von den Anforderungen her gestaltete pädagogische Situationen) verlangt im Sinne des Themas eine stärkere Betonung der Leistungserziehung (vgl. insbesondere Abschn. 2). Ein kurzer Einblick – exemplarisch ausgewählt – in die Richtlinien der Grundschule von NRW (1985 und 2003) zeigt bereits die „Wirkung" von PISA.

Leisten und Leistung werden sichtbar im Würdigen des Prozesses des individuellen/sozialen Leistens und im anforderungsbezogenen Ergebnis dieses Leistens (vgl. Abschn. 3). Ich bin überzeugt davon – und damit einige Aussagen im letzten Abschnitt – , dass sog. Entwicklungsberichte – in jeder Schulform (vgl. Laborschule Bielefeld) – das Leisten und die Leistung der Kinder und junger Menschen angemessen würdigen können und dies vor allem im Blick auf die Stärkung des Selbstwertgefühls der Kinder.

12.2 Die Welt der Kinder heute als Herausforderung für die Neugestaltung von Schule (Halbtags-Ganztagsschule) und Unterricht im Blick auf den Baustein „Leistungserziehung und Leistungsbeurteilung"

„Kinder" sind in aller Munde, ob mit positiver oder negativer Einfärbung – so „bunt" ist die Kinder-Welt.

Jüngst (2003) erschien ein Titel: „Deutschlands kaputte Kinder – Aufschrei einer Lehrerin und Mutter" (Barbara ERDMANN), zuvor (2001) der vielbeachtete Titel: „Weltwissen der Siebenjährigen. Wie die Kinder die Welt entdecken können" (Donata ELSCHENBROICH).

Der Anstoß, Kinder wieder ins Gespräch zu bringen- zwar recht populistisch –
gelang vor allem dem kürzlich verstorbenen Kulturkritiker Neil POSTMAN (1983) mit
seinem Buch „Das Verschwinden der Kindheit". Des Weiteren haben die beiden
recht breit angelegten Studien PISA (2000) und – grundschulspezifisch – IGLU
(2001) in erster Linie die „kognitive Kompetenz-Welt" (Lesekompetenz, naturwissenschaftliche und mathematische Grundbildung) von Kindern und jungen Menschen neu ins Blickfeld von Öffentlichkeit und Politik gerückt. In diesem Kontext
sind auch die neuen Grundschulrichtlinien NRW (2003/2004) einzuordnen, da auch
sie verstärkt den „Aufbau einer Wissensbasis und Entwicklung grundlegender Kompetenzen" (S. 11) und vor allem „verbindliche Anforderungen" im Blick auf eine
anforderungsbezogene Leistungsbewertung betonen.

Zu fragen bleibt dabei allerdings, wieweit eigentlich die heutigen Kinder als Kinder,
als Kinder an sich (ontologisch, anthropologisch, psychisch-physisch) gesehen und
gewürdigt werden: das Kind in und mit seiner Ganzheit, als werdende, individuelle
Person, als Zentrum seines Denkens, Fühlens, Handelns und Gestaltens, als ein von
sich aus handelndes Subjekt und nicht nur als Erwerber von Schlüsselqualifikationen
oder als Kompetenzträger.

In „Schule neu denken" (V. HENTIG 1993) geht es vornehmlich darum, dem Kinde
aufgrund seiner ihm innewohnenden Selbstkraft wieder mehr Freiräume zur eigenak-
tiven Lebens- und Weltgestaltung zu ermöglichen und so ein eigenverantwortliches –
wertorientiertes Selbstkonzept leben zu können.

Gedanken zum „pädagogischen Sehen und Verstehen" (KLAFKI) auch im Blick auf
die alten und neuen Grundschulrichtlinien NRW, Aussagen über das Kind und kulturkritische Anmerkungen zur heutigen Sichtweise vom Kind, bestimmen die nun
folgenden Ausführungen.

12.3 Pädagogisches Sehen und „pädagogisches Verstehen" (W. KLAFKI) – kritische Anmerkungen zu den alten und neuen Grundschulrichtlinien von NRW 1985 und 2003

Zwei bereits aus der Literatur bekannte „Reckstangenschaubilder" zu den beiden grundschulbedeutsamen und grundschulspezifischen Bausteinen „Innere Differenzierung" und „Leistungserziehung und Leistungsbeurteilung" sollen zunächst skizzenhaft – originalgetreu und exemplarisch zugleich sichtbar machen, inwieweit pädagogisches Sehen und „pädagogisches Verstehen" die alten und neuen Grundschulrichtlinien durchtragen und für das pädagogische Handeln bestimmend sind.

„Pädagogische Sehen" meint dabei ein vom Lehrer/Erzieher verantwortetes – ganzheitliches Wahrnehmen des individuellen und sozialen Lernens, Leistens und Lebens des handelnden Subjekt Kind.

„Pädagogisches Verstehen" meint im Sinne KLAFKIs „das nie abschließbare und selbstverständliche immer nur begrenzt einlösbare Bemühen" des Lehrers/Erziehers, die jeweilige Lebens -und Lernsituation der Kinder heute „von deren Seite aus zu erfassen, sozusagen einen Perspektivwechsel zur Seite des individuellen jungen Menschen hin zu vollziehen und zugleich die objektiven Bedingungen und Anforderungen im Bewusstsein zu behalten" (KLAFKI 1998, 3).

12.3.1 Zentrale Aussagen der Richtlinien von 1985 anhand der „doppelten Reckstange"

„Jedem das Seine"

„Die Berücksichtigung der Individuallage der Kinder ist notwendige Bedingung für erfolgreiches Lernen und damit auch für Leistungserziehung" (S. 13).

- „Die in der Grundschule entwickelten pädagogischen, didaktischen und organisatorischen Maßnahmen ermöglichen es, dass die Kinder die grundlegenden Ziele auf unterschiedlichem Niveau, in unterschiedlichen Zeiten und auf unterschiedlichen Wegen erreichen können" (S. 14).

- „Kinder können nicht alle zum gleichen Zeitpunkt und in gleichem Zeitraum gleiche Leistungen erbringen" (S. 13).

- „Gleiche Aufgabenstellungen für alle Kinder sehen von der Individualität der einzelnen Kinder und ihrer bisherigen Lernentwicklung ab und führen zwangsläufig zur Über- oder Unterforderung" (S. 13)

- „Leistungserziehung schließt ein, dass die Kinder auch zur Zusammenarbeit und zu gegenseitiger Hilfe bei der Bewältigung von Aufgaben befähigt werden." (S. 14)

Fazit:

Am Beispiel (s. doppelte Rechstange) der Bausteine Innere Differenzierung und Leistungserziehung/Leistungsbeurteilung wird deutlich, in welch' hohem Maßstab das Kind als handelndes Subjekt seine Lebens- und Lernsituation mitgestaltet. Der Lehrer stützt dabei fördernd und fordernd den Aufbau, die Erweiterung und Festigung eines positiven Selbstkonzepts des Kindes.

Da das Kind in und mit seiner Individualität und in seiner Ganzheit voll akzeptiert wird, hat es in den Richtlinien von 1985 eine hohe und bewusst gewollte Priorität.

Der Perspektivwechsel im Sinne KLAFKIs „vom Kinde her" erfährt – im Bild der doppelten Rechstange – im differenzierenden Unterricht und in der Leistungserziehung/Leistungsbeurteilung seine Konkretisierung.

12.3.2 Zentrale Aussagen der Richtlinien 2003 anhand einer „normierten" Reckstange

„Allen das Gleiche"

„Die Leistungsbewertung orientiert sich dabei grundsätzlich an den Anforderungen der Richtlinien und Lehrpläne und am erteilten Unterricht" (S. 19).

170

- „Dabei gewinnen die verbindlichen Anforderungen im Laufe der Grundschulzeit ein größeres Gewicht und stellen den entscheidenden Maßstab bei den Übergangsempfehlungen für die weiterführenden Schulen dar" (S. 19).
- „Die Lehrkräfte sind verpflichtet, die verbindlichen Anforderungen der Lehrpläne im Unterricht nachhaltig umzusetzen" (S. 18).
- „Schülerin und Schüler an schulischen Lernanforderungen und den produktiven Umgang mit der eigenen Leistungsfähigkeit heranzuführen, ist eine wesentliche Aufgabe der Grundschule" (S. 19).
- „Leistungsanforderungen" und „Leistung..." sind die zentralen Begriffe in Kap. 4 und 5.

Fazit:

In den neuen Richtlinien verliert das Kind zugunsten „verbindlicher Anforderungen" diese ihm bislang zugestandene Priorität (s. Schaubild „Allen das Gleiche"). Der Perspektivwechsel „vom Kinde her" (KLAFKI) erfährt eine fast einseitige Wendung „von den verbindlichen Anforderungen her"; die erbrachte Leistung – nicht das „Leisten" selbst – wird zum entscheidenden Maßstab. Deutlich wird dies auch in der Gesamtkonzeption der neuen Richtlinien (S. 13 – 24).

„Pädagogisches Verstehen" als „ein konstitutives Moment sinnvollen, bedeutungshaltigen und bildenden Lehrens und Lernens" (KLAFKI S. 5) wird ohne die Bausteine „Leistungserziehung / Leistungsbeurteilung" und „Innere Differenzierung" zur Farce.

Die im folgenden systematisch aufgeführten „fünf produktiv – selbstständigen Tätigkeiten" des Kindes als Subjekt seines Lernens, Leistens und Lebens sind auch für ein pädagogisch konzipierte Ganztagsschule essentiell:

(1) *Das einzelne Kind ist Zentrum seines Denkens, Erkennens und Entscheidens; es entscheidet eigenverantwortlich und hinterlässt seine Spuren:*

- es bestimmt einen Lern- und Lebensweg ein Stück selbst;
- es lernt, seine Kräfte und Fähigkeiten mehr und mehr einzuschätzen und einzusetzen;
- es organisiert den Weg seines Lernens und seines Lebens – auch in sog. Freizeitbereichen – selbst

(2) *Das einzelne Kind ist Zentrum seines eigengesteuerten Handelns; es handelt eigenverantwortlich und hinterlässt Spuren:*

- es ist im Sinne GAUDIGs „Täter seiner Taten";
- es setzt gezielt seine methodische Kompetenz ein;
- es geht originäre und kreative Lern- und Leistungswege.

(3) *Das einzelne Kind ist Zentrum seiner individuellen Lebens- und Gestaltungskraft; es erfährt das Selbstwertgefühl als innere Kraft:*

- es wählt ihm angemessene Aufgaben aus;
- es äußert eigene Gedanken und vertritt seinen Standpunkt konsequent;
- es hält Kritik aus im Sinne größerer Frustrationstoleranz;
- es erfährt sich selbst z.B. wie es lernt (schnell-mühsam, aufmerksam-abgelenkt).

(4) *Das einzelne Kind ist Zentrum seiner Existenz- und Sinnverwirklichung; es erfährt das Selbstwertgefühl als innere Kraft und hinterlässt seine Spuren:*

- es erfasst denkend die Wirklichkeit und bewältigt diese;
- es denkt planend voraus, fragt, zweifelt, vermutet ...;

- es lebt aus „normativem Bewusstsein" (HAMANN) positive Wertvorstellungen und handelt entsprechend.

(5) Das einzelne Kind ist Zentrum seiner Kontaktaufnahme und gelebten Kommunikation; es begegnet dem Anderen in Akzeptanz und Empathie und hinterlässt seine Spuren:

- es erspürt Sensibilität für den Anderen und lebt diese;
- es übt Wertschätzung, setzt sich mit eigenen und fremden Werten/Wertsystemen auseinander, es urteilt behutsam und entscheidet verantwortungsbewusst;
- es zeigt Dialogbereitschaft und praktiziert diese ihm angemessen.

12.4 Fünf grundlegende Ziele der Leistungserziehung in Korrespondenz zu den fünf Tätigkeiten des Kindes

(1) Initiieren und Entfalten der Selbstbestimmung, Selbsteinschätzung und Selbstorganisation

Leistungserziehung gibt dem jungen Menschen Hilfestellung, setzt Impulse, begleitet ein Stück des Weges behutsam und sich zurücknehmend, bietet Orientierung an und/oder fädelt solche ein. Möglichkeiten dazu bieten insbesondere die Organisationsmodelle von Unterricht wie Freie Arbeit, Wochenplanunterricht, Arbeitsgemeinschaften und die Fertigstellung und auch die Vorbereitung von Hausarbeiten.

(2) Stärken des Selbstlernens, des Selbsthandelns und der Selbstinitiative und Selbstentscheidung

Leistungserziehung unter dem Anspruch der Selbsttätigkeit und Handlungskompetenz leitet den Schüler an, methodische Verfahren und Techniken – auch alternative – behutsam auszuwählen, zur Geltung zu bringen und fachangemessen anzuwenden;

das kreative Ausprobieren lässt sich vom Zeitfaktor in einer Ganztagsschule ohne Druck praktizieren.

(3) Stützen des Selbstvertrauens und der Selbstachtung

Leistungserziehung unter dem Anspruch eines Aufbaus positiven Selbstwertgefühls gibt dem jungen Menschen verstärkt die Chance, mit größerem Selbstvertrauen in seine persönliche Fähigkeiten und mit eigener stärkerer Selbstachtung, sich, seine Mitmenschen und seiner Umwelt zu begegnen – im Sinne eines positiven Selbstkonzeptes. Leistungserziehung in diesem Sinne setzt den Schüler mehr und mehr in den Stand, Aufgaben nach einem ihm angemessenen Schwierigkeitsgrad auszuwählen und zu bewältigen (s. doppelte Reckstange) – die Halbtags- und die Ganztagsschule bieten dazu viele Möglichkeiten (in erster Linie durch den Baustein der „Inneren Differenzierung").

(4) Ermutigen zu Selbstannahme, Anstrengungsbereitschaft und Lern-Lebensfreude

Leistungserziehung unter dem Anspruch personaler Selbstannahme, eigener Anstrengungsbereitschaft und persönlicher Lern- und Lebensfreude gibt dem Schüler die Chance, durch die Förderung seiner Stärken und durch mögliche Behebung/Minderung seiner Schwächen **Lebens-Sinn** zu erfahren. Gestaltungsmöglichkeiten dazu bietet vor allem die zeitoffene Ganztagsschule in Fülle.

(5) Befähigen und Anregen zur Zusammenarbeit und Solidarität, zu gegenseitiger Wertschätzung und verständnisvollem Helfen

Leistungserziehung in diesem Sinne gibt dem Schüler die Chance, seine Sensibilität für den Anderen (auch Schwachen, Behinderten, Ausländer) zu erspüren und auszubilden, wahrzunehmen und in Beziehungen zu leben. Leistungserziehung im Sinne solidarischen und kooperativen Wachsens gibt dem jungen Menschen die Chance und notwendige Sicherheit, sich insgesamt einzuüben in demokratische Verhaltensformen (im Sinne VON HENTIGs). Vor allem die Übernahme von Schülerpatenschaften (unter Berücksichtigung besonders kognitiver und sozialer Fähigkeiten) stärken den Gemeinsinn.

12.5. Leisten als Prozess und als anforderungsbezogenes Ergebnis

„Das Recht des Kindes so zu sein, wie es ist" formuliert Janusz KORCZAK (1970) als das Grundrecht des Kindes. Pädagogisches Sehen nimmt das Kind in seiner Ganzheit ins Blickfeld und versteht dabei sein Leisten und seine Leistung als einen dynamischen Prozess, d.h. Ergebnis und Vollzug der individuellen Leistung sind die Merkmale eines dann so verstandenen pädagogischen Leistungsbegriff. Dabei versteht der Lehrer Leisten als ein ausgewogenes Spannungsgefüge zwischen dem Leistungsvermögen des Kindes und dem ihm angepassten Lerngegenstand.

(1) Herkömmliche, aber noch vorrangige Sichtweise: Leistung als Produkt

(2) Kindgerechte – schülerangepasste Sichtweise: Leistung als dynamischer Vorgang

(3) Zum pädagogischen Leistungsbegriff

12.6 Pädagogische Leistungsbeurteilung im Sinne und in der Ausgestaltung von Lernentwicklungsberichten

Die Konsequenz aus den zuvor skizzierten Zielen der Leistungserziehung und dem pädagogischen Leistungsbegriff hat eine pädagogische Leistungsbeurteilung zur Folge; diese versucht – gestützt auf vielfältige und differenzierte Beobachtungen (besser ermöglicht durch eine zeitoffenere Ganztagsschule) – , das individuelle Kind als aktiv handelndes Subjekt seines Lernens und Leistens in seiner Entwicklung (seines „Bauplanes" im Sinne M. MONTESSORIs) ganzheitlich zu sehen und gerecht zu beurteilen.

Dabei wird die pädagogische Leistungsbeurteilung im Sinne der Ausgestaltung von individuellen Lernentwicklungsberichten von vier Säulen getragen:

1. Säule: Die Korrespondenz und wechselseitige Durchdringung von Kind und Sache

D.h. das Kind als handelndes Subjekt und der Anspruch der „Sache" (Lehrplan, Inhalt, Anforderungen, Lernziele, Aufgaben) „verhaken" einander in einer „originalen Begegnung" (H. ROTH) – von Schulbeginn an.

Der Lernentwicklungsbericht hat demzufolge (1) kurze und prägnante lehrplanbezogene und (2) differenzierte aufgabenbezogene Aussagen zu beinhalten; dabei ist der fachspezifische Lernzuwachs des Kindes deutlich zu benennen.

2. Säule: Die Wechselwirkung von Vollzug und Ergebnis des subjektiven Lernprozesses des Kindes

D.h. der subjektive Lernprozess des Kindes, seine geleisteten Denkschritte und sein suchendes Tätigsein verstehen sich dabei als ein individuelles Fortschreiten und somit als seine persönliche, soziale und fachspezifische Lernentwicklung und als seinen jeweiligen Lernzuwachs.

Der Lernentwicklungsbericht beschreibt dabei den beobachteten Lern- und Entwicklungsprozess des Kindes; persönliche, soziale und fachspezifische Aussagen zum gesamten Lernprozess (Lernvorgang und Lernprodukt) dominieren in diesem Teil der Rückmeldung (für das Kind, für die Eltern, für den Lehrer).

3. Säule: Das pädagogische Sehen des Lehrers/der Lehrerin auf die Individualität des Kindes, auf seine gesamte Lern- und Lebenssituation, insbesondere auf seine Energie, Ausdauer und Eigenverantwortung

D.h. der Lern- und Leistungsprozess des Kindes steht dabei im Spannungsfeld von Anspannung, Anstrengungsbereitschaft, Ausdauer und jeweiligem Grad selbsttätiger, selbständiger und angemessener Anforderungserfüllung. Der Lernentwicklungsbericht versteht sich somit als eine auf die Person des Kindes abgestimmte Rückmeldung seines Lern- und Leistungsprozesses; er beinhaltet vor allem Aussagen zu seinem Bemühen, seinen spezifischen Fähigkeiten, seinem jeweiligem Grad an methodischem Können, seiner Lernkompetenz insgesamt und seinem sozialem Wachsen.

4. Säule: Die Verzahnung und Verknüpfung von „objektiven" (mehr von der jeweiligen Sache her bestimmten) und „subjektiven" (mehr im Blick vom und auf das Kind bezogenen) Gütemaßstäben

D. h. im Sinne „objektiver – sachbezogener Kriterien" sieht der Lehrer,

- wie der Schüler die geforderten Strukturen einer Sache (insbesondere die Fragehaltung – Fragestellung) erkennt und versteht;
- wie und welche sachspezifischen Arbeitsformen er anwendet;
- zu welchen Ergebnissen der Schüler kommt u. v. m.

Im Sinne „subjektiver Kriterien" sieht der Lehrer,

- wie der Schüler seine Ausdruckskraft, seine Lese- und Rechenfertigkeiten, seine Sozialkompetenz erweitert und steigert;
- wie er sich im Unterricht beteiligt (insbesondere seine Anstrengungsbereitschaft u. v. m.)

Der Lernentwicklungsbericht enthält – wie z.T. schon beschrieben – insgesamt differenzierte, detaillierte und vielfältige Aussagen zu den Stärken und Schwächen des Kindes in jedem Lernbereich, gezielte Hinweise für zu verbessernde und zukünftige Lernstrategien und verstärkt durch ermutigenden Zuspruch das Streben des Kindes nach mehr selbstgesteuertem und selbstverantwortlichem Leisten, Lernen und Leben.

Die Chance einer Ganztagsschule, diese Anforderungen zum Wohl des Kindes und jungen Menschen zu erfüllen sind aufgrund ihrer pädagogischen Ausgestaltung unübersehbar.

12.7 Literatur

BAMBACH, H : Ermutigungen. Nicht Zensuren. Libelle, Lengwill am Bodensee 1994

HEIN, A.K.: Perspektiven auf Kindheit im chronoligischen Wandel. Die kulturkritische Perspektive als Herausforderung für die Grundschule im 21. Jahrhundert. Beiträge zur Welt der Kinder Bd. 12, Lit Verlag Münster 2004

HENTIG, Hartmut v.: Die Schule neu denken. Eine Übung in praktischer Vernunft, München 1993

KLAFKI, W.: Probleme der Leistung in ihrer Bedeutung für die Reform der Grundschule. In: Die Grundschule 10 / 1975 S. 527 – 532

KLAFKI W.: Pädagogisches Verstehen – eine vernachlässigte Aufgabe der Lehrerbildung. http://archiv.ub.uni-marburg.de/sonst/1998/0003/k09.html

KLAFKI, W.: Selbsttätigkeit als Grundprinzip des Lernens in der Schule – Wiederaufnahme und Weiterentwicklung einer reformpädagogischen Idee und ihre Verwirklichung in der Schule. http://archiv.ub.uni-marburg.de/sonst/1998/0003/k08.html

KORCZAK, J.: Das Recht des Kindes auf Achtung. Vandenhoeck & Ruprecht, Göttingen 1970

PREUß, E.: Leistungserziehung, Leistungsbeurteilung und innere Differenzierung – Bausteine moderner Grundschularbeit – Anregungen und Hilfen. Klinkhardt, Bad Heilbrunn 1994

PREUß, E., ITZE, U., ULONSKA, H. (Hrsg.): Lernen und Leisten in der Grundschule. Klinkhardt, Bad Heilbrunn 1999

PREUß, E.: Leistungserziehung und Leistungsbeurteilung in der Grundschule. Ein Lehr- und Arbeitsbuch. Medienwerkstatt Mühlacker Verlagsgesellschaft 2001

RICHTLINIEN UND LEHRPLÄNE FÜR DIE GRUNDSCHULE IN NRW. Die Schulen in NRW. Eine Schriftenreihe des Kultusministerium 1985 und 2003/2004

Kulturelle Netzwerke und schulische Verantwortung

Eckart Pankoke

13 „Offene Ganztagsschule" und „Kulturen der Verantwortung". Netzwerke und Lernprozesse schulischer Selbststeuerung.

13.1 Schul-Geschichte(n)

Die alten Volks-Schulen pflegten ihre „pädagogische Provinz" als *„geschlossene Anstalt"*. Die Autorität der Lehrer gründete in einem festen Bildungskanon, den es zu vermitteln galt nach der Logik des *„Trichters"*. Als zentrales Organ schulischen Lernen galt das „Ohr", – und mit dem Hören lernten die Schüler zugleich *„Gehorsam"*. *„Wer nicht hören will, muss fühlen!"* – hieß es vielsagend. Gelernt wurde damit eher Disziplin als Reflexion. Lernmethode war eher das Diktat als der Diskurs. Und die Lehrer nannte man mit Recht *„Pauker"* und die Schule *„Penne"*. Ich selbst komme aus dem Ruhrgebiet und unsere Schule nannte man *„Zeche"*.

Aber die alten Volksschulen waren Vormittags-Schulen: die Nachmittage blieben frei für Schularbeiten, aber auch für hauswirtschaftliche oder auch landwirtschaftliche Mitarbeit. Informelle Spielwelten ergaben sich im häuslichen Umfeld. Ein Teil des freien Zeitfensters wurde besetzt durch die Angebote des örtlichen, in der Regel kirchlichen oder sportlichen Vereinslebens.

Einiges dieser alten Zeit hat sich immer noch gehalten. Doch predigen schon seit langem die Reformpädagogen ganz andere Kulturen des Lernens: *„Nicht für die Schule, für das Leben lernen wir"*. Und diese sollte umgesetzt werden durch *„offenen Unterricht"* und durch *„freies Lernen"*. Aber auch diese *„reform-pädagogische Offensive"* entfaltete sich im Schonraum einer schulischen Eigenwelt, die sich abschirmte von den äußeren Zwängen und dem *„Ernst des Lebens"* der Gesellschaft.

Schule blieb so ein in sich *„geschlossenes System"*, das sich den Anregungen wie den Herausforderungen der gesellschaftlichen „Umwelt" nur schwer öffnen wollte und konnte. Auch die Schulverwaltung blieb bürokratisch fixiert, d.h. Intentionen und Investitionen kommen von oben und nicht aus der Schule und ihrer Umgebung. Die Akteure, die in der Schule und mit der Schule leben, seien es Lehrer, Schüler, Eltern waren befangen in der Selbstgenügsamkeit ihrer Illusion kleiner und heiler Welten. Dabei könnten sie in der Schule und mit der Schule etwas verändern, wenn sie die eigenen Potentiale gemeinsam entwickeln und entfalten würden.

Längst führte der Wandel der Gesellschaft und ihrer Werte zu „veränderter Kindheit" mit neuen Konsum- und Medienwelten. Auch darauf musste sich Schule neu einstellen. Zugleich aber muss Schule die nachwachsende Generation vorbereiten auf neue Verantwortungen in Familie, Beruf und Öffentlichkeit.

Will die Schule vorbereiten auch für das öffentliche Leben und die heute geforderten zivilgesellschaftlichen Kulturen der Verantwortung, gilt es, Brücken zu bauen zu außerschulischen Lernwelten und Verantwortungsfeldern.[1],

Damit gewinnen Netzwerke und Lernprozesse – gerade im beruflichen wie politischen Praxisbezug moderner Bildungs-Einrichtungen – praktisches Interesse.

Schon 1844 forderte der Pädagoge DIESTERWEG von der modernen Schule, dass sie sich richten müsse *„gegen alles Hierarchische, Bevormundende und dergleichen"*, dass sie

---

[1] Die über die Schulen zu vermittelnden Kulturen der Verantwortung reichen vom lokalen Engagement der Schulen in den kommunalen „Agenden21" bis hin zu den auch im deutschen Bildungssystem aufgegriffenen neuen Horizonten der UN-Dekade „Bildung für eine nachhaltige Entwicklung".

„fraternisiert und sympathisiert, … mit allem, was sich bewegt, sich entwickelt, fortbildet, lebt. Es ist das Prinzip des Fortschritts".[2]

13.2 Neue Perspektiven und Horizonte

Heute gewinnen solche Reformperspektiven neue Aktualität: *„Selbständige Schule", „offene Ganztagsschule"* und *„lebensbegleitendes Lernen"* sind die neuen Themen. *„Nicht in der Schule, im Leben lernen wir"* – würde man dazu sagen. Das bedeutet praktisch, dass sich die Schule der Praxis von Wirtschaft und Gesellschaft interaktiv öffnen muss. Erlernt werden wollen nun neue *„Kulturen der Verantwortung"* in den praktischen Feldern sozialen Lernens.

„Offene Ganztagsschule" [3] hatte zunächst eine zeitliche Dimension. Nicht nur die Schulstunden, der ganze Tageslauf der Schüler war nun pädagogisch zu verantworten. So kam der Alltag als pädagogisches Feld „ganztägig" in den Blick, weil in der alltäglichen Lebenssituation nicht nur für die einkommensschwachen und bildungsfernen Schichten, sondern auch in den sog. besser situierten Lagen kein produktives Lernklima mehr zu erwarten ist, – gerade für das soziale Lernen.

„Elternhaus und Schule" – so hieß einmal eine weit verbreitete pädagogische Zeitschrift. Aber eine solche *„Lernallianz"* ist heute nicht mehr vorauszusetzen, vielleicht

---

[2] Adolph DIESTERWEG, Wegweiser zur Bildung für deutsche Lehrer (1834, 4. Aufl. 1844) Neudr. Paderborn 1958, 165. Vgl. Reinhart KOSELLEK, "Fortschritt", in: Geschichtliche Grundbegriffe, Bd. 2, Stuttgart 1975, 398.
[3] Vgl. Thesen zum 4. BILDUNGSFORUM RUHR „Wir gehen aufs Ganze – Auf dem Weg zur offenen Ganztagsgrundschule" (1.12.03):
1. Die Einführung der offenen Ganztagsgrundschule ist ein ambitioniertes Programm des Landes NRW, das einer integrierten Gestaltung zwischen unterschiedlichen Akteuren und Politikfeldern bedarf. (…)
2. Hierzu sollen möglichst viele Felder des gesellschaftlichen Umfelds wie bspw. Musikschulen, Malschulen, Sportvereine integriert werden. Da die Kooperationsbeziehungen zwischen Schulen und gesellschaftlichem Umfeld schwach ausgeprägt sind, gilt es zu überlegen, wie entsprechende Vernetzungsaktivitäten vor Ort aussehen können.

auch nicht mehr ausreichend, weil die heimlichen Erzieher der aktuellen Erlebnis- und Risikogesellschaft, gerade jenseits von Elternhaus und Schule zum Problem werden. Das hat zu tun mit dem Wandel der Familie, dem kulturellen Wandel der Werte, oder allgemein mit dem strukturellen Wandel der sozialen Welten.

Jenseits von Schulzeit und häuslichen Schularbeiten wird die sog. *„Freizeit"* allzu oft zum riskanten *„Leerlauf".* Hier könnten die Angebote von „Ganztagsschule" kompensatorisch gegensteuern. Zum anderen bedeutet das Projekt „Ganztagsschule" den Anspruch, mit den Eltern neue Lern-Partnerschaften aufzubauen. Eltern sind in der Rolle von Co-Pädagogen gerade auch von der professionellen Pädagogik ernst zu nehmen.

Es gibt erste Bestätigungen, dass Eltern diese neue Partnerschaft mit der Schule aktiv bejahen,[4] gerade auch in den additiven Angeboten. Das gilt nicht nur für von 70 % der Eltern bejahte Hausaufgabenhilfe und die Hilfen zu aktiver Freizeit- gestaltung. Neue Lern-Partnerschaften eröffnen sich dann auch über den Einsatz außerschulischer Fachkräfte aus unterschiedlichen Feldern der sozialen und kulturellen Praxis.

13.3   Selbstgestaltung neuer Zeiten und Räume

Aber „Ganztagsschule" ist nicht nur eine neue Zeitstruktur, welche leer laufende Freizeit in Lernzeit verwandeln will. Es geht nicht nur um *neue Zeiten,* sondern auch um *neue Räume.* Pädagogisch formuliert: Es geht um die Aktivierung außerschulischer Lernfelder – und gelernt werden soll nicht nur auf der Ebene kognitiven Wissens und normativen Wertens, sondern auch in der Sinndimension sozialer Praxis.

---

[4] Vg. POLIS: Die Ganztagsschule in Rheinland-Pfalz aus der Sicht der Eltern. – Ergebnisse einer Wiederholungsbefragung.

Insbesondere ist die Ganztagsschule offen für neue Felder einer praktischen *„Kultur der Verantwortung".*

Praktisch bedeutet dies, dass nun neue Zeiten und Räume zu erschließen sind, in denen der traditionelle Rahmen einer „Schule als geschlossene Anstalt" sich öffnen wird.

Die neuen „Zeit-Räume" sind kulturell so zu gestalten, dass sie zur Identifikation und Integration einladen.

Im Ganztagsbetrieb braucht es Rückzugsräume für die Entspannung und Erholung. Es braucht Freiräume, die auch dem Bewegungsdrang junger Menschen gerecht werden. Die Räume müssen freundlich und hell sein und sollen organisch zur Schule dazu gehören und nicht ein Fremdkörper sein. Zu entwickeln sind aber auch kindgerechte Esskulturen und Speiseräume. Die richtige Ernährung spielt für das Lernen und das Wohlbefinden eine wichtige Rolle.

Immer geht es auch um „Lernallianzen", in denen der Lehrer zurücktritt in die Rolle des Moderators und die Schüler ihre Lernprozesse selbst organisieren in der Begegnung mit offenen Feldern sozialer Praxis. Die könnte sich realisieren über die Begehung und Begegnung mit den unterschiedlichen Berufs- und Arbeitswelten. Ein anderes Feld wäre die Auseinandersetzung mit moderner Kunst. Zunehmend lebenswichtiger wird der Praxisbezug der Felder Sport, Gesundheit, Ernährung.

Kulturen der Verantwortung wären vor allem aber zu erkennen und zu erlernen in Lernallianz mit dem sog. „Dritten Sektor" der Selbstorganisation freien Engagements, also kooperativ mit Jugendverbänden, Sportverbänden und sozialen Bewegungen für „Friede, Gerechtigkeit und Bewahrung der Schöpfung".

13.4 Projekt-Partnerschaften

Für die professionelle Steuerung dieses neuen Miteinanders sind Kooperations-verträge der Landesverbände der Lehrer, aber auch der Eltern notwendig. Die Einbindung neuer Kooperationspartner erfordert Verhandlungen mit der kommunalen Schulverwaltung und den entsprechenden Kulturministerien. Diese Verträge müssen den Einsatz von Fachkräften aus den jeweiligen Verbänden und Initiativen grundlegend regeln. Die Bedürfnisse und Bereitschaften der Kooperationspartner sind abzusprechen auf der Ebene von Schulorganisation und Schulkonferenz. Neue Verständigung gilt den pädagogischen Zielsetzungen. Dazu gehören alle Rechte und Pflichte beider Seiten.

13.5 Außerschulische Kooperations-Partner

Neue Partner außerschulischen Lernens wären dann auch die Unternehmer der Wirtschaft[5], die Verantwortungsträger in Politik und Verwaltung, die Repräsentanten aus Kunst oder auch Kirche und die haupt- wie ehrenamtliche Aktivisten des „Dritten Sektors". Im Sinne einer interkulturell und interreligiös „offenen Gesellschaft" wird auch die Begegnung mit den fremden Welten und Werten neuer Mitbürger zu einem zukunftswirksamen Lernfeld.

---

[5] Vgl. 5. BILDUNGSFORUM RUHR „Für das Leben lernen wir – Kooperation von Schule und Wirtschaft" (Herten 26.2.2004): „Schüler/innen und Lehrer/innen erfahren durch die Kooperation mit den Betrieben konkret die Anforderungen der Arbeitswelt. Möglichkeiten der praktischen Zusammenarbeit helfen eigene Fähigkeiten besser einzuschätzen, tragen zur Transparenz von Berufen bei und erhöhen die Lernmotivation durch die Verknüpfung von Theorie und Praxis. <...> Schulkooperationen mit der Wirtschaft zeichnen sich durch Vielfalt und Kreativität aller Beteiligten aus. <...> Wichtige Voraussetzungen bestehen in der Öffnung der Schule gegenüber dem regionalen Umfeld. sowie in ausreichend bereitgestellten Ressourcen seitens der Schule und der Betriebe. Ein größeres Maß an Selbständigkeit und freien Handlungskompetenzen der Schulen unterstützt solche Kooperationsprozesse."

Doch die dazu geforderten Lernpartner müssen aber erst einmal gefunden und gewonnen werden. Das bedeutet Kosten, bringt aber auch produktive Kontexte des Vermittelns zwischen praktischer Erfahrung und schulischem Lernen.[6]

Die neuen Aufgaben der Ganztagsschule fordern deshalb auch ein kreatives Management der sich weitenden Ausgaben. Dies bedeutet das Einwerben von Drittmitteln und Zuwendungen. Auch Schulen müssen sich nun bemühen um Fundraising gerade auch im Bezug auf ein Corporate Citizenship der wirtschaftlichen Unternehmen. Dabei geht es nicht nur ums Geld, sondern auch um Lernpartnerschaften zur Vermittlung der Kompetenzen wirtschaftlicher Verantwortung,[7] Ganztagsschule fordert also nicht nur die Entwicklung der schulischen Organisationsstrukturen; gefordert sind zugleich neue Relationen zum gesellschaftlichen Umfeld. Dabei geht es nicht nur um Geldmittel sondern auch um das „soziale Kapital" partnerschaftlicher Kooperation. Zu denken ist an ehrenamtliches Engagement insbesondere aus der Elternschaft, an Corporate Volunteering, an die Zusammenarbeit mit den freien Vereinigungen des Dritten Sektors oder auch an die Aktivierung nach-beruflicher Kompetenz nach dem Modell Senior Consulting. Diese praktischen Kompetenzen des Organisierens und des Moderierens müssen an den Schulen erst erlernt werden. Zugleich muss sich an den Schulen eine neue Steuerungsfähigkeit entwickeln.

Hier ist gewiss das „Ehrenamt"[8] von Elternvertretung und Schülermitbestimmung mit in die Verantwortung gerufen. So bedeutet die „offene Ganztagsschule" die Anerkennung neuer Herausforderungen für die Elternvertreter wie auch für die Schüler/innen in ihren Selbstverwaltungsämtern als Schul- und Klassensprecher.

---

[6] Als Beispiel für außerschulische Lernfelder zum Thema „Umwelt" vgl. das GELSENWASSER-Schulprojekt, Zwischenbilanz 2004. Als Beispiel von „Corporate Citizenship" bei der Förderung außerschulischer Felder kulturellen Lernens vgl. den „Kulturwettbewerb des Ruhrgebiets für Azubis, Schüler und Schulen" (K.R.A.S.S.) der Unternehmen Ruhrkohle (RAG), WAZ und Karstadt-Quelle.
[7] Vgl. partnerfuerschule.nrw, Stiftung der Wirtschaft und des Schul- und Jugendministeriums NRW.
[8] Oft engagieren sich Eltern ehrenamtlich etwa bei Schülerbücherei, Schulgartenpartnerschaft, Theater-AG, Gesundheits-Projekten.

Dabei geht es nicht nur um Mitbestimmung in den inneren Angelegenheiten des Schullebens, sondern auch um die Mitgestaltung der Außenrelationen zwischen Schule und gesellschaftlichem Umfeld. Dies fordert Offenheit für eine professionell anspruchsvolle Kooperation mit dem Dritten Sektor (von der Schulsozialarbeit[9], über die Kunstpädagogik bis hin zu sportlichen Trainings-Programmen).

All dies aber ist nicht zum „Nulltarif" zu haben, sondern wird auch für die kooperierenden Dritt-Sektor-Organisationen im eigenen sozialwirtschaftlichen Überlebenskampf zum wichtigen Geschäftsfeld. So ist die offene Ganztagsschule keine billige und willige Ergänzung zur Schulzeit, sondern erfordert eigene Ressourcen, die aus öffentlichen Mitteln oder auch freien Geldern von Stiftern und Sponsoren, aber auch durch sozialverträglich zu gestaltende Beiträge der Eltern aufzubringen sind.

Eine produktive Quelle der ehrenamtlichen Aktivierung nachberuflicher Kompetenz ergibt sich aus der Einbindung der berufspraktischen Kompetenzen und Kontexte aktiver Senioren. Das für Existenzgründer so hilfreiche Modell des „Senior-Consulting" (auch „Senior-Coaching") wäre auch auf die Schulen zu übertragen, indem Senioren ihre Praxiserfahrung einbringen in schulische Lernfelder. Zu verweisen ist auf die Kooperation mit ehemaligen Ausbildern der Sparten Holz, Metall und Bau in der von der ARAL-STIFTUNG (jetzt: DEUTSCHE BP-STIFTUNG) unterstützten Lehrwerkstatt der Hauptschule Essen-Karnap.[10] In einem ähnlichen Ansatz in der Stöver-Realschule Oer-Erkenschwick konnte das Projekt „Mädchen und Technik" (MuT) unter der ehrenamtlichen Anleitung des Ausbildungspersonals

---

[9] Bei der Goethe-Schule in Herten wird die sozialarbeiterische und sozialpädagogische Begleitung durch Kooperationsvertrag mit der Arbeiterwohlfahrt geregelt. Die Betreuung erfolgt durch eine Erzieherin und Ergänzungskräfte, die bei der AWO angestellt ist. In der Essener Grundschule am Morungenweg wird die Ganztagsbetreuung in enger Kooperation mit der Schulpraxis durch den Sozialdienst katholischer Frauen geleistet. Daneben besteht eine enge Kooperation mit dem örtlichen Turnverein, der durch eine ABM-Kraft tätig wird. Auch die geplante Kooperation mit der Folkwang Musikschule erfordert eine Kostenregelung.

[10] DEUTSCHE BP-STIFTUNG: Jugendarbeitslosigkeit vorbeugen und überwinden. Förderbeispiele und Hintergrundinformationen.

der Handwerksbetriebe die hier in ihrer beruflichen Planung oft desorientierten Mädchen für technische Handwerksberufe ermutigen.

Als ein wichtiger Partner auf gemeinsamen Wegen zu „Kulturen der Verantwortung" sind die Eltern als „Erziehungspartner" zu akzeptieren und zu aktivieren.[11]

13.6 Entwicklungs-Strategien der Schulreform

Hier müssen auch Qualifizierungsstrategien ansetzen. Eltern sind nicht per se die besseren Erzieher. Sie sollten in die Lage versetzt werden, angemessen am Schulablauf zu partizipieren. In vielen Bundesländern wurden dazu über den Landeselternrat entsprechende Modelle entwickelt und vermittelt. Diese sollten von den Schulen an interessierte Eltern weiter geleitet werden. Genauso sollten Schulen die Eltern in ihrer Bereitschaft zur Mitarbeit unterstützen. Viele Erwachsene erfahren erst als Eltern, was bürgerschaftliches Engagement möglich machen kann.

Eine „innere Reform" des Bildungswesens ist heute dringlich gefordert, gerade in Regionen des wirtschaftlichen, gesellschaftlichen, kulturellen oder auch demographischen Umbruchs. Das Bewusstsein dieses Umbruchs sollte bildungspolitisch zum Aufbruch werden. So ist es schulische Praxis bereits in vielen Bundesländern oder

---

[11] Vgl. 3. BILDUNGSFORUM RUHR „Verantwortung für Kinder – Eltern und Pädagogen machen gemeinsame Sache" (Essen 3.10.03):
„Eltern wie Pädagogen brauchen sich für ihre verantwortungsvolle Aufgabe gegenseitig. Wenn sich beide Seiten in ihren durchaus unterschiedlichen Rollen als Erziehungspartner verstehen, kann sich eine vertrauensvolle und aufgeschlossen Atmosphäre für eine konstruktive Zusammenarbeit entwickeln. Aus diesem gemeinsamen Verständnis heraus kann die Erziehungskompetenz von Eltern gestärkt werden <...> etwa durch Projekte wie das FUN-Projekt der Arbeiterwohlfahrt oder Elterngesprächskreis vor und während der Grundschulzeit."<...> „Die Kommunen können im Erziehungs- und Bildungsprozess von Kindern und Jugendlichen Moderatorenrollen übernehmen. Ein ‚Bündnis für Erziehung' ist ein sinnvolles Instrument, um die notwendigen Kommunikations- und Interaktionsprozesse zwischen den Erziehungsverantwortlichen funktionsfähiger zu machen."

auch im Ruhrgebiet. [12] Dabei geht es weniger um Parolen als um konkrete Verfahren der Steuerung von Bildungsnetzen und Lernprozessen, etwa durch Wissensmanagement und prozess-orientiertes Qualitätsmanagement. [13]

13.7 Selbständigkeit und Selbststeuerung der Organisations- und Relationsentwicklung

Neue Aufgaben und neue Relationsmuster fordern neue Steuerung. Dabei gewinnen die Organisations- und Relationsprobleme der „offenen Ganztagsschule" eine Komplexität, die den bürokratisch geschlossenen Rahmen herkömmlicher Schulverwaltung sprengen könnte. Auf die sich weitende Komplexität antwortet eine gesteigerte Reflexivität der Selbst-Steuerung. Reflexivität bedeutet praktisch den selbstkritischen Rückbezug auf die Bedürfnisse und Bereitschaften, die Erfahrungen und Empfindungen aller Beteiligten und Betroffenen. Dies gelingt über die Partizipation und die Selbstorganisation von Engagement und Interesse.

In einem historischen Exkurs können wir dazu weit ins 19. Jahrhundert rückblenden: In der „Verwaltungslehre" des Lorenz VON STEIN war die sich weitende Komplexität der von ihm geforderten „Verwaltung der sozialen Reform" nur zu meistern durch die Aktivierung gesellschaftlicher Selbstverwaltung. STEINs Würdigung der partnerschaftlichen Zusammenarbeit zwischen politischer Verwaltung und sozialem „Vereinswesen" gilt als Weichenstellung zur modernen „Verwaltungslehre" des „arbeitenden Staates". Entsprechend müssen wir auch im Blick auf die Selbst-

---

[12] Vgl. BILDUNGSOFFENSIVE RUHRGEBIET 2020. Nachhaltige strukturelle Veränderungen der Bildungssituation im Ruhrgebiet im Kontext des demografischen Wandels. Initiativpapier der Bürgermeister/innen und Oberbürgermeisterinnen der Kommunen.
[13] Vgl. PROJEKT RUHR, Bildungsbeteiligung im Ruhrgebiet. Auf der Suche nach einer neuen Kompensatorik. Essen 2003:122. „Eine prozessorientierte Qualitätsentwicklung, die sowohl die Belange der Betroffenen und der einzelnen Organisation als auch zwischen den beteiligten Akteuren in den Blick nimmt, muss auf breiter Basis installiert werden,."

verwaltung und Selbststeuerung der offenen Ganztagsschule die selbst-organisierten Interessen und Kompetenzen des gesellschaftlichen Umfeldes in den Blick nehmen.

Gerade die „Offene Ganztagsschule" ist gefordert als „selbstständige Schule"[14]. Die Doppelbindung dieser aktuellen schulpolitischen Programmformeln fassen wir steuerungstheoretisch als institutionelles Lernen von der „Selbstgenügsamkeit" über die „Selbstregulierung" zur „Selbststeuerung"[15].

„Selbstgenügsamkeit" meinte eher jene traditionelle Schulkultur der autoritär „geschlossenen Anstalt", welche im Sinne der alten Parole „Keine Experimente" das Risiko von Innovationen eher scheut.

„Selbstregulierung" hingegen steht für ein Reformklima, in dem sich die Schulen an die sich wandelnden Erwartungen von Wirtschaft und Gesellschaft thematisch und organisatorisch „anpassen", ohne damit jedoch das eingefahrene Verhältnis von Schule und Gesellschaft prinzipiell in Frage zu stellen.

„Selbststeuerung" wird demgegenüber zur Programmformel dafür, dass nicht nur die Professionen und die Organisationen des Bildungsbereichs weiter entwickelt werden, sondern dass auch die Relationen des Bildungssystems zu seinen internen wie externen „Umwelten" gesteuert wird über Projekt-Partnerschaften, wobei alle beteiligten Personen und Institutionen in die Steuerung einbezogen werden in partizipative „Kulturen der Verantwortung".

---

[14] Vgl. das gemeinsam von PROJEKT RUHR GmbH, der BERTELSMANN-STIFTUNG und BILDUNGS-FORUM RUHR durchgeführte Modellprojekt „Selbständige Schule"., Vgl. BILDUNGSFORUM RUHR: „Unternehmen ‚Selbständigkeit'"(Bochum 14.10.2004).

[15] Das strategische Konzept „Selbststeuerung" ist übrigens erstmals entwickelt worden in einer Evaluation von Reformpolitiken der frühen 1970er Jahre als es galt, institutionelle Innovationen an den Beharrungstendenzen der etablierten Apparate vorbeizuspielen. Ein dafür besonders instruktives Beispiel war damals gerade die Bildungspolitik mit ihren Schulversuchen und Modellprojekten auf dem Wege zur Gesamtschule. Vgl. Eckart PANKOKE/ Hans NOKIELSKI/ Theodor BEINE, Neue Wege gesellschaftlicher Selbststeuerung in der Bundesrepublik Deutschland. Diskussion an Beispielen aus den Bereichen Bildung, soziale Sicherung und kommunale Selbstverwaltung (Schriften der Kommission für wirtschaftlichen und sozialen Wandel 86), Göttingen 1975.

Während bei „Selbstregulierung" die Schule sich an neue Themen „angepasst" hat, bedeutet „Selbststeuerung", dass die Schule selbst in ihrer Umwelt initiativ wird, indem sie das Lernen in außerschulische Lernfelder hinein verlegt. Das bedeutet eine sich weitende Komplexität und fordert eine gesteigerte Reflexivität der Steuerung von Bildungsprozessen. Selbststeuerung meint also eine strategische Steuerung des Wandels von Organisationen und deren Relationen in Selbst-Bestimmung und Selbst-Verantwortung aller Beteiligten und Betroffenen.[16]

Steuerungstheoretisch wechseln wir vom transitiven Top-Down-Diktat der „strategischer Autoritäten" in die zunehmend reflexivere Bottom-Up-„Bewegung" demokratischer „Agenden".

In der Praxis der „selbstständigen Schule" stellen sich mit der Selbständigkeit neue, auch kritische Fragen:

„Wie haben nun die Schulen ihre neuen Handlungsspielräume ausgefüllt? Inwiefern hat die Organisations- und Personalentwicklung der Schulentwicklung genutzt? Besteht nicht auch die Gefahr, dass das Ziel des Projekts durch das Abschieben unliebsamer Verwaltungsarbeiten auf die Schulen bzw. die Schulleiter/innen verloren geht und damit eher zu einer Verlagerung administrativer Aufgaben als zu Qualitätssteigerung führt? Sind Schulen nun auf dem Weg, Akteure regionaler Bildungspolitik zu werden, und entwickeln sich dabei neue Verantwortungspartnerschaften für Bildung und Erziehung in der Kommune?"[17]

Antwort auf diese Frage geben die im „Bildungsforum Ruhr" vorgestellten Reformprojekte bildungspolitischer Selbststeuerung, also die Freisetzung institutioneller Autonomie „vor Ort" – durch „Auskupplung" aus den vertikalen

---

[16] Selbststeuerung in der Sozialpolitik bedeutete damals die öffentliche Akzeptierung und Aktivierung „selbstaktiver Felder" der selbst-organisierten Solidarität. Zur „Autonomie von Schule" Vgl. Empfehlungen der Bildungskommission der Heinrich-Böll-Stifung: „Autonomie von Schule in der Wissensgesellschaft. Verantwortung in der Zivilgesellschaft, Berlin 2002.
[17] PROJEKT RUHR GmbH (Hg.) Unternehmen ‚Selbständigkeit' – Schulen im Aufbruch. BILDUNGSFORUM RUHR 2004: 3.

Kontrollmechanismen staatlicher Schulverwaltung und durch damit mögliche Freisetzung von Schulmitwirkung – gerade auch bei der Organisations- und Personalentwicklung. Diese neue Selbstständigkeit bedeutete gewiss auch neue Risiken, aber auch eine neue Offenheit für die Eigenverantwortung von Innovation:

> Dies realisiert sich in der Gemeinschaftsgrundschule Bochum-Günnefeld in der praktizierten Vision eines „jahrgangsübergreifenden Unterrichts", dessen Chance einer differenzierenden Förderung im Rahmen der Regelschule kaum möglich gewesen wäre.

- Einen stärkeren Einbezug der Erziehungskompetenz von Eltern mit der „Hammer Elternschule", welche das Lernen lernbar machen sollte. Zugleich konnte in der Erziehungspartnerschaft mit den Eltern schulische und familiale Konflikte im Zusammenhang bearbeitet werden.
- Im Steinbart-Gymnasium Duisburg wurde das Konzept *„das Lernen lernen"* praktisch, indem schulische Innovationen gemeinsam mit Lehrer/innen und Schüler/innen in einer professionell moderierten „Zukunftskonferenz" entwickelt.
- In der Maria Sibylla Merian – Gesamtschule in Bochum wurden eingefahrene Sanktions- und Selektionsmechanismus wie das „Sitzen-Bleiben" außer Kraft gesetzt. Gerade dies wird für die Lehrerschaft zur Aufforderung, sich mit den Problemen und den Potentialen gerade auch der schwächeren Schüler sensibler auseinanderzusetzen als zuvor. Zugleich versprach die Einführung neuer Modelle „Kooperativen Lernens" ein „positiveres Lernklima, um die Kommunikations-. Sozial- und Teamkompetenzen aller Kinder und Jugendlichen in Gruppenarbeit zu fördern".
- Dabei wird die Fremdkontrolle der vertikalen Schulaufsicht abgelöst durch neue Reflexionsformen der Selbstkontrolle (Team-Hospitation und Supervision). Gerade dann aber gehört eine auf die neuen Reformperspektiven fokussierte

Weiterbildung zu den entscheidenden Garanten professioneller Qualitätssicherung.

13.8 Offene Schule und aktive Öffentlichkeit

Zwischen beiden bildungspolitischen Innovationen, dem neuen Modell „offener Ganztagsschule" und den neuen Strategien „schulischer Selbststeuerung" gibt es Wechselwirkungen. Die „offene Ganztagsschule" entwickelt in ihren organisatorischen Schwierigkeiten, vor allem aber in ihren professionellen Möglichkeiten eine sich weitende Komplexität, die mit den herkömmlichen Mustern von Schulleitung und von Schulaufsicht nicht mehr zu steuern ist. Gefordert ist vielmehr eine neue Sensibilität und neue Reflexivität im verantwortlichen Umgang mit Problemen und Potentialen. Dies fordert eine neue politische Kultur der partizipativen Öffnung schulischer Selbststeuerung für die Mitwirkung von Lehrern, Eltern und vor allem auch der Schüler.

In dem Kooperationsprojekt der PROJEKT RUHR GmbH mit der Universität Essen „Lernallianzen im Ruhrgebiet – Bürgerschaftlichen Engagements" galten als besondere Zielgruppe der Bürgergesellschaft die in der Schulmitwirkung als „Klassensprecher" engagierten Schülerinnen und Schüler. Auch hier wurde deutlich, dass ein schon früh gefordertes und entwickeltes Engagement sich langfristig nur akzeptiert und aktiviert sehen kann, wenn es auch in den Lernprozessen der Entwicklung partizipativer Kompetenzen ernst genommen wird. Die dazu im Rahmen des Projektes „Lernallianzen" entwickelten Module und Workshops zur aktivierenden Qualifizierung der Schul- und Klassensprecher als Aktivkosten der Bürgergesellschaft wurde nicht nur von den Schüler/innen dankbar angenommen, sondern auch bei der Projekt-Evaluation als besonders zukunftswirksam gewürdigt.[18]

13.9 (Inter-)kulturelle Netzwerke und Lernprozesse

Ein Zukunftsthema ist auch der Beitrag der „offenen Ganztagsschule" zum Begegnen der Kulturen: Zukunftweisend für das Zusammenwachsen zur offenen Gesellschaft wird das kulturelle und politische Klima an unseren Schulen und Hochschulen. Im Sinne einer interkulturellen „Kultur der Verantwortung" muss es gelingen, auch die Mitschüler mit Migrationshintergrund – etwa über ihre „Berufung" ins Amt des Klassensprechers – in ihren Verantwortungsrollen zu stützen und zu stärken. In den Schülerinnen und Schüler, die sich als Schul- und Klassensprecher für andere und ihre kleine Gemeinschaft engagieren, erkennen wir Zukunftspotentiale der Bürgergesellschaft. Hier liegt auch ein partizipatives Potential für die Selbststeuerung der Netzwerke und Lernprozesse der „offenen Ganztagsschule". In deren Umfeld-Relationen entwickelt sich eine frühe 'Kultur der Verantwortung', der es dann bald nicht mehr nur um die Klassengemeinschaft geht und deren Vertretung gegenüber der Institution Schule. Oft sind es gerade die Klassensprecher, welche die Brücke schlagen zur Bürgergesellschaft, – etwa wenn aktive Schüler sich zugleich in den Vereinen und Initiativen des lokalen Umfeldes engagieren. So könnte eine von der Schule ausgehende Selbstorganisation auch wirksam werden für die Netzwerke und Lernprozesse der neuen Öffentlichkeit einer interkulturell interaktiven Gesellschaft.

---

[18] Vgl. Reinhild HUGENROTH, „Schule und bürgerschaftliches Engagement – Lernallianzen in Nordrhein-Westfalen und Rheinland-Pfalz. Eine Untersuchung von Programmen und Initiativprojekten." (Arbeitsteil Dissertationsprojekt Universität Duisburg-Essen)

13.10 Bilanz und Perspektive

Als „kleine und heile Welt" war die alte Volks-Schule eine zentrale Institution der „machtgeschützten Innerlichkeit" (so Thomas MANN) des „Deutschen Kulturstaats"[19]. Ihre Struktur als geschlossene Anstalt war recht einfach gebaut im Zusammenspiel zwischen der pädagogischen Autorität der Lehrer/innen und der bürokratischen Autorität staatlicher Schulverwaltung.

Demgegenüber ist die „offene Ganztagsschule" gefordert, sich interaktiv einzulassen auf die Praxis des beruflichen, kulturellen und öffentlichen Lebens mit den hier ungleich komplexeren Netzwerken und ungleich turbulenteren Lernprozessen. Das gilt für die Mikropolitik innerschulischer Spannungsfelder und für die sich hier vermittelnde schulische Mitbestimmung von Eltern und Schülern. Komplexität steigert sich aber auch in den außerschulischen Praxis-Partnerschaften und Kooperationsfeldern. Das alles lässt sich nicht von oben regulieren oder gar diktieren. Gefordert ist vielmehr eine partnerschaftliche „Kultur der Verantwortung", die jeweils „vor Ort" aktiv werden muss. Die alten „Autoritäten" der traditionellen Schule und ihrer Lehrer/innen ist somit zu überführen in eine neue „Autonomie" schulischer Selbstständigkeit und Selbststeuerung, in welche alle Beteiligten partizipativ und interaktiv einzubeziehen sind.

„Schulen werden selbständiger." Dies wird deutlich an *„Autonomisierungsprozessen in den Feldern der Personalwirtschaft sowie der Budgetierung von Geld- und Zeitressourcen. Deutschlands Bildungspolitik ist auf dem Weg dahin, den Schulen mehr Gestaltungsfreiräume einzuräumen."* Aber: *„Die selbständige Schule stellt Anforderungen, denen sich die Lehrerinnen und Lehrer genau so wie die Schulleitungen stellen mussten, auf die beiden Gruppen bisher auch wenig oder gar nicht vorbereitet wurden. <...> Wie lange es dauern wird, bis aus dem Autonomisierungsprozess der*

---

[19] E. PANKOKE und K. ROHE, Der Deutsche Kulturstaat, in: Th. ELLWEIN / E. HOLTMANN (Hrsg.), 50 Jahre Bundesrepublik Deutschland. (Politische Vierteljahresschrift Sonderband 30), Opladen / Wiesbaden 1999, S. 168-180.

Schulen eine neue Balance zwischen Schulen, Schulaufsicht, und Schulträgern erwächst, darüber lässt sich derzeit nicht einmal begründet spekulieren. Aber immerhin ein neuer Anfang ist gemacht. " [20]

Einen neuen Anfang fordert gerade die Ganztagsschule mit ihren komplexen Netzwerken und Lernprozessen, was sich nicht nur auf die „innere Führung" einer modernen Schule beziehen, sondern was gerade auch in den Außenrelationen der unterschiedlichen Projektpartnerschaften eine neue (Selbst-)Steuerung entwickeln muss. Das gilt für ein neues Verhältnis von „Elternhaus und Schule", es gilt für neue Kontakte zu den Praxisfeldern der Berufs- und Arbeitswelt und vor allem für ein neues partizipatives Engagement von Lehrern und Schülern „vor Ort", in der aktiven Öffentlichkeit von zivilem Vereinswesen und kommunaler Selbstverwaltung.

---

[20] Klaus KLEMM/ Frank MEETZ, Schulen werden selbstständiger. In: ESSENER UNIKATE. Berichte aus Forschung und Lehre: Bildungsforschung nach PISA. Essen 2004, 16.

Cristina Allemann-Ghionda

14 Ganztagsschule im internationalen Vergleich – von der Opposition zur Arbeitsteilung zwischen Staat und Familie?

14.1 Einleitung

In internationalen Handbüchern und Enzyklopädien der Erziehungswissenschaft, die in englischer Sprache verfasst sind, sucht man vergebens das Stichwort „Ganztagsschule". Der Grund ist einfach: In den meisten Bildungssystemen der Welt ist die Ganztagsschule die Regel. Daher besteht kein Grund, das Merkmal der Ganztägigkeit ausdrücklich zu erwähnen, und es gibt folgerichtig keine Forschung dazu. Dafür ist es relativ einfach, Informationen über Ganztagsangebote im Vorschulbereich zu erhalten. Eine Internet-Recherche unter dem Stichwort „Full day" hat 25 neuere Dokumente zum Thema ganztägige Vorschulerziehung ergeben, jedoch kein Dokument zu *„Full day school"*. Die verschiedenen Ausgestaltungen der Ganztagsschule und die zugrunde liegenden Philosophien und Argumente lassen sich aus den allgemeinen Beschreibungen der Bildungssysteme herausfiltern.

In diesem Beitrag werde ich in einem ersten Schritt ein allgemeines Panorama der Verbreitung des Ganztagsmodells im Primar- und Sekundarbereich zeichnen. Sodann werde ich in einem zweiten Schritt exemplarisch auf das französische Bildungssystem eingehen, das für eine vornehmlich politische Genese des Ganztagsmodells repräsentativ ist. Schließlich werde ich in einem dritten Schritt die pädagogischen Argumente darlegen, die im internationalen Vergleich zugunsten der Ganztagsschule angeführt wurden und werden; dabei stütze ich mich vor allem auf Studien über das italienische, das schweizerische und das russische Bildungssystem mit Seitenblicken nach Schweden, England und Kanada.

14.2 Das internationale Panorama

14.2.1 Zur Entstehung der Volksschule für die Massen

Die Volksschule für die Massen ist in den meisten Ländern im Verlauf des neunzehnten Jahrhunderts entstanden und flächendeckend institutionalisiert worden. Einige Länder und Regionen kennen bereits seit dem 17. Jahrhundert Formen der institutionalisierten Bildung und Erziehung, etwa die Vereinigten Staaten und manche europäische Regionen (BOLI und RAMÍREZ, 1992). Preußen war in Europa der Vorreiter, der in mancher Hinsicht viele Bildungssysteme der Welt prägte. In den folgenden Jahrzehnten stand das Thema der wöchentlichen Belastung immer wieder zur Diskussion. Im Gymnasiallehrplan von Johannes SCHULZE von 1837 wird eine wöchentliche Unterrichtszeit von 32 Stunden verteidigt. Dazu heißt es argumentativ:

„Für diese (für Gymnasiasten) sind nach vieljähriger Erfahrung und nach dem Urtheile von Aerzten täglich vier Lehrstunden des Vormittags, und an vier Tagen der Woche zwei Stunden des Nachmittags nicht zu viel, zumal da in allen Gymnasien nach der zweiten Stunde des Vormittags und nach der ersten Stunde des Nachmittags den Schülern eine viertelstündige Erholung im Freien gegönnt wird, zwischen jeder der übrigen Lehrstunden eine Pause von wenigstens fünf Minuten erlaubt ist, und zwischen dem vor- und nachmittäglichen Unterrichte eine grössere Pause von zwei Stunden eintritt, welche in der Regel nicht zu Geistesarbeiten verwandt wird. Ferner gewähren die zwei freien Nachmittage, die Sonntage und die verschiedenen Hauptferien, welche etwa den sechsten Theil des Jahres einnehmen, kleinere und grössere Ruhepunkte, und lassen den Schülern zur Abspannung des

Geistes und zur Uebung des Körpers Zeit genug übrig" (Der Minister der Geistlichen-, Unterrichts- und Medicinal-Angelegenheiten, 1837).

Ab Mitte des neunzehnten Jahrhunderts setzte sich auf deutschem Gebiet zunehmend der Halbtagsunterricht durch (GOTTSCHALL und HAGEMANN, 2002). Um diese Wende zu untermauern, führen die jeweiligen Minister je nach politischer Wetterlage so unterschiedliche Argumente an wie die Berücksichtigung der Kinderarbeit, die Bedeutung der Erziehung durch die Mutter und die Begründung, durch zuviel Unterricht würden Knaben wehruntauglich (MICHAEL und SCHEPP, 1993).

In England wurde die allgemeine Schulpflicht im Jahre 1870 mit der Verabschiedung des *Forster Act* eingeführt. Damit sollte eine ausreichende Zahl von Primarschulen im ganzen Land eingerichtet werden, um allen Kindern von 5 bis 13 Jahren eine erste Grundbildung zu vermitteln. Die Schulpflicht diente unter anderem dem Kampf gegen die Kindererwerbstätigkeit auf dem Lande und in Fabriken. Ab 1920 war in England der ganztägige Unterricht Pflicht. Das ursprünglich dreigliedrige Bildungssystem wurde 1965 in die *comprehensive school* (Gesamtschule) überführt. Heute sind neunzig Prozent aller Sekundarschulen im Vereinigten Königreich integrierte Gesamtschulen. Für alle Schulen gilt, dass der Unterricht ganztags erteilt wird. Mittagessen und Schulmilch sind in der Schule erhältlich, bedürftige Kinder erhalten sie unentgeltlich.

Die Entstehungsgeschichte der Schulpflicht in England ist paradigmatisch für viele andere Bildungssysteme namentlich in der gesamten angelsächsischen Welt sowie in den ehemaligen asiatischen und afrikanischen Kolonien. In den Vereinigten Staaten wurde die Schule von Anfang an als ganztägige Organisation konzipiert. Während der industriellen Revolution war das Motiv der Vermeidung von Kinderarbeit leitend, danach spielten pädagogische Konzepte und psychologische Erkenntnisse eine größere Rolle.

14.2.2 Ganztagsschule in Europa (Länderauswahl)

Die folgende Tabelle zeigt die aktuelle Situation der Ganztagsschule in Europa:

Tabelle 1: Die Ganztagsschule in Europa (Länderauswahl)

	Vor- und Nachmittagsunterricht	Anmerkungen
Belgien	Ja	Betreuung außerhalb des Unterrichts vorhanden, wird von Eltern initiiert und finanziert.
Dänemark	Ja	Unregelmäßiger Unterrichtsschluss, insbesondere in den ersten Schuljahren um die Mittagszeit. Durch Betreuung der Kinder auch nachmittags unter Beteiligung der Einrichtung der Jugendhilfe.
Spanien	Ja	In den Sommermonaten oft nur Vormittagsunterricht; durchgehende Betreuung teilweise.
Frankreich	Ja	Vorgeschriebener Unterrichtsumfang; Mittwoch oder Donnerstag unterrichtsfrei. Kaum außerunterrichtliche Schulaktivitäten.
Irland	Ja	Kein Mittagessen.
Luxemburg	Ja	Unterricht vormittags und an drei Nachmittagen; Übermittagsbetreuung allenfalls im Sekundarbereich.
Niederlande	Ja	Staatliche Rahmenvorgaben lassen seit den 80er Jahren vielfältige Lösungen zu; die traditionelle Ganztagsschule wurde fast überall in irgendeiner Form beibehalten.
Finnland	Ja	
Schweden	Ja	Durchgehende Betreuung der Kinder auch nachmittags unter Beteiligung der Einrichtungen der Jugendhilfe.
Vereinigtes Königreich	Ja	Vor- und Nachmittagsunterricht gesetzlich vorgeschrieben, Ausnahme: Schottland. Bei der zeitlichen und inhaltlichen Gestaltung haben die Schulen weitreichende Autonomie. Dadurch eine Fülle außerunterrichtlicher Schulaktivitäten.
Island	Ja	
Norwegen	Ja	Durchgehende Betreuung der Kinder auch nachmittags unter Beteiligung der Einrichtungen der Jugendhilfe.
Italien	Teils	Das Grundschulgesetz von 1990 ermöglicht Ganz- oder Halbtagsschulen mit vielfältigen Varianten. Ganztagsschulen sind „offene Ganztagsschulen“: Die Teilnahme an zusätzlichen Angeboten (nachmittags) steht den Kindern frei.
Portugal	Teils	Halb- und Ganztagsschulen nebeneinander. Wegen Raumnot kann der Unterricht oftmals allerdings nicht vor- und nachmittags erteilt werden, sondern im Wechsel der Schulklassen schichtweise.
Griechenland	Nein	Halbtagsschule im Schichtwechsel.
Österreich	Nein	
Deutschland	Nein	Im Zusammenhang der Frauenerwerbstätigkeit zunehmende außerunterrichtliche Betreuungsangebote; Reformbestrebungen pro Ganztagsschule sind im Gange.

Quellen: (DÖBERT, HÖRNER, KOPP und MITTER, 2002); (EURYDICE, 1994); für die Ganztagsschule in Deutschland siehe unter anderen: OTTWEILER, 2003; LUDWIG, 2003.

14.2.3 Bedingungen und Organisation der vorschulischen Erziehung

Die ganztägige Organisation sowie die frühe Einschulung (mit fünf Jahren, in Nordirland mit vier Jahren) entspringt der Einstellung, wonach Kinder möglichst früh in einer Gruppe und in einem institutionellen Rahmen sozialisiert werden sollen. Diese Palette von Motiven wirkt sich auf die Organisation der vorschulischen Erziehung aus. Eine neuere Studie der OECD zeigt die Organisation der vorschulischen Erziehung in ausgewählten Ländern. Danach wird in den angelsächsischen sowie in den skandinavischen Ländern, in den Niederlanden, in der Tschechischen Republik, aber andererseits auch Italien, Spanien und Portugal der vorschulischen Erziehung eine wichtige Bedeutung beimessen. Die folgende Tabelle zeigt, in welchem organisatorischen Rahmen die vorschulische Erziehung angeboten wird.

Tabelle 2: Terms and organisation of main forms of ECEC provision

Country	Name of provision	Setting	Ages served	Opening hours*	Administrative auspice (national)	Locus of policy making	Compulsory school age
AUS	Long day care	Centre	0-5	Full-time	Social welfare	Commonwealth	6
	Family day care (FDC)	FDC home	0-5				
	Pre-school	School/centre	4-5	Part-time	Education	State/Territories	
BEL(FL)	*Kinderagverblijf*	Centre	0-3	Full-time	Social welfare	Community	6
	Diensten voor opvanggenzin-nen (DOGs)	FDC home	0-3				
	Kleuterschool	School	2.5-6	Part-time	Education		
BEL(FR)	*Crèche*	Centre	0-3	Full-time	Social welfare	Community	6
	Gardienne encadrée	FDC home	0-3				
	École maternelle	School	2.5-6	Part-time	Education		
CZE	*Creche*	Centre	0-3	Full-time	Health/welfare	Local	6
	Materská skola	School	3-6	Full-time	Education	National and local	
DNK	*Vuggestuer*	Centre	0.5-3	Full-time	Social welfare	National and	7
	Aldersintegrerede	Centre	0.5-6+			local (primarily)	
	Bornehaver	Centre	3-6				
	Dagplejer	FDC home	0.5-3				
	Bornehaveklasser	School	5/6-7	Part-time	Education		
FIN	*Päiväkoti*	Centre	0-7	Full-time	Social welfare	National and	7
	Perhepäivähoito	FDC home	0-7			local	
	6-vuotiaiden esiopetus	Centre/school	6-7	Part-time	Education		
ITA	*Asilo nido*	Centre	0-3	Full-time	Health/welfare	Local	6
	Scuola materna	School	3-6	Varies	Education	National	
NLD	*Kinderopvang*	Centre	0-4	Full-time	Social welfare	National and	5
	Gastouderopvang	FDC home	0-4	Part-time		local (primarily)	
	Peuterspeelzaal		2-4				
	Bassischool	School	4+	Part-time	Education		
NOR	*Barnehage*	Centre	0-6	Full-time (and	Children and	National and	6
	Familiebarnehage	FDC home	0-6	Part-time)	Family Affairs	local	
PRT	*Creche*	Centre	0-3	Full-time	Social welfare	Regional and	6
	Creche familiare	FDC home	0-3			local	
	Jardim de infancia	Centre/school	3-6	Full-time (varies)	Education/ Social welfare	National	
SWE	*Förskola*	Centre	0-6	Full-time	Education	National and	7
	Familiedaghem	FDC home	0-6	Full-time		local (primarily)	
	Förskoleklass	School	6-7	Part-time			
UKM	Day nursery	Centre	0-5	Part-time	Education	National and	5 in Great
	Nursery class/school	School	3-5	Part-time		local	Britain and
	Pre-school playgroup	Centre	2-5	Part-time (varies)			4 in Northern
	Childminder	FDC home	0-5	Full-time			Ireland
	Reception class (not in Scotland)	School	4-5	Full-time			
USA	Child care centre	Centre	0-5	Full-time	Social welfare	State	5-7 (varies
	Family child care	FDC home	0-5	Full-time		State	by state)
	Head Start	Centre	4-5	Part-time (varies)		National and local	
	Pre-kindergarten	School/centre	4-5	Part-time (varies)	Education	State	
	Kindergarten	School	5-6	Part-time (varies)		State	

Aus: OECD (2001).

In dieser Tabelle fehlt Frankreich, das jedoch die vorschulische Erziehung (ab zwei Jahren) stark favorisiert, wie wir später sehen werden.

Die frühe Einschulung wird in manchen Bildungssystemen in einem gleitenden Modell mit der vorschulischen Erziehung verknüpft, wie ich das bei einem Schulbesuch in Bath (England) im Jahre 2002 beobachten konnte. In anderen Ländern existiert eine „Basisschule" für die Altersgruppe von vier bis acht Jahren, oder es wird versucht, eine solche einzuführen – so im Kanton Zürich, wo das Modell im Jahre 2002 per Volksabstimmung verworfen wurde.

14.3 Frankreich: Die Ganztagsschule als historisch gewachsenes, politisches, überparteiliches Konzept

14.3.1 Das Vermächtnis der Französischen Revolution

Ganztagsschulen in Frankreich haben die längste Tradition in Europa. Die Dritte Republik führte 1882 durch ihren Bildungsminister Jules FERRY die obligatorische Grundschule als Ganztagsschule ein. Es gibt in der französischen Sprache kein Wort für „Ganztagsschule", da dies das alleinige Modell ist. Es ist kaum möglich, Franzosen zu erklären, dass und warum in anderen Bildungssystemen (zum Beispiel im deutschen und im schweizerischen) die Schule nur am Vormittag stattfindet. Die Ganztagsschule ist Bestandteil und zugleich Voraussetzung von Alltagswerten und soziokulturellen Mustern, die in der Gesellschaft als „natürlich" empfunden und kaum hinterfragt werden. Dennoch gibt es in Frankreich eine Diskussion, wobei es nicht darum geht, die Ganztagsschule als solche in Frage zu stellen, sondern um die Verteilung der Unterrichtsinhalte und um die Anordnung der Schulstunden und der Schultage – den Schulrhythmus, den *rythme scolaire*.

Ganztagsschule ist in Frankreich vor allem ein politisches und weniger ein pädagogisches Konzept. Es entwickelte sich aus den Abgrenzungen der Dritten Republik gegenüber dem Einfluss der katholischen Kirche auf Familie und Erziehung. Im Jahre 1881 etablierte sich das französische republikanische Bildungssystem, das auch die berufliche Ausbildung einschließt, als eine öffentliche Aufgabe.

Leitend waren die Ideen der Gleichheit und der Freiheit, der staatlichen Kontrolle, der Kostenfreiheit und des Laizismus, was nicht Feindlichkeit, sondern Neutralität gegenüber Religionen und Konfessionen bedeutet. Die Trennung von Kirche und Staat vollzog sich gesetzlich im Jahre 1904. Als Entschädigung überließ die staatliche Schule der Kirche einen freien Tag (zuerst der Donnerstag, seit 1972 der Mittwoch, gegenwärtig wahlweise der Donnerstag) für den Katechismus. Die kirchlich geführten privaten Schulen *(écoles libres)* wurden verdrängt und unter staatliche Aufsicht gestellt. Als Gegenleistung werden Privatschulen vom Staat finanziert. Die *querelle* zwischen den Anhängern einer einheitlichen Schule und den Befürwortern staatlicher subventionierter Privatschulen ist ein Dauerbrenner in der französischen Gesellschaft und zeigt, dass die Trennung von Kirche und Staat im Schulwesen für viele ein Problem ist (GROSSE, 2000). Vor diesem Hintergrund übernahm der Staat gewissermaßen pädagogische Funktionen. Dies war Teil und Fortsetzung des bildungspolitischen Programms der Französischen Revolution, wie es CONDORCET 1792 in seinem *Bericht und Entwurf einer Verordnung über die allgemeine Organisation des öffentlichen Unterrichtswesens* formuliert hat (DE CONDORCET, 1993). Der Staat brauchte die Schule, um den Zusammenhalt der Gesellschaft zu fördern. Die Schule trug (und trägt) durch Sprache, Rituale und Symbole zu einer Einheit der Werte bei. Noch heute nennt der Lehrplan der Grundschule die französische Flagge und die Marseillaise als zentrale Symbole und Inhalte der *éducation civique*. Nach dem Zweiten Weltkrieg sollte der Staat in seiner Rolle als Pädagoge der Nation die Aufgabe der Regulierung und Modernisierung der Wirtschaft durch eine Strategie der industriellen Erziehung wahrnehmen (ROSANVALLON, 2000). Das Schulwesen hat daher in den meisten Familien und in der Gesellschaft eine emotional sehr präsente symbolische Aufgabe.

14.3.2 Ab dem dritten Lebensjahr ganztags in der Schule

Französische Kinder und Jugendliche besuchen heute Ganztagsschulen in der Vorschule *(école maternelle)*, in der fünfjährigen Grundschule *(école primaire)*, in der seit 1975 einheitlichen Sekundarschule *(collège unique)* – die bis zum 16. Lebensjahr besucht wird – und auf dem Gymnasium *(lycée)* bis zum Abitur, das von fast 80 Prozent eines Jahrgangs erworben wird. Dennoch haben französische Schüler nicht mehr Schulstunden als deutsche Schüler, weil die Sommerferien länger sind. Die Franzosen haben im europäischen Vergleich die längsten Schultage und die längsten Jahresschulferien (OECD, 2002).

Die Schule beginnt mit der freiwilligen Vorschule *(école maternelle)*, die ab dem abgeschlossenen dritten Lebensjahr bis zur gesetzlichen Schulpflicht (ab sechs Jahren) besucht werden kann. Falls freie Plätze vorhanden sind, ist der Besuch auch nach abgeschlossenem zweiten Lebensjahr möglich. Die *école maternelle* ist eine ganztägige Bildungseinrichtung mit schulvorbereitendem Charakter. Sie ist gebührenfrei. Eltern haben einen Rechtsanspruch auf Einschulung ihrer Kinder ab dem vollendeten dritten Lebensjahr.

Der Besuch einer *école maternelle* ist zur sozialen Norm geworden. Gegenwärtig besuchen hundert Prozent der Dreijährigen und gut ein Drittel der Zweijährigen die *école maternelle*. Im Jahr 1960 waren es zehn Prozent (OECD, 2002). Die soziale Herkunft spielt bei diesen Beteiligungsquoten nur eine geringe Rolle. Die Beteiligung der Kinder, deren Eltern intellektuelle Berufe ausüben oder in der Industrie hochqualifizierte Positionen einnehmen, ist etwas höher als die der Kinder von Arbeitern, allerdings signifikant höher als die von Bauernkindern. Der hohe Stellenwert der vorschulischen Erziehung in einer Institution ist eng verbunden mit der guten Ausbildung der Erzieherinnen. Seit 1923 dürfen nur ausgebildete Volksschullehrerinnen *(institutrices)* in der *école maternelle* unterrichten. Seit 1992 werden Lehrpersonen für die Vorschulstufe und für die Grundschule in den gleichen universitären Institutionen, den IUFM *(Instituts Universitaires pour la Formation des Maîtres)* ausgebildet. Ein Teil der Ausbildung ist gemeinsam, ein Teil gestaltet sich nach differenzierten Schwerpunkten. Die beiden Kategorien von Lehrpersonen unterstehen dem Bildungsministerium – anders als in vielen anderen Ländern, wo das Personal der Kindergärten dem Arbeitsministerium oder einer analogen Behörde unterstellt ist. Auch darin zeigt sich die Zugehörigkeit der vorschulischen Erziehung zum französischen Bildungssystem, und das seit den Anfängen. Im Gesetz von 1887, das die *écoles maternelles* einführte, hieß es: „Die Vorschulen sind Einrichtungen des Grundschulwesens, in denen Kinder beiderlei Geschlechts gemeinsam versorgt werden, damit ihre körperliche, moralische und intellektuelle Entwicklung gefördert wird" (NORVEZ 1990, 396). Der pädagogische Auftrag hat sich immer wieder dem sozialen Wandel und den Erkenntnissen der Psychologie, der Medizin und der Pädagogik angepasst. Gegenwärtig steht – vor Hygiene und Disziplinierung – der Bildungsaspekt im Vordergrund: der Erwerb von Kulturtechniken (insbesondere Sprachentwicklung), die Kommunikation sowie die Förderung der individuellen Kreativität. Kinder werden auf das Lernen in der „großen Schule" vorbereitet, indem sie an Lernmethoden und -haltungen herangeführt werden. Die Gesellschaft erwartet heute von der *maternelle* die Herstellung der Chancengleichheit, indem darin familiäre Defizite kompensiert werden sollen. Diese Ausführungen zur vorschulischen Erziehung sind erhellend in Bezug auf die Erwartungen, welche die Gesellschaft an die Grundschule stellt. Um den pädagogischen und sozialen Auftrag der Chancengleichheit erfüllen zu können, brauchen in Frankreich sowohl die vorschulische als auch die schulische Erziehung und Bildung Strukturen und Zeitgefäße, die sich im Modell der Ganztagsschule (mit Ausnahme des Mittwochs) konkretisieren.

14.3.3 Erwerbstätige Mütter – akzeptiert

Neben den pädagogischen Erwägungen wird die Rolle der Frau in der französischen Gesellschaft und im Berufsleben hervorgehoben, und zwar besonders seit den fünfziger Jahren. Mit der Zunahme der Erwerbstätigkeit von Frauen hat auch der Besuch der *écoles maternelles* zugenommen. Französische berufstätige Frauen mit Kindern weichen nicht auf Teilzeitarbeit aus, um Beruf und Kindererziehung zu vereinbaren, sondern sie beanspruchen das öffentliche Angebot der *école maternelle* und dann der Grundschule und der folgenden Stufen. Das traditionelle Modell ist das der Vollzeitarbeit. Erst in jüngster Zeit hat Teilzeitarbeit auch in Frankreich Fuß gefasst, doch sie ist ein Mittel zur Deregulierung des Arbeitsmarktes und wird gemäss einer Studie des französischen Arbeitsministeriums nur von rund einem Drittel der in Teilzeit arbeitenden Frauen freiwillig gewählt (zit. in NORVAZ 1990, 304, Fußnote).

14.3.4 Vorschulerziehung und Chancengleichheit

Der ganztägige, flächendeckende Besuch der vorschulischen Einrichtungen hat günstige Auswirkungen auf den Schuleintritt und auf die späteren Schulleistungen, wie empirische Untersuchungen zeigen. Kinder, die eine Vorschule besuchen, bleiben in der Grundschule weniger häufig sitzen. Allerdings wird das Ziel der Chancengleichheit nur teilweise erreicht. In der Grundschule bleiben Arbeiterkinder fünfmal so häufig sitzen wie die Kinder von Kaderleuten, wobei das *tertium comparationis* der dreijährige Besuch der Vorschule ist. Eine weitere Untersuchung hat gezeigt, dass bei Einschulung mit zwei Jahren Arbeiter- und Migrantenkinder noch mehr profitieren (MINISTÈRE DE L'ÉDUCATION NATIONALE, 2001). Vieles spricht dafür, dass ein ganztägiger Schulbesuch im frühesten Alter den Bildungserfolg fördert.

14.3.5 Täglicher Ablauf und staatliche Aufsicht

In der Schule beginnt der Unterricht um 8 Uhr (in der *maternelle* um 9 Uhr). Das Mittagessen wird zwischen 12 und 14 Uhr in der schuleigenen Kantine eingenommen. Auf religiös bedingte Diätvorschriften (kein Schweinefleisch u.ä.) wird Rücksicht genommen, wenn auch manchmal mit wenig Begeisterung seitens der Lehrpersonen, wie ich in einer eigenen Untersuchung feststellen konnte (ALLEMANN-GHIONDA 2002a, 163). Das Essen ist sehr preiswert und die Kosten sind nach dem elterlichen Einkommen differenziert. Für Familien mit sechs oder mehr Kindern ist das Essen kostenlos. Die Kantinen unterliegen strengen hygienischen Kontrollen.

Die Schule endet meist um 16 Uhr 30. In den Vor- und Grundschulen können Kinder anschließend in der Schule betreut werden. Der Staat ist für eine lückenlose Betreuung der Schüler im Schulgebäude und auch außerhalb verantwortlich. Nur Gymnasiasten dürfen während der Mittagspause das Schulgebäude verlassen, aber nur mit schriftlicher Genehmigung der Eltern. Unterricht darf nicht ausfallen – das Wort „Unterrichtsausfall" gibt es im Französischen nicht. Für die Sicherheit der Schüler der Vor- und Grundschule außerhalb des Gebäudes sind die Schulleitung und die Kommunen verantwortlich. Schüler werden beim Verlassen der Schule beaufsichtigt – häufig durch Verkehrspolizisten. Eltern sind verpflichtet, ihre Kinder abzuholen. Der Staat gibt für den Schülertransport – falls ein weiterer Weg zurück zu legen ist – die Rahmenbedingungen vor, die Kommunen sind für die Details verantwortlich. Sie errichten Haltestellen und müssen dafür sorgen, dass in den Bussen für alle Schüler Plätze vorhanden sind. Vor- und Grundschüler müssen von einer erwachsenen Person begleitet werden.

14.3.6 Kommentar

Der freie Mittwoch (oder Donnerstag) und der belegte Samstag sind Gegenstand heftiger Diskussionen. Die bisherige Einteilung wird zunehmend in Frage gestellt, denn viele Eltern (achtzig Prozent der Haushalte) würden es vorziehen, den Samstag und den Sonntag ganz für die Familie frei zu halten und dafür am Mittwoch Unterricht zu haben. Der freie Mittwoch verlangt von den arbeitenden Müttern organisatorische Lösungen, die bei einer 35-Stunden Woche zwar nicht unmöglich, aber doch aufwendig sind. Daher gehen viele Schulen dazu über, den Samstag frei zu halten und eine Vier-Tage-Woche zu praktizieren.

Die Erfahrungen Frankreichs sind in mancher Hinsicht aufschlussreich. Das ganze Schulsystem – vom zweiten bis zum achtzehnten oder neunzehnten Lebensjahr – übernimmt, da es im Ganztagsbetrieb organisiert ist, in aller Selbstverständlichkeit Sozialisationsaufgaben. Es ist keine Frage, dass die Schule bilden und erziehen muss, und dass der Staat dafür verantwortlich ist. Das bedeutet keinesfalls, dass die Schule keine sozialen Probleme kennt. Die Marginalisierung von Migrantenkindern, Suchtprobleme, Absentismus der älteren Schüler und andere Missstände sind auch in der französischen Schule nicht unbekannt (DUBET und MARTUCCELLI, 1996). Doch für das Ziel der Integration sowie der Kompensation von sozialer Ungleichheit wird eher als anderswo einiges investiert, und es wird auch einiges erreicht.

Die Berufstätigkeit der Mütter, die morgens ihre Kinder in eine staatliche Einrichtung „abgeben", wird in Frankreich nicht geächtet, sondern es ist eine allgemeine, gesellschaftlich akzeptierte Wirklichkeit und Normalität. Das schlechte Gewissen, das andernorts erwerbstätige Mütter plagt, dürfte unter solchen Umständen wenig verbreitet sein. Nicht zuletzt dank dem Vorhandensein guter Ganztagsschulen und der gesellschaftlichen Akzeptanz von Vorschuleinrichtungen sowie Ganztagsschulen hat Frankreich eine Geburtenrate von 1,75 pro Frau (im Vergleich:

Norwegen 1,85; Vereinigtes Königreich 1,65; Niederlande 1,72; Schweiz 1,5; Schweden 1,54; Deutschland 1,4; Italien 1,23; Quelle EUROSTAT).

Frankreich ist ein Beispiel dafür, dass der politische Entwurf einer republikanischen Ordnung die Bildungspolitik und den Familienalltag bestimmt, ohne dass die Familien oder das Individuum sich in ihren Rechten und Zuständigkeiten beeinträchtigt sehen. Allerdings sehen Kritiker eine ungünstige Erosion des staatlichen Einflusses und eine Verschiebung zugunsten der „liberalen" Schule, wobei die Logik des Marktes die Errungenschaften des ursprünglichen Projekts in Frage zu stellen droht (CAREIL, 1998).

14.4 Pädagogische Argumente – kulturell gebunden oder transnational?

14.4.1 Politische und soziale Argumente, psychologische und pädagogische Theorien

Am Beispiel des französischen Schulsystems wird sichtbar, dass in der französischen Gesellschaft die politischen Argumente für eine Ganztagsschule den Ausschlag geben und eine über hundertjährige Geschichte haben. Im englischen Schulsystem wurde die Ganztagsschule vorwiegend aus sozialen Gründen eingeführt: zunächst Schule als Alternative zur Kindererwerbstätigkeit, dann Schule als Alternative zur Verwahrlosung.

Die politischen und die sozialen Argumente vermischen, ja sie verbünden sich im zwanzigsten Jahrhundert immer mehr mit psychologischen, sozialpsychologischen und pädagogischen Themen. Das zwanzigste Jahrhundert ist das Jahrhundert des Kindes und der Reformpädagogik, zugleich auch das Jahrhundert der Schule als soziales System. Alle reformpädagogischen Modelle postulieren eine Schule, die nicht

212

nur Unterrichtsinhalte „vermittelt", sondern gleichzeitig eine erziehende und eine soziale Funktion wahrnimmt. Von John DEWEY bis Peter PETERSEN, von Célestin FREINET bis Edouard CLAPARÈDE und der Genfer *éducation nouvelle*, von den italienischen Modellen der Maria MONTESSORI und der *scuola attiva* bis zur russischen und der frühsowjetischen Pädagogik nach 1917 – man denke insbesondere an Anton S. MAKARENKO – alle Entwürfe der Reformpädagogik gehen bei aller Heterogenität der Menschenbilder von einem Schulalltag aus, in dem die intellektuelle Förderung, die künstlerische Bildung, Sport und Spiel, soziales Lernen und manuelle Arbeit in einer bestimmten Anordnung sich abwechseln und ergänzen und gleichberechtigt zur Erziehung und Bildung beitragen. Dazu braucht es Platz und Zeit. Kein reformpädagogisches Modell kommt ohne Ganztagsschule aus. Die Reformpädagogen konnten sich in Deutschland nicht durchsetzen. Ihre Schulen wurden von den Nationalsozialisten geschlossen. In anderen Ländern konnten sich die reformerischen Ideen abhängig von den gesellschaftlichen Umständen und vom jeweiligen politischen Projekt unterschiedlich etablieren (SCHEUERL, 1997).

Jenseits der internationalen Reformpädagogik, genauer: nach dem Zweiten Weltkrieg, haben sich viele Schulreformen im Westen an den Grundideen der Reformpädagogik orientiert. Dabei war es notwendig, die vielen Strömungen der Reformpädagogik genau zu prüfen und zu sortieren – zum Beispiel nach dem Kriterium der zugrunde liegenden Ideologie. Manche reformpädagogischen Modelle waren nicht frei von problematischen Aspekten und entgingen nicht der Gefahr der autoritären Manipulation der Edukanden. Die Debatte über die Einführung der Ganztagsschule greift viele Themen und Motive der Reformpädagogik auf, und diese Motive finden sich bis heute in der Diskussion. Es ist aufschlussreich zu beobachten, wie in Bildungssystemen, die das Ganztagsmodell nur teilweise kennen, und in denen dieses Thema kontrovers diskutiert wird, die pädagogische Diskussion verläuft. In dieser Hinsicht sind das italienische und das schweizerische Schulsystem von Interesse. In Italien existiert die Ganztagsschule neben der Halbtagsschule. In der Schweiz wird die Ganztagsschule zögerlich eingeführt, wobei die italienische und die französische

Schweiz weniger zögerlich sind. Darin zeigen sich kulturelle Verbundenheiten jenseits nationaler Grenzen.

14.4.2 Die Ganztagsschule in Italien

Im italienischen Schulsystem waren die sechziger und siebziger Jahre eine Periode der radikalen Reformen. Die zweigliedrige Sekundarschule des faschistischen Regimes wurde zur Gesamtschule, die Sonderklassen (ebenfalls unter der faschistischen Bildungsreform eingerichtet) wurden abgeschafft. Unter dem Faschismus war die Halbtagsschule üblich, und sie entsprach dem von Staats wegen propagierten Imperativ der Vollzeit-Hausfrau und vielfachen Mutter. Nach dem Ende des Regimes begann man über Ganztagsschule zu diskutieren, doch die Diskussion erreichte zwischen den sechziger und den achtziger Jahren ihren Höhepunkt. Auch hier liegt der Ursprung der Ganztagsschule in reformpädagogischen Modellen. Aldo AGAZZI, eine gewichtige pädagogische Stimme im Umfeld des zweiten vatikanischen Konzils, sprach von einer Schule der vollen Erziehung *(scuola della piena educazione)* und forderte eine pädagogisch-erzieherische Revolution. Zu Beginn der achtziger Jahre plädierten Cesare SCURATI und Franco LOMBARDI, Pädagogen personalistischer Orientierung (Cesare SCURATI, Università Cattolica del Sacro Cuore, Mailand, ist einer der bekanntesten italienischen Pädagogen), in einem pädagogischen Standardwerk (Ausgabe von 1982) für die Ganztagsschule mit dem Argument, dass methodische und didaktische Innovation im Rahmen eines kulturellen und bildenden Entwurfes der vollen Entfaltung der Person, körperlich wie geistig, sozial wie kulturell, sich in die Gemeinschaft integrierend, einer ganztägigen Organisation bedarf. Dabei bleibt die Schule nur *eine* der „Agenturen" von Bildung und Erziehung, zugleich aber auch die wichtigste, wie betont wird (SCURATI und LOMBARDI, 1982).

Kernpunkte der in Italien geführten pädagogischen Diskussion sind:

- Die vielseitige Entwicklung der Persönlichkeit eines jeden Schülers;

- Die Anpassung der Bildung und Erziehung (die sich nicht im reinen „Lernen" erschöpfen kann) an die unverwechselbaren Eigenschaften eines jeden;

- Eine Unterrichtsmethode, die zugleich individualisiert und sozialisiert ist;

- Die persönliche Initiative im Hinblick auf die Entfaltung kreativer Fähigkeiten. (PERUCCI, zitiert in SCURATI und LOMBARDI, S. 425).

Im gleichen Beitrag wird auf die veränderten familiären Bedingungen des späten zwanzigsten Jahrhunderts hingewiesen. Die nicht mehr patriarchalische, sondern auf einen Kern von zwei oder drei Personen reduzierte Familie ist nicht in der Lage, das soziale Lernen und die soziale Integration des Kindes zu gewährleisten. Die außerhäusliche Erwerbstätigkeit der Mutter und das Leben in der Stadt mit wenig Auslaufs- und Spielmöglichkeiten werden als zusätzliche Faktoren genannt. Für D'ALESSANDRO leben *die meisten* Kinder nicht unter Bedingungen, die eine harmonische Erziehung erlauben (ebenda). Aus diesem Grunde soll eine Schule eingerichtet werden, die sie „während der meisten Zeit positiv beschäftigt", damit der Schüler sich über die familiären Grenzen und Beschränkungen hinaus auf allen Gebieten entfalten kann.

Im obigen Beispiel habe ich die Argumentationslinien erwähnt, die in der italienischen Debatte prägend waren. In einem Land, das auch in bildungspolitischer und pädagogischer Hinsicht extreme Polarisierungen kennt (CAMBI 1997, 502 ff), sind unabhängig von der philosophischen, religiösen oder ideologischen Orientierung aus jedem Lager ähnliche reformerische Argumente aus pädagogischer und soziologischer Sicht zu erkennen. Nach den grundlegenden Reformen von Beginn der sechziger bis Anfang der neunziger Jahre, die unter anderem auch zu einer teilweisen institutionellen Verankerung der Ganztagsschule geführt haben, gehört die Ganztagschule unter der aktuellen Regierung in Italien nicht zu den bildungspolitischen Prioritäten. Per Erlass definiert das Ministerium für Bildung, Universität und Forschung die Ganztagschule als eine Option, die verwirklicht werden kann, wenn die Familien es wünschen. In der Primarschule umfasst die Unterrichtszeit für alle jährlich 891 Stunden „erzieherische und didaktische Aktivitäten". Die Schüler, deren Familien es wünschen, können zusätzlich 99 Stunden an schulisch angebotenen Aktivitäten teilnehmen. Die Stunden am Mittagstisch sind darin nicht inbegriffen. Für die zusätzlichen 99 Stunden sowie für die Aufsicht während des Mittagstisches wird qualifiziertes, staatlich geprüftes Lehr- und anderes Personal eingestellt. Als pädagogische Begründung für die fakultativen 99 Stunden wird die Personalisierung des Curriculums genannt (MINISTERO DELL'ISTRUZIONE, dell'Università e della Ricerca, 2004, Art. 7). Eingeschränkt wird die Möglichkeit der Zusatzstunden für die „Vollzeit" und die „verlängerte Zeit" durch die Kontingentierung der finanzierbaren Stellen (ebenda, Art. 15). Die stärkere Betonung der Optionalität der Ganztagsschule seit der Regierung Berlusconi ist eines von mehreren Zeichen dafür, dass der Staat eine größere Bedeutung der Familie signalisiert (siehe dazu BRINKMANN 2002, S. 232).

14.4.3 Ganztagsschule in der Schweiz

Wenden wir uns nun der Schweiz zu. Einem Dokument des Vereins Tagesschulen Schweiz (VEREIN TAGESSCHULEN SCHWEIZ, 2000) können wir entnehmen, dass in einem Land, welches die Ganztagsschule nur punktuell kennt, die ganze Palette der Argumente herangeführt wird, die in den Nachbarländern lateinischer Kultur, insbesondere in Italien, seit mehreren Jahrzehnten zur Diskussion steht, und zwar in dieser Reihenfolge:

- Familiäre Aspekte
- Soziopolitische Aspekte
- Wirtschaftliche Aspekte
- Pädagogische und schulische Aspekte.

Unter der Rubrik „familiäre Aspekte" wird erwähnt, dass in der Schweiz 55 Prozent der Mütter erwerbstätig sind; die Scheidungsrate liegt bei 41 Prozent; 8 Prozent der Kinder werden in einer „Ein-Eltern-Familie" groß (übernommen von: VEREIN TAGESSCHULEN SCHWEIZ, 2000). Da diese Daten nicht den neuesten Stand widerspiegeln, dürften die Anteile inzwischen etwas höher liegen. Des weiteren seien die Qualität (nicht die Quantität) der mit den Kindern verbrachten Zeit ausschlaggebend. Die elterlichen Aufgaben könnten besser wahrgenommen werden, wenn beide Eltern Familie und Erwerbstätigkeit kombinierten und sich zufrieden fühlten. Unter der Rubrik „soziopolitische Aspekte" finden wir die Items: Förderung der Gleichheit zwischen Frau und Mann (in der Schweiz wurde den Frauen erst 1972 – *sic* – das Stimmrecht zugestanden), Chancengleichheit, Freiräume für ehrenamtliche Tätigkeiten der Mütter, Prävention, Geburtsrate, soziale Isolation (die Ganztagsschule wirke der sozialen Isolation der Kinder entgegen), Entlastung der *„working poor".* Die pädagogischen und schulischen Aspekte unterscheiden sich nicht wesentlich von denen, die in anderen Ländern – einschliesslich Deutschland – vorkommen.

14.4.4 Ganztagsschule in Russland

Die Ganztagsschule ist im Unterschied zu Frankreich, das seit Beginn der öffentlichen Schule den Ganztagsbetrieb kannte, kein Land mit traditioneller Ganztagsschule. Zur Tradition der russischen, dann der sowjetischen und schliesslich wieder der russischen Schule gehört das Bestreben, außerschulische mit schulischen Aktivitäten zu verknüpfen und dabei pädagogische Prinzipien zu verwirklichen. Die Argumentation speist sich aus verschiedenen Quellen von der russischen Reformpädagogik zu Beginn des 20. Jahrhunderts über Konzepte der außerschulischen Erziehung in Jugendorganisationen und Freizeiteinrichtungen, über Konzepte der Ganztagsschule und der Ganztagsgruppe aus der sowjetischen Ära, bis hin zu westlichen Ideen der *community education.*

Während die Argumente der russischen Reformpädagogik vielfältig waren und viele Gemeinsamkeiten mit der westlichen Reformpädagogik aufweisen, sticht die Gestaltung der Ganztagserziehung- und Bildung von der russischen Revolution an als besonders kompromisslos und zunehmend vereinnahmend hervor. Ganztagsbildung und -erziehung wurde nur akzeptabel, wenn sie im Dienste der ideologisch einheitlichen und indoktrinierenden Pionierbewegung stand. Ab den dreißiger Jahren verschärfte sich der totale Charakter der sowjetischen Ganztagsschule. Es sollte ein umfassendes Programm der Erziehung und Bildung zum ‚neuen Menschen' installiert werden. Es war nicht nur eine Ganztags-, sondern auch eine Ganzjahresschule.

Außer den parteipolitischen Gründen gab es auch gesellschaftliche und wirtschaftliche Gründe für die Ganztagsschule:

- Kinder und Jugendliche sollten möglichst wenig unbeaufsichtigt bleiben;
- Eltern sollten in ihren erzieherischen Aufgaben unterstützt werden;
- Die Schulleistungen sollten durch betreute Hausaufgaben verbessert werden;
- Die Gleichstellung der Frau sollte durch Entlastung gefördert werden;
- Eltern sollten für ihre eigene Weiterbildung freigestellt werden (RAKHKOCHKINE 2005).

Nach dem Zusammenbruch des sowjetischen Regimes ab den 90er Jahren wurde das Bildungswesen verschiedenen Reformwellen unterzogen. Ein Kernpunkt bleibt die Verknüpfung von „grundlegender" und „ergänzender" Bildung, womit die beaufsichtigten außerunterrichtlichen Aktivitäten gemeint sind (SCHMIDT 2002). Dieser Verbund von schulischen und außerschulischen Bildungs- und Erziehungsinstanzen entwickelt sich zum „sozialen und kulturellen Bildungsraum" oder zu einem „einheitlichen Bildungsraum" (RAKHKOCHKINE 2005, S. 110). Seit Anfang der 90er Jahre relativiert sich sukzessive die Rolle des Staates als Träger außerschulischer Einrichtungen. Eine wichtige Rolle im Bereich der ergänzenden Bildung spielen privatisierte Großbetriebe. An die Stelle der ideologischen Motivation für die Weiterführung von Ganztagsschulen und -gruppen tritt die Entfaltung besonderer Begabungen und Interessen der Kinder und Jugendlichen. Da die grundlegende Bildung sich immer mehr an Standards orientiert, wird die ergänzende Schule zu einem wichtigen Ort nicht nur im Hinblick auf die Betreuung der Freizeit, sondern auch – ähnlich wie in Italien- im Hinblick auf ein personalisiertes Curriculum.

Eine weitere Parallele zum italienischen Ganztagsbetrieb ist der optionale Charakter. Wenn Schüler und ihre Familien sich für die ergänzende Schule anmelden, muss der Besuch kontinuierlich sein. Ähnlich wie in Italien wird die ergänzende Schule auch als familienunterstützende Institution gesehen und gebraucht. Hierin zeigt sich ein deutlicher Unterschied zu Frankreich, wo die Ganztagsschule die Norm darstellt, also von Ersatz oder Unterstützung der Familie nicht die Rede ist.

14.5 Schluss

Der internationale Vergleich zeigt: Die Ganztagsschule ist ein sehr verbreitetes Modell. Neben dem französischen und dem englischen Modell und ihren Weiterentwicklungen in der neuen Welt sowie in den ehemaligen Kolonien der übrigen Kontinente sind die skandinavischen Lösungen vor allem nach „PISA" in den Fokus der Aufmerksamkeit geraten (SCHMERR, 2002; SCHNACK, 2002). Die ehemals sozialistischen Länder bilden einen weiteren soziopolitischen und pädagogischen Schwerpunkt. Im südlichen Europa (Portugal, Italien, Griechenland) sowie in Deutschland, Österreich und der deutschen Schweiz ist die Ganztagsschule entweder optional oder inexistent, wobei hier politisch begründete Ablehnung der Erwerbstätigkeit der Mütter oder Finanzkrise des Staates eher als gesellschaftliche Realität (tatsächliche Erwerbstätigkeit der Mütter) maßgebend sein dürfte.

Die Qualität von Ganztagsangeboten hängt nicht allein von einer sinnvollen zeitlichen Einteilung oder von einer besonders strengen staatlichen oder privaten

Aufsicht ab. Weitere Elemente tragen zu förderlichen Rahmenbedingungen bei, wie an Beschreibungen des Alltags in französischen, schwedischen und kanadischen (LANGHANS, 2003) Schulen besonders deutlich wird. Zu den qualitätssichernden Merkmalen gehören:

- Eine ausreichende Ausstattung nicht zuletzt im Bereich des Materiellen;
- Ein ausgeklügeltes und zuverlässiges System der qualifizierten Vertretung, damit kein Unterricht und keine Betreuung ausfällt;
- Eine qualifizierte Begleitung der Schüler während der Zeiten, die nicht dem Unterricht gelten; dazu gehört auch ein ernährungsphysiologisch korrekt gestaltetes Mittagessen in ruhiger und freundlicher Umgebung;
- Eine qualifizierte Betreuung auffälliger Schüler dank der integrierten Mitarbeit von Psychologen, Logopäden und Sozialarbeitern im Kollegium sowie der Zusammenarbeit mit Eltern;
- Explizite und kollektiv getragene disziplinarische Regelungen;
- Eine wissenschaftlich basierte Kultur der formativen Beurteilung von Leistungen (ALLEMANN-GHIONDA, 2002b), bei welcher die Eltern regelmäßig einbezogen werden.

Die Ganztagsschule hat sich in sehr unterschiedlichen kulturellen Regionen etabliert, in der romanischen, in der angelsächsischen, in der slawischen und in der asiatischen wie in der afrikanischen Welt. Das englische und das französische Modell prägen weite Teile des Planeten, weil diese Bildungssysteme in allen Gebieten, die den beiden Kolonialmächten unterstellt waren, installiert wurden. Es stellt sich die Frage, ob es vor allem kulturelle Traditionen sind, die in einer Gesellschaft eine Ganztagsschule wünschbar und akzeptiert oder – im Gegenteil – unerwünscht machen, oder ob es vielleicht eher das politische Programm (wie am französischen, aber auch am sowjetischen und dann russischen Beispiel besonders deutlich wird) und die wirtschaftlichen und sozialen Entwicklungen sind.

Die pädagogischen Argumente – die alle in der internationalen, heterogenen Bewegung der Reformpädagogik ihren Ursprung haben – sind nicht in allen Ländern an eine bestimmte parteipolitische Ideologie, religiöse Überzeugung oder kulturelle Tradition gebunden. Zunehmend sind die pädagogischen Argumente zugunsten der Ganztagsschule eher transnational als national oder lokal. Nachdem in vielen westlichen Ländern die 68er Bewegung den Primat des Staates bei der Betreuung, Erziehung und Bildung auch kleiner Kinder bei gleichzeitiger Entlastung der Frauen und der Familien nachhaltig propagiert hatte, zeichnet sich seit den 90er Jahren ab, dass das Verhältnis zwischen Staat und Familie bei der Gestaltung der Zeitpolitik in Erziehung und Bildung zunehmend als aktuelles Diskussionsthema in Politik und Forschung in Erscheinung tritt, wie hier an den Beispiel Italiens und Russlands gezeigt wurde.[1] Die allgemeine Wirtschaftskrise stellt die Unverrückbarkeit überkommener Zuständigkeiten in Frage (zum Beispiel: der Staat als einziger oder Hauptbildungsträger). Die Erwerbstätigkeit der Mütter ist je nach Beschäftigungslage eher eine mobile Größe als die Erwerbstätigkeit der Väter, was den Druck, ganztägige Institutionen zu schaffen, verringert. Neoliberale Ideen haben seit Beginn der neunziger Jahre auch im Bildungswesen, im Westen wie im Osten an Boden gewonnen, weshalb es kaum mehr verwundert, wenn private Instanzen und eben auch die Familie zur Verantwortung gezogen werden. Ein gesellschaftliches Unbehagen über die Schwierigkeit, die „heutige Jugend" zu erziehen, mag dazu beitragen, dass die Familie wieder vermehrt auf den Plan gerufen wird. Und schließlich kann in den hier genannten Bereichen eine Angleichung der Problematiken zwischen Ost und West beobachtet werden, weshalb es zu ähnlichen Entwicklungen auch im Bereich der Ganztagsschule kommt.

---

[1] ALLEMANN-GHIONDA, Cristina, HAGEMANN, Karen, JARAUSCH, Konrad (2004): Das deutsche Halbtagsmodell: ein Sonderweg in Europa? Eine vergleichende Analyse der Zeitpolitiken öffentlicher Bildung im Ost-West-Vergleich (1945-2000). Forschungsprojekt, ab 2005 von der VolkswagenStiftung gefördert.

14.6 Literatur

ALLEMANN-GHIONDA, Cristina: Schule, Bildung und Pluralität: Sechs Fallstudien im europäischen Vergleich. 2., durchgesehene Auflage. Bern (etc.), 2002. (2002a)

ALLEMANN-GHIONDA, Cristina: Von der Rute zum Portfolio: Schülerbeurteilung im internationalen Vergleich. In: RHYN, Heinz (Hrsg.), *Beurteilung macht Schule*. Bern: Haupt, 2002, 121-141 (2002b).

BOLI, John, RAMÍREZ, Francisco O.: Compulsory Schooling in the Western Cultural Context. In: ARNOVE, Robert F., ALTBACH, Philip G., KELLY, Gail P. (Hg.): Emergent Issues in Education: Comparative Perspectives. Albany 1992, 25-38.

BRINKMANN, Günter: Italien. In: DÖBERT, Hans / HÖRNER, Wolfgang / VON KOPP, Botho / MITTER, Wolfgang (Hrsg.): Die Schulsysteme Europas. Hohengehren: Schneider, 2002, 221- 233.

CAMBI, Franco: Storia della pedagogia. Bari 1997.

CAREIL, Yves: De école publique à l'école libérale: Sociologie d'un changement. Rennes 1998.

DER MINISTER DER GEISTLICHEN-, UNTERRICHTS- UND MEDICINAL-ANGELEGENHEITEN: Curricularrescript betreffend die für den Unterricht und die Zucht auf den Gymnasien getroffenen Anordnungen – Gymnasiallehrplan von Johannes Schulze, 1837. In: MICHAEL, Berthold; SCHEPP, Heinz-Hermann (Hg.): Die Schule in Staat und Gesellschaft. Dokumente zur deutschen Schulgeschichte im 19. und 20. Jahrhundert. Göttingen-Zürich, 124-132.

DE CONDORCET, Marie-Jean: Bericht und Entwurf einer Verordnung über die allgemeine Organisation des öffentlichen Unterrichtswesens (1792). In: SCHEPP, Heinz-Hermann (Hg.). Die Schule in Staat und Gesellschaft. Dokumente zur deutschen Schulgeschichte im 19. und 20. Jahrhundert. Göttingen-Zürich 1993, 84-86.

DÖBERT, Hans / HÖRNER, Wolfgang / VON KOPP, Botho / MITTER, Wolfgang (Hrsg.): Die Schulsysteme Europas. Hohengehren: Schneider, 2002.

DUBET, Francois; MARTUCCELLI, Danilo: Sociologie de l'expérience scolaire. Paris 1996.

EURYDICE (Hg.): Die Bildung im Elementar- und Primarbereich in der EU. Brüssel 1994.

GOTTSCHALL, Karin; HAGEMANN, Karen: Die Halbtagsschule in Deutschland: Ein Sonderfall in Europa? http://www.bpb.de/publikationen, 2002, 1-22.

GROSSE, Ernst Ulrich: Das Bildungswesen: Traditionen und Innovationen. In: LÜGER, H.-H. (Hg.): Frankreich verstehen. Eine Einführung mit Vergleichen zu Deutschland. Darmstadt 2000.

LANGHANS, Andrea: Ganztagsschule kann so schön sein, ... wenn die Rahmenbedingungen stimmen. Erfahrungen einer deutschen Grundschullehrerin in Kanada. Schule heute 43 (2) (2003), 8-9.

LUDWIG, Harald: Die Entstehung und Entwicklung der modernen Ganztagsschule in Deutschland – Ein historischer Überblick in systematischer Absicht. In: REKUS, Jürgen (Hrsg.), Ganztagsschule in pädagogischer Verantwortung. Münster: Aschendorff, 2003, 28-48.

MINISTERE DE L'EDUCATION NATIONALE, Education et Formations 60 (2001).

MINISTERO DELL'ISTRUZIONE, DELL'UNIVERSITÀ E DELLA RICERCA: Decreto legislativo numero 59 del 19/2/2004.

NORVEZ, Alain: De la naissance à l'école. Santé, modes de garde et préscolarité dans la France contemporaine. Paris 1990.

OECD: Starting Strong Early Childhood, Education and Care. Paris 2001.

OECD: Bildung auf einen Blick: Indikatoren. Paris 2002.

OTTWEILER, Ottwilm: Aktuelle Forderungen nach Ganztagsschulen:Ansprüche – Gründe – Ziele. In: REKUS, Jürgen (Hrsg.), Ganztagsschule in pädagogischer Verantwortung. Münster: Aschendorff, 2003, 4-27.

RAKHKOCHKINE, Anatoli: Schulische und ‚ergänzende' Bildung in Russland. In: OTTO, Hans-Uwe und COELEN, Thomas (Hrsg.), Ganztägige Bildungssysteme: Innovation durch Vergleich, 2005, 105-119.

RHYN, Heinz (Hg.): Beurteilung macht Schule. Bern 2002.

ROSANVALLON, Pierre: Der Staat in Frankreich. Von 1789 bis heute. Münster 2000.

SCHEUERL, Hans: Reformpädagogik. Zeitschrift für Pädagogik 36 (Beiheft) (1997), 185-235.

SCHMERR, Martina: Was macht Schweden anders? Eine Reise in die Schulen des Nordens. Die Deutsche Schule, 94 (3), 2002, 282-289.

SCHMIDT, Gerlind (2002): Russische Föderation. In: DÖBERT, Hans / HÖRNER, Wolfgang / VON KOPP, Botho / MITTER, Wolfgang (Hrsg.): Die Schulsysteme Europas. Hohengehren: Schneider, 2002, 430-449.

SCHNACK, Jochen: Warum hat Schweden die Nase vorn? Pädagogik, 54 (1), 2002, 57-58.

SCURATI, Cesare, LOMBARDI, Franco V.: Pedagogia: termini e problemi. Milano 1982.

VEREIN TAGESSCHULEN SCHWEIZ: Warum Tagesschulen? Zürich 2000.

Toni Hansel

15 Was leistet die Ganztagsschule?

15.1 Vorbemerkung

Es ist auch in diesem Band von mehreren Autoren darauf aufmerksam gemacht worden, dass die Ganztagsschule keine Erfindung unserer Tage ist, sondern in Deutschland eine lange Tradition hat, die freilich nicht zu einer flächendeckenden Resonanz führte. Das unterscheidet sie von den europäischen Nachbarn, insbesondere Frankreich, wo die III. Republik im Jahre 1881 die für alle verbindliche Grundschule als Ganztagsschule einführte. Wer etwas genauer hinschaut, der entdeckt aber, dass es zwischen beiden Ländern durchaus unterschiedliche Ganztagsschuldiskurse gab – und wohl auch noch gibt. Während die in Deutschland geführte Debatte zur Ganztagsschule von Anfang an getragen wurde von der Auseinandersetzung um das „richtige" pädagogische Konzept, gewissermaßen die reformpädagogische Idee eines solchen Schultyps (LUDWIG 1993), verlief in Frankreich die Geschichte der Ganztagsschule anders als in Deutschland. Die Ganztagsschule in Frankreich ist vor allem ein politisches Konzept, das aus der Abgrenzbewegung gegenüber dem Einfluss der katholischen Kirche auf Familie und Erziehung entstand, sie ist weniger ein pädagogisches Reformvorhaben (VEIL 2002). Die Gründungsidee fußte auf den republikanischen Prinzipien von Gleichheit und Freiheit, auf staatlicher Kontrolle, auf Kostenfreiheit und insbesondere auf dem Laizismus, d.h. der Neutralität gegenüber den Religionen. Mit der konsequenten Umsetzung des Laizismus-Prinzips vollzog sich im französischen Schulwesen die Trennung von Kirche und Staat bereits vor ihrer gesetzlichen Verankerung im Jahre 1904. Heute besuchen französische Kinder die im

Ganztagsbetrieb geführte Vorschule (école maternelle), dann die sich anschließende Grundschule (école primaire), die Sekundarstufe (collège unique) und das Gymnasium (lycée) bis zum Abitur – alles ganztägig aufgebaut. Die in der deutschen Schulgeschichte vorfindliche Unterscheidung zwischen Schule und Ganztagsschule gibt es in Frankreich nicht, der Begriff Schule ist in Frankreich ein Synonym für Ganztagsschule, sie bilden sprachlich eine Einheit.

Die Reformbemühungen der Gegenwart werden – soweit sie mit der Ganztagsschule vernetzt sind – mit ihren Grundvorstellungen und Zielen erst auf dem geistesgeschichtlichen Hintergrund der Anfang des 20. Jh. in Deutschland vorfindlichen inneren Lage der Kultur verständlich. Sie zeichnete sich, so Hermann RÖHRS (1994, 61), durch eine übernationale Kontinuität der Diskussion reformpädagogischer Bestrebungen aus, als deren Folge es durchaus Verknüpfungen der deutschen insbesondere mit der holländischen und der angelsächsischen Reformarbeit im Schulwesen gab. Nun zeichnet sich die Reformpädagogik nicht nur durch Internationalität aus, auch auf nationaler Ebene ist sie gekennzeichnet durch eine außergewöhnlich große Vielfalt pädagogischer Ansätze. Die führten zwar letztendlich in Deutschland nicht zu einer umfassenden Bildungsreform, aber sie hinterließen Spuren, die auch heute noch auffindbar sind und im Bereich der Ganztagsschuldiskussion in durchaus kontrastive Profilierung mündeten.

Viele Stichworte des Ganztagsschuldiskurses, dem wir uns weiter unten zuwenden wollen, werden in ganz entscheidendem Maße von dem Ideengut der Reformpädagogik gespeist. Das hat vor dem Hintergrund der benannten Vielfalt zur Folge, dass es nicht „die Ganztagsschule" schlechthin gibt, sondern immer nur Objektivierungen einer Idee von Ganztagsschule, ohne dass damit schon geklärt wäre, ob es dabei vorrangig um Organisation oder um Inhalt gehe. Ein nicht unbeträchtlicher Mangel ist hinsichtlich der Vorlage von Forschungsbefunden zur Organisation und der Qualität von Ganztagsschulen zu beklagen. Mehrheitlich geben die vorliegenden Arbeiten eine differenzierte Erfassung elterlicher Angebotsnachfrage und der Akzeptanz dieses Schultyps durch Eltern und Lehrer wieder; evaluative Studien bilden eher die Ausnahme (DOBART 1984; LUDWIG 1987).

Nach der Darlegung der Grundzüge wollen wir zunächst die vielfältigen, z.t. auch disparaten Erwartungen gegenüber der Ganztagsschule skizzieren, um danach Chancen und Risiken gegenüber anderen Schulmodellen zu diskutieren.

15.2 Modellalternativen ganztagsschulischer Förderung

Wir werden diesen Abschnitt zur Vermeidung von Wiederholungen (vgl. Abschn. 4 dieses Bandes) äußerst knapp fassen und beschränken uns auf die Darlegung der besonders augenfälligen Merkmale offener und gebundener Ganztagsschulen.

Den gesetzlichen Vorgaben der Länder folgend können prinzipiell alle allgemeinbildenden Schulen als Ganztagsschulen geführt werden, wenn sie der von der KMK (2004) vorgegebenen Definition entsprechen und wenn die Mehrheit der Eltern eines Schülerjahrganges dies bekundet. Darüber hinaus müssen die Mitwirkungsgremien (z.B. Schulkonferenz, Lehrerschaft, Schulträger) dem zustimmen. Nach Definition der KMK ist eine Schule als Ganztagsschule zu bezeichnen, wenn

- über den vormittäglichen Unterricht hinaus an mindestens drei Tagen der Woche ein ganztägiges Unterrichtsangebot vorgehalten wird, das mindestens 7 Zeitstunden täglich umfasst,
- an allen Tagen des Ganztagsbetriebs den teilnehmenden Schülerinnen und Schülern ein Mittagessen bereitgestellt wird,
- die nachmittäglichen Angebote unter der Verantwortung der Schulleitung organisiert und durchgeführt werden sowie in einem konzeptionellen Zusammenhang mit dem vormittäglichen Unterricht stehen.

Die Grundschulen sind je nach örtlichen Gegebenheiten und Schwerpunkten des jeweiligen Landesprogramms (z.b. MBF M-V 2003) gehalten, in enger Zusammenarbeit mit Horten, Kindertagesstätten und freien Initiativen feste Öffnungszeiten in Verbindung mit Betreuungsangeboten einzurichten. Die Öffnungszeiten sind ganztägig zu konzipieren.

Diese hier genannten Kriterien bilden gewissermaßen die Plattform, auf der sich und aus der heraus sich eine Reihe von Varianten des Organisationstyps *Ganztagsschule* entwickelten. Dabei setzten sich, historisch betrachtet, pädagogische Argumente – oder solche, die man für pädagogisch hielt – nur bedingt gegen die Lebensnotwendigkeiten der Eltern vor allem aus sozial schwächeren Schichten durch, die auf die Mitarbeit ihrer Kinder z.b. in der Landwirtschaft angewiesen waren und diesen häufig keine ganztägige Schulbetreuung bieten konnten. Die Folge davon war eine seit dem 18.Jh. bis in das 20 Jh. währende Zentrierung des Unterrichts auf den Vormittag, die bis in die Gegenwart andauert, wenn auch das Motiv heute nicht mehr sozialpolitisch auf das Kriterium *Lebensnotwendigkeit* verengt ist, sondern vielmehr – von HOLTAPPELS (1995) sehr ausführlich dargelegt – auf organisatorische Probleme fokussiert wie z.b. zu kleine Klassenräume, zu hohe Klassenfrequenzen oder eine zu geringe Lehrerzahl. Nach wie vor dominiert die Halbtagsschule.

Wir entdecken allerdings heute eine nicht unbeträchtliche Dynamik, deren Richtung von der Halbtagsschule zur Ganztagsschule weist. Unter Verzicht auf eine eingehende Analyse der handlungsleitenden Motive für den derzeit bundesweit konstatierbaren Umwandlungsboom von Halbtags- in Ganztagsschulen, die Wolfgang NIEKE in diesem Band übernimmt, sind doch folgende Varianten von Ganztagsschulen zu unterscheiden, die zwar ihrerseits noch weitere Untergliederungen hervorgebracht haben, auf deren vollständige Darstellung wir jedoch verzichten, statt dessen beschränken wir uns auf die genannten beiden Grundmodelle:

- Die *offene Form* sichert ein Bildungs- und Betreuungsangebot in der Schule, das über den Mittag bis in den Nachmittag für die Schüler Angebote vorhält, die zwar nicht von allen frequentiert werden müssen, sondern fakultativ zur Nutzung bereit stehen, jedoch sind die Wahlentscheidungen für mindestens ein Schulhalbjahr bindend. Daraus folgt, dass der Vormittag als Unterrichtsteil des Ganztagsschulbesuchs weitgehend unverändert bleibt und im Anschluss an diesen obligatorischen Unterricht dann nach dem in der Schule bereitgestellten Mittagessen nachmittägliche Betreuungs- und Aktionsformen angeboten werden, die nicht mit den Lernbezügen des schulischen Pflichtprogramms in Verbindung stehen (müssen).

- Die *gebundene Form* bietet eine für alle Schüler obligatorische werktägliche Schulzeit bis in den Nachmittag hinein. Zum Betrieb einer gebundenen Ganztagsschule gehören Lernangebote in Verbindung mit Fördermaßnahmen und Hausaufgabenbetreuung. *Förderung* meint in diesem Modell ein über kognitive Schwerpunktbildung hinausgehendes Angebot, das auch manuell-motorische, musische, sozialintegrative und andere Tätigkeitsfelder umgreift. Die Teilnahme ist verpflichtend, um die Umsetzung des Schulprogramms zu gewährleisten. Der Wechsel von Arbeits-, Erholungs- und Spielphasen soll zur Rhythmisierung des Ablaufs innerhalb eines Tages bzw. zur Rhythmisierung des Wochenablaufs im Rahmen des Wochenplanes führen.

Aus diesen beiden Grundformen heraus haben sich vielfältige Ableitungen ergeben, die sich in Nuancen von dem jeweiligen Basismodell unterscheiden. Wir stellen an dieser Stelle eine Gesamtschau zurück, weil sie anderenorts näherungsweise bereits geleistet worden ist und verweisen auf die entsprechende Literatur (HOLTAPPELS 2003; REKUS u.a. 2003).

Mit beiden Modellvarianten verbinden sich Erwartungen, die quer zur Parteien-landschaft an bildungspolitischen und sozialpolitischen Zielen sich festmachen las-sen; schulpädagogische Überlegungen spielen in diesem Ganztagsschuldiskurs eher eine Nebenrolle, wenngleich es außer Frage steht, dass die Ganztagsschule – wie jedes andere Organisationsmodell auch – sich im schulischen Alltag bewähren muss, um bildungs- und erziehungswirksam wahrgenommen zu werden. Selbst dort, wo unter dem Leitbegriff *Qualitätsverbesserung* der Versuch schulpädagogischer Argumen-tation erkennbar wird (HOLTAPPELS 2003, 4f), mischt sich dies doch sehr mit den schon genannten Argumentationszyklen bildungs- und sozialpolitischer Provenienz. Der Klarheit der Darstellung wegen geben wir zunächst einen Überblick über das mit der Ganztagsschule verknüpfte Erwartungsspektrum.

15.3 Welche Erwartungen verbinden sich mit der Einrichtung von Ganztagsschulen?

Wir haben eingangs schon darauf verwiesen, dass die Ganztagsschuleuphorie, die wir heute in Deutschland beobachten, einen großen Teil ihrer Schubkraft aus dem tatsächlichen oder vermeintlichen PISA-Desaster erhält, das dem deutschen Schul-wesen einen äußerst bedenklichen Zustand attestiert – ob zu recht oder zu unrecht wollen wir an dieser Stelle nicht weiter nachfragen, weil wir dies an anderer Stelle bereits ausführlich getan haben (HANSEL 2003). Hier sei nur darauf verwiesen, dass unter den erfolgreichen ebenso wie unter den leistungsschwachen PISA-Ländern solche mit Ganztagsschulsystem, aber auch solche mit Halbtagsschulsystem zu fin-den sind; und schließlich ist es schon eine von Sachkenntnis ungetrübte Kühnheit, vom Scheitern der Stichprobe 15jähriger Schüler auf das Versagen des Schulwesens insgesamt zu schließen, ohne das System insgesamt durch Ziehung repräsentativer Stichproben evaluiert zu haben. Wir haben zwar großes Verständnis, dass die Forde-rung nach flächendeckender Einführung von Ganztagsschulen bildungs- und sozial-politisch immer wieder mit den Ergebnissen aus PISA in Verbindung gebracht wird, aber ein Beleg für die Richtigkeit dieser These ist mit den veröffentlichten Daten kaum zu begründen.

Die Erwartungen, die mit der flächendeckenden Einführung der Ganztagsschule verknüpft sind, werden im wesentlichen aus bildungs- und sozialpolitischen sowie sozialpädagogischen Hoffnungen gespeist, deren Umsetzungs-Chancen durch empirische erziehungswissenschaftliche Forschung jedoch bislang nicht bzw. nicht hinreichend belegt sind. Auf die bildungspolitischen Bezüge haben wir im Zusammenhang mit der PISA-Debatte bereits mehrfach verwiesen, aus Gründen einer systematischen Darstellung wollen wir diese Argumentationslinie noch einmal bündeln.

Die Liste *bildungspolitischer Argumente* wird angeführt von der Erwartung, dass eine *Förderung* von Risiko-Kindern – z.B. Lernschwache, Zuwanderer etc. – nur bei ganztägiger Beschulung erfolgreich sein kann. Damit verbindet sich konkludent auch die Hoffnung, *soziale Gerechtigkeit* walten zu lassen. Dagegen wird niemand etwas ernsthaft einwenden wollen, und so ist dieses Argument quer zur Parteienlandschaft in den politischen Forderungskatalogen von Regierungs- und Oppositionsparteien gleichermaßen, mitunter gleichlautend aufzufinden. Von der längeren Beschulung pro Tag erhoffen viele Befürworter positive Effekte im Hinblick auf die *soziale Integration* der unterschiedlichen Milieus der heterogenen Schülerschaft. Auch die besondere *Bedienung der Leistungseliten* in der Schülerschaft ist nach diesem Verständnis in der Ganztagsschule eher möglich als in gesonderten, dafür geschaffenen Einrichtungen. Diese von Dieter LENZEN (2004, 58) kürzlich vorgetragene Position ist als deutliche Absage an die von einigen Kultusministern propagierten „Schnellläuferklassen" zu werten, der wir uns anschließen, soweit die Herausbildung von Eliten auf die Frage des Lerntempos verkürzt wird; jedoch ist Elitenbildung weit eher eine Frage der Substanz als des Tempos und deshalb nicht systemabhängig zu beantworten. Schließlich wird aus bildungspolitischer Sicht immer wieder die Dynamik beschworen, die von der Ganztagsschule auf die *innere Schulreform* ausstrahlt. Hier sind insbesondere didaktische Formen der Unterrichtsgestaltung angesprochen, aber auch Modalitäten der Schulorganisation. Eine der in diesem Zusammenhang häufig geäußerten Erwartungen ist die Realisierung selbstgesteuerten Lernens, das die Ganztagsschule in besonderer Weise begünstige. Jedoch sind auch hier empirische Forschungen nicht erkennbar.

Sozialpolitische Argumente zielen in erster Linie auf die *Vereinbarkeit von Familienarbeit und Berufsarbeit*, die angesichts der derzeitigen Rollenverteilung in unserer Gesellschaft insbesondere für die Mütter ein erhebliches Problem darstellt. Eine deutliche Verschärfung dieses Problems tritt ein, wenn *alleinerziehende Eltern* sich bemühen, die aus dem Beruf und der Kinderbetreuung erwachsenden Pflichten sachadäquat zu balancieren. Da diese Klientel inzwischen einen nicht unbeträchtlichen Teil – ca. 20 % – der Gesamtbevölkerung ausmacht, verwundert es nicht, wenn dieser Erwartung seitens der Parteien mit einer sehr sensiblen Aufmerksamkeit begegnet wird. Dazu gehört auch die Versorgung der Schüler in der Mittagszeit mit einer *ordentlichen Mahlzeit*. Diesem Aspekt kommt nicht zuletzt deshalb eine herausragende volksgesundheitliche Bedeutung zu, weil inzwischen etwa 17 % der Kinder und Jugendlichen übergewichtig sind und deshalb einer besonderen ökotrophologischen Begleitung ihres Schulalltags bedürfen. Aus sozialpolitischer Perspektive ist auch die außerschulische Vereinzelung großer Teile der derzeitigen Schülergeneration festzuhalten, die mehrheitlich in Ein-Kind-Familien lebt; Hilfe erwarten nicht nur Eltern, sondern auch viele professionelle Pädagogen von der Qualität des *Nachmittagsangebots* an Ganztagsschulen, das der Tendenz zur Vereinsamung vor dem Fernseher, dem Monitor oder an der elektronischen Spielkonsole entgegenwirkt und die Kontaktfrequenz unter den gegenwärtigen Lebensbedingungen der Kinder- und Jugendlichen erhöht.

Auch *sozialpädagogische Argumente* sind in diesem Zusammenhang vernehmlich. So ist eine der häufig geäußerten Erwartungen, dass durch die *Rhythmisierung des*

Schulalltages das Lernen in der Schule an die vitalen Lebensbedürfnisse der Kinder herangerückt wird. Häufig verbindet sich auch mit der Forderung nach Errichtung von Ganztagsschulen die Erwartung, dass sozialpädagogische *Betreuungskonzepte* den Kindern und Jugendlichen am Ende des Schultages ein institutionalisiertes Feld für Gemeinschaftserziehung bereithalten. Die hier angesprochenen *sozialerzieherischen Erwartungen* spielen in der Diskussion um ganztägigen Schulbetrieb sicherlich eine Rolle, sie sind aber im Unterschied zu der aus der reformpädagogischen Aufbruch-stimmung zu Beginn des 20. Jh. bekannten Euphorie eher begrenzt und werden ak-tuell unter dem Begriff des *sozialen Lernens* diskutiert. Zweifellos können diese der Schule als pädagogischer Instanz und dem Unterricht als Vermittlungs- und Begeg-nungsfeld innewohnenden erzieherischen Möglichkeiten durch Ganztagsbetrieb ver-tieft werden. Die hier beschriebenen Erwartungen sind aber im wesentlichen auf das Erzieherische gerichtet; dies ist jedoch in den PISA-Ergebnissen, die immer wieder als Beleg für die Notwendigkeit der Errichtung von Ganztagsschulen bemüht wer-den, von eher nachgeordneter Bedeutung.

15.4 Wachsender Konsens

Seit die rheinland-pfälzische Landesregierung im Wahlkampf des Jahres 2001 durch ihre Ankündigung, in den folgenden fünf Jahren 300 Ganztagsschulen einzurichten, eine bundesweit zur Kenntnis genommene bildungspolitische Initialzündung gege-ben hat, ist die Ganztagsschul-Debatte in den Bundesländern nicht mehr zur Ruhe gekommen. Das Bundesland Bayern – bis dato eher zurückhaltend in dieser Frage – stieg im Jahr 2002 mit 20 Schulen in das Ganztagsangebot ein, selbst das in Schulfra-gen eher strukturkonservative Baden-Württemberg hält nicht mehr um jeden Preis an der Halbtagsschule fest, wenngleich es Ganztagsschulen in nichtstaatlicher Träger-schaft auch in diesem Bundesland schon lange gibt – erinnert sei beispielsweise an die Bodenseeschule St. Martin (Friedrichshafen). Selbst die Bundesregierung hat un-geachtet der föderalen Zuständigkeiten für Schulen ein Programm *„Zukunft Bildung* *und Betreuung"* mit entsprechender finanzieller Förderung zum Aufbau einer zeitgemäßen Infrastruktur im Ganztagsschulbereich aufgelegt, freilich nicht ohne gebührende publizistische „Vermarktung", obwohl hinreichend bekannt ist, dass die vom Bund bereitgestellten 4 Mrd. Euro für den bundesweiten Aufbau eben dieser Infrastruktur nicht hinreichend sind und die seriös geschätzten 30 % Mehrkosten für Personal, Ausstattung und Betrieb der Ganztagsschulen aus diesem Bundestopf nicht gedeckt sind.

Nach anfänglichen Diskursen über den befürchteten totalitären Machtanspruch des Staates auf die Lebenswelt von Kindern und Jugendlichen hat sich die Debatte wohltuend versachlicht und von der befürchteten Neuauflage der Gesamtschuldebatte der 70er Jahre zu einer von der gesellschaftlichen Nachfrage getragenen Fortentwicklung von Schule verändert. Zwar versuchen einige Bundesländer im „Schlepptau" der PISA-Debatte mit Nachdruck die entstandene Dynamik zu instrumentalisieren, um das gegliederte Schulwesen durch ein Einheitsschulsystem zu ersetzen, jedoch verläuft die Kampflinie in diesem Streit jenseits der Ganztagsschuldebatte. Dem Interesse an Ganztagsschule und -betreuung entsprechen nun zunehmend die politischen Entscheidungsträger, und selbst Gruppen, die vormals in einer eher kritischen Distanz zu Ganztagsschulen sich positioniert haben, revidierten ihre Haltungen und räumen der Einrichtung von Ganztagsschulen im Rahmen der pädagogischen Dringlichkeiten nun Priorität ein, freilich nicht ohne noch einmal die ideologischen Gräben zu apostrophieren, die die Befürworter einer Ganztagsschule mit Regelschulcharakter von den Vertretern angebots- und nachfrageorientierter Ganztagsschulen trennen. Hebt die *Deutsche Bischofskonferenz* in ihrer Pressemitteilung vom 11.09.1991 noch hervor, dass die auf den Vormittag beschränkte Schule sich im deutschen Erziehungswesen bewährt habe und auch weiterhin die Regel sein solle, so geht der Münchener Weihbischof Engelbert SIEBLER, Vorsitzender der Kommission für Erziehung und Schule der *Deutschen Bischofskonferenz,* in seiner Stellungnahme vom 23.04.2004 davon aus, dass zur Verbesserung der Qualität öffentlicher Bildung die Einrichtung von Ganztagsschulen angezeigt sei, um dem Staat die Möglichkeit zu eröffnen, subsidiär dort einzugreifen, wo Eltern ihrer Verantwortung aus welchen Gründen auch immer nicht bzw. nicht ganz nachkommen (können). Freilich entspricht es nicht pädagogischem Grundlagenwissen, wenn der Bischof Bildung und Erziehung trennen zu können glaubt, sondern ist eher Ausdruck der Sorge gegenüber staatlicher Erziehungsdominanz, die aber weithin niemand anstrebt. Im Kern richtig ist die Forderung, Ganztagsschulen nicht als „verlängerte Halbtagsschulen" zu führen, weil bisher nicht belegt ist, dass „mehr vom Gleichen" die der Halbtagsschule angelasteten Defizite auszugleichen geeignet ist. Schließlich ist festzuhalten, dass die Kath. Kirche nach dieser Stellungnahme, die am 12.03.2003 von der Deutschen Bischofskonferenz verabschiedet worden ist, gegenüber der Bezeichnung *Ganztagsschule* eine ablehnende Haltung einnimmt und statt dessen die Bezeichnung *Ganztagsbetreuung* präferiert, weil sie davon ein weiteres, nicht primär auf Sachwissen zentriertes Schulverständnis erhofft, das eher in dem Begriff *Bildungswissen* aufgeht.

Auch die evangelische Kirche in Deutschland hat ihre Haltung gegenüber der Ganztagsschule über die Aussagen der EKD-Synode von Berlin-Weißensee (1958) hinausgehend eindeutiger positioniert. Da für die große Mehrheit aller Jugendlichen die Schule den täglichen Lebensrhythmus bestimmt, quasi ihr Arbeitsplatz ist, kann die Kirche nicht abseits stehen, wenn sie die Zukunftsfähigkeit, d.h. ihr Terrain bei Kindern und Jugendlichen behalten bzw. verlorenes Terrain zurückgewinnen möchte. Will die Kirche wissen, wie Jugendliche heute denken, dann muss sie in der Schule präsent sein. Deshalb sind nach ihrer Auffassung Kirche und Schule zwei große gesellschaftliche Institutionen, die in vielfältiger Weise aufeinander bezogen sind und kooperieren sollten (LÜBKING 2004). Anlass zur Klage hat die Kirche nicht, weil in keinem Land die Chancen für eine Präsenz der Kirche in der Schule besser als in Deutschland sind. Deshalb ist nicht Rückzug angesagt, weil Reaktionen von Lehrern und kirchlichen Referenten anfangs eher zwiespältig ausfielen, sondern engagierter Gestaltungswille, der sich durch Klischees nicht verunsichern lässt. Auf der Seite der evangelischen Kirche überwiegen die positiven Erfahrungen. Dort, wo die Schulen mit den Kooperationspartnern auf kirchlicher Seite ein tragfähiges (sozial-)pädago-

234

gisches Konzept für die Arbeit in der Ganztagsschule ausgearbeitet haben und die Kommunikation zwischen den verschiedenen Berufsgruppen gepflegt wird, ist die Zufriedenheit bei allen Beteiligten hoch. Diese Feststellung darf nicht darüber hinwegtäuschen, dass die seinerzeit bezogene Position, Kirche sei nicht der Reparaturbetrieb einer von Pädagogik entleerten öffentlichen Bildungseinrichtung, noch nicht überall ihre klischeehafte Bedeutung eingebüßt hat. Und die Erklärung der Bereitschaft zur Zusammenarbeit von Kirche und Staat in einem für deutsche Verhältnisse bisher nicht flächendeckend, sondern eher punktuell erprobten Organisationstypus von Schule ist noch nicht die Zusammenarbeit selbst. Die bedarf, wenn sie verlässlich von beiden Seiten getragen werden soll, durchaus einer verbindlichen vertraglichen Basis, die z.B. regelt, welches Personal zum Einsatz kommt, welcher Aufwand erforderlich ist und wie die Finanzierung, die Beteiligung, die Vertretung nach innen und außen festgelegt ist; einer solchen vertraglichen Basis müssen die Eckpfeiler zu entnehmen sein, die die partizipatorische Mitwirkung bei der Erstellung eines pädagogischen Gesamtkonzepts sichern, dessen Niederlegung in einem Rahmenplan verbindlich regeln sowie die pädagogischen Qualitätskriterien bei der Auswahl außerschulischer Kooperationspartner definieren usw. usw. Hier Einvernehmen herzustellen, ist eine schwierige, wenngleich keine unmögliche Vermittlungsaufgabe zwischen den Verantwortungsebenen, der allerdings nicht ausweichen kann, wer die Verpflichtung ernst nimmt, die sich aus dem Umstand ergibt, dass in Deutschland täglich rund 10 Mio. Schüler und etwa 780.000 Lehrerinnen und Lehrer in Bildungseinrichtungen aufeinandertreffen.

15.5 Was leistet die Ganztagsschule, was die Halbtagsschule nicht leisten kann?

Die Frage, was Ganztagsschule leistet, führt zu durchaus unterschiedlichen Antworten, je nachdem, welche Funktion der Schule beigemessen wird. In der Tat kristallisieren sich zwei Leitfunktionen heraus, die ihren sprachlichen Ausdruck in den

Polen *Betreuung* und *Beschulung* finden. Jedoch sind Zweifel durchaus angebracht, ob die Protagonisten der jeweils einen oder anderen Seite immer sorgfältig zwischen beiden Funktionen unterscheiden und dann auch meinen, was sie einfordern. Die Skepsis ist so abwegig nicht, denn mit dem Begriff Ganztagsschule werden nach wie vor höchst unterschiedliche Vorstellungen verbunden: schulpädagogische, sozialpädagogische, bildungspolitische, sozialpolitische, private und öffentliche Interessen. Wer mehr Beschulung wünscht, hat möglicherweise den von der empirischen Bildungsforschung dokumentierten unterdurchschnittliche Unterrichtserfolg im Blick, der den deutschen Schülerstichproben in diversen internationalen Leistungsvergleichsstudien des letzten Jahrzehnts mehr oder weniger uni sono testiert und der landauf landab als unterdurchschnittliche *Unterrichtsqualität* umdefiniert wurde; eine solche generalisierende Uminterpretation ist den PISA-Daten jedoch nicht zu entnehmen, sondern hier bedarf es schon einer genaueren Analyse der Studien aus den letzten Jahren, die Ulrich SPRENGER (2003, 53 ff) erst kürzlich besorgte. Wer mehr Betreuung einfordert, hat möglicherweise nicht nur die betroffenen Kinder im Blick, sondern nicht weniger auch deren Eltern, insbesondere die Mütter und deren außerhäusliche Interessen – also keine primär vom Gedanken der Bildungsoptimierung getragenen Absichten. Für die einen ist die Ganztagsschule der Ausweg aus der Bildungsmisere und essentieller Bestandteil einer Schulreform, die das schulische Lernen optimiert und die Schüler zu selbstgesteuertem Lernen führt; andere wiederum – und es gibt Anlass, hier den größeren Teil derer zu vermuten, die den Ausbau des Ganztagsschulwesens vehement fordern – sehen in der Ganztagsschule ein fakultatives Angebot, das es den Eltern ermöglicht, ihren persönlichen Befindlichkeiten entsprechend ihre Lebensbedürfnisse neu zu planen und zu ordnen und dabei zumindest partiell von den elterlichen Betreuungsaufgaben entlastet zu werden.

Wie auch immer die individuellen Akzentuierungen verteilt sind, in beiden Positionen sammelt sich viel Kritik. So sind die von der PISA-Folgendebatte angestoßenen Erwartungen, über ganztagsschulische Lernförderung zu einem Ausgleich der Defizite zu gelangen, durch die Schulwirklichkeit widerlegt. HOLTAPPELS (2003, 14) analysierte erst kürzlich eine Reihe von unterschiedlichen Ganztagsschulkonzepten, um ihre Wirkungen hinsichtlich in sie gesetzter Erwartungen zu dokumentieren. Das Ergebnis ist, soweit es den oben angesprochenen *Beschulung*saspekt betrifft, eher ernüchternd: Im Hinblick auf Schulleistung, genauer: Schülerleistung und Schulerfolg zeigen sich nach dieser Studie keine nennenswerten Unterschiede zu Halbtagsschulen, jedoch weist der Autor darauf hin, dass die Organisation der Ganztagsschule offenbar die pädagogische Schulqualität vertieft. Es bleibt eine an dieser Stelle offene Frage, was sich substantiell hinter dem Begriff der *pädagogischen Schulqualität* verbirgt.

Eines der in diesem Zusammenhang öfter verwendeten „Zauberworte", das mitunter sogar synonym zu der genannten pädagogischen Schulqualität verwendet wird, ist der Begriff *soziales Lernen*. In Verbindung mit der Ausdehnung des Unterrichts auf den Nachmittag wird häufig auf die damit einhergehende Ausweitung sozialer Kontakte verwiesen, wenngleich ein plausibles Konzept der Sozialerziehung sich hinter diesem zumeist in quantitativer Hinsicht verwendeten Begriff nicht verbirgt. Hermann GIESECKE (2004, 37ff) ist dieser Frage nachgegangen und hat Irrtümer und Einseitigkeiten benannt, die in der Debatte um den „Ertrag" der Ganztagsschulen gelegentlich übersehen werden. Der in den Schulgesetzen aller Bundesländer mehr oder weniger gleichlautend mit *Bildung* und *Erziehung* beschriebene Schulzweck ist nach dem Verebben der Machbarkeitseuphorie der 70er Jahre und der dann folgenden Ernüchterung auch sprachlich etwas enger gefasst und – scheinbar weniger angreifbar – mit dem Stichwort *soziales Lernen* beschrieben worden. Die der Schule und dem Unterrichten selbst innewohnenden edukativen Möglichkeiten können sicherlich durch ganztagsbetriebliche Beschulung und Betreuung unter den Bedingungen der jeweiligen Einzelschule umgesetzt werden – was genau damit gewonnen ist und ob dies in anders, z.B. halbtags organisierten Schulen nicht möglich ist, hängt wesentlich davon ab, was jeweils unter *sozialem Lernen* verstanden wird und ob die lebenspraktische Bewährung systemübergreifend evaluiert worden ist – auch hier sehen wir empirisch offene Fragen.

Schaut man sich nun genauer an, was unter *sozialem Lernen* verstanden wird und was offenbar von so herausragender Bedeutung ist, dass man dafür das Organisationsgefüge der Schule zu verändern bereit ist, so verkürzt sich dieser Begriff zumeist auf nicht mehr als die aus der Sozialpsychologie hinlänglich bekannte *Teamfähigkeit*. Es gibt sicherlich im Schulalltag wie auch anderswo häufiger Situationen, in denen die Beherrschung dieser Fähigkeit angebracht oder gar notwendig ist, in anderen Situationen ist sie dies nicht, also eine Fähigkeit von eingeschränktem Sinn und Nutzen. Das wird deutlich, wenn man in Erinnerung ruft, welche Verhaltensqualitäten schulische Erziehung *auch* befördern soll: Unterrichtsdisziplin, Friedfertigkeit, Rücksichtnahme, Dialogbereitschaft usw. usw. Die Verengung schulischer Erziehung auf *soziales Lernen* in der weiter verengten Bedeutung von *Teamfähigkeit* ist dem Aufgabenspektrum von Schule unangemessen, ganz abgesehen davon, dass die Schulpädagogik sich schwer tut, eine umfassende Vorstellung von Sozialerziehung bzw. sozialem Lernen zu geben. Zweifellos steigen mit der Zahl unterschiedlicher Situationen, die es zu bewältigen gibt, auch die Möglichkeiten sozialen Lernens, und die sind im Ganztagsbetrieb zahlreicher als in der Halbtagsschule. Aber eine solche quantitative Sichtweise sollte nicht überschätzt werden, weil wichtige Sozialsituationen in der Schule faktisch und aus rechtlichen Gründen gar nicht herstellbar sind. So gibt es in der Schule keine Diskothek – jedenfalls nicht unter Realbedingungen –, kein Kaufhaus, keine Straßenclique, keinen Markt und auch keine Fernsehberieselung. Es fehlen also wichtige Bewährungssituationen und damit Orte des sozialen Lernens, die die Schule nicht nachbilden kann (GIESECKE 2004, 40). Die in den Stellungnahmen zur Ganztagsschule häufige Hervorhebung sozialen Lernens ist kein Beleg dafür, dass in der Halbtagsschule soziales Lernen nicht oder nur eingeschränkt möglich ist.

Es gibt keine plausible Argumentation, die Ganztagsschule als „verlängerte Halbtagsschule" zu führen. Etwas mehr vom Gleichen kann nur zu dem führen, was PISA der deutschen Stichprobe als „nicht hinreichend/unterdurchschnittlich" dokumentiert hat – das gilt für die Ganztagsschule wie auch die Halbtagsschule gleichermaßen. Deshalb ist davon auszugehen, dass die Ganztagsschule neue Aufgaben übernimmt, die sie von der Halbtagsschule unterscheidbar machen. Da die zur Verfügung stehenden Finanzmittel aller Voraussicht nach nicht zuwachsen werden, kommen auf die Schulträger – das sind mehrheitlich die Kommunen – Ausgabenzuwächse in erheblichem Umfang zu. Eckart PANKOKE (2003) weist darauf hin, dass zu den neuen Aufgaben der Ganztagsschule das Einwerben von Drittmitteln und Spenden gehöre. Auch Schulen müssen sich demnach künftig um Fundraising bemühen, damit die Erledigung der sich weitenden Aufgaben haushaltlich abgesichert werden kann. Das erfordert von der Schulleitung zunehmend Management-Qualitäten, die bisher ganz offensichtlich nicht an prominenter Stelle der Präferenz gestanden haben. Da die öffentlichen Haushaltsmittel jedoch für Ganztagsschulen und Halbtagsschulen gleichermaßen knapp sind, erhalten die oben angemahnten Management-Qualitäten unter den derzeitigen Bedingungen der Schulgestaltung einen durchaus sehr aktuellen und für die Lehrerschaft generellen Bezug. Hier tut sich eine große Palette von Fragen im Spannungsfeld von Rechenschaftslegung und Kontrolle öffentlicher Bildungseinrichtungen auf – verklausuliert unter dem Begriff Schulautonomie nicht selten Gegenstand streitiger, auch überparteilicher Diskurse – , die in anderen Ländern inzwischen etwas unaufgeregter diskutiert werden als in der Bundesrepublik Deutschland. Wir greifen die Autonomiedebatte an dieser Stelle nicht auf, weil wir sie schon in einem sehr frühen Stadium an anderer Stelle geführt haben (HANSEL 1989) und weil sie uns von den hier zu erörternden Abgrenzungsfragen von Halbtags- und Ganztagsschule wegführt, aber wir weisen darauf hin, dass in den letzten Jahren unter dem Eindruck gewachsener Rechtfertigungszwänge im Kontext von Effizienzdebatten über den Einsatz knapper öffentlicher Finanzmittel auch zunehmend ökonomische Aspekte in die Qualitätsbestimmung von Schule eingebracht worden sind. Die Begründung ist ebenso einfach wie überzeugend: Nur ökonomisch gut funktionierende Betriebe erwirtschaften Gewinne, deren Höhe wiederum davon abhängig ist, wie gut sich ein Produkt bzw. eine Dienstleistung am Markt behauptet.

Diese ökonomische Sicht, der wir uns nicht verschließen, birgt drei Unwägbarkeiten, die unabweisbar der Klärung bedürfen, wenn man an der These festhält, dass zu den Strukturelementen, die eine Schule substantiieren, neben etlichen anderen auch das Merkmal *Ökonomität* (TELLMANN/JENDROWIAK/KREUZER/HANSEL 1981, 58ff) gehört:

- Wer sich bei der Einschätzung von Bildungsleistungen von Systemen nicht der Marktorientierung verschließt – neben anderen Qualitätsmerkmalen –, der muss eine erziehungswissenschaftlich, insbesondere schulpädagogisch tragfähige Bestimmung dessen vornehmen, was unter den vorherrschenden gesellschaftlichen und kulturellen Bedingungen als „Produkt" zu klassifizieren ist. Es erscheint durchaus einleuchtend, dass eine Reihe kognitiver Lernleistungen wie z.b. die Schreib- und Leseleistungen von Schülern, die Beherrschung mathematischer bzw. naturwissenschaftlicher Könnensleistungen usw. usw. zu der „Produktpalette" schulischen Unterrichts gehören; sie jedoch als Synonym für schulische Bildung zu deuten, greift zu kurz, denn schulische Bildung ist nur bedingt in operationalisierbare und folglich *unmittelbar* überprüfbare Teilmengen zu untergliedern.

- Das Anlegen auch ökonomischer Maßstäbe an Organisation, Durchführung, Material- und Personaleinsatzeinsatz, Zeit- und Verwaltungsaufwand usw. kann die Prozesse schulischer Bildung befördern im Sinne von Effizienzsteigerung. Jedoch ist darin kein Automatismus begründet: Auch bei Beachtung aller hier genannten Gesichtspunkte kann Unterricht erfolglos bleiben, dann nämlich, wenn ihm die pädagogisch-didaktische Sinnmitte fehlt, es nicht mehr um Bildungsgegenstände geht, sondern um Ökonomie, Methode, Infrastruktur. In solchem funktionalisiertem Unterricht wird verkannt, dass sein eigentliches Paradigma die Gegenstände (Grundbegriffe) selbst sind. Hans-Werner JENDROWIAK (1998, 96) hat unlängst auf diese Wertverschiebung aufmerksam gemacht und davor gewarnt: Wenn wir z.B. nicht akzeptieren, dass die Bildungsfrage eine originär pädagogische Frage ist und wir die Auseinandersetzung darüber der Politik, der Ökonomie oder der Soziologie überlassen, so verliert die Pädagogik, also auch die Schulpädagogik einen Teil ihrer eigenen Legitimation. Eine Wissenschaft, die sich nicht über ihren Gegenstand definieren kann, wird zur Wissenschaft einer Methode – Erkenntnisoder Denkmethode – mit dem Ziel, gerade diese Methode technisch zu perfektionieren, ohne dass dadurch freilich Bildung im Sinne der SCHELER'schen (1925) Zweckfreiheit gewonnen wäre.

- Auch die Einbeziehung ökonomischen Denkens in die Gestaltung von Schule kann nicht darüber hinwegtäuschen, dass die „Produkte" schulischer Bildung sich nicht vollständig in operationalisierbaren und damit auch unmittelbar überprüfbaren Teilergebnissen bilanzieren lassen – eigentlich ist es eher der deutlich kleinere Teil, der einer solchen Betrachtung zugänglich ist. Deshalb ist sicherzustellen, dass die Anwendung ökonomischen Denkens auf die Prozesse der schulischen Bildung und Erziehung immer, also ausnahmslos dienenden Charakter hat, d.h. der Sicherung und der Optimierung des „Kerngeschäfts" von Schule, des Unterrichts, zuarbeitet. Allen anderen Verzweckungen ökonomischen Denkens in der Schule ist aus schulpädagogischer Sicht eine Absage zu erteilen, weil sie offenbaren, dass in ihrem Mittelpunkt nicht mehr das übergeordnete Ziel eines allseitig gebildeten, mündigen Menschen steht, sondern die portionierte Teilmenge von Fachwissen. Hartmut VON HENTIG (1980, 11) argumentiert sehr zutreffend, dass die Tendenz unübersehbar vorhanden ist, über den Punktebewertungssystemen und Tests zu vergessen, dass Schule auch aus Personen, aus deren untechnischen, unökonomischen und nicht verwaltbaren, nicht ausschließlich lernzweckbezogenen Beziehungen, aus ihren Überzeugungen und Werten und Stilen, aus Vorbild und Nachahmung, aus Gemeinschaft, deren Erfahrungen und Symbolisierungen besteht. Auch nach 25 Jahren, die seitdem ins Land gegangen sind, ist dies noch gültig.

Das „Produkt" wird inzwischen gleich in zweifacher Weise vom Markt nicht mehr angenommen. Mit Blick auf die allgemeinbildenden Effekte schulischen Unterrichts haben Bildungsvergleichsstudien der letzten Jahre, z.b. PISA, aber gleichermaßen ernüchternd auch TIMSS und – im nationalen Rahmen – BIJU den einbezogenen deutschen Schülerpopulationen vergleichsweise schwache Ergebnisse testiert – wir haben an anderer Stelle dies schon sehr eingehend dargelegt (HANSEL 2001; 2003) und beschränken uns deshalb hier auf den Hinweis. Doch auch jenseits internationaler Schulleistungsvergleichsstudien wird das „Produkt Bildung" vom Markt nicht mehr angenommen: Das INSTITUT DER DEUTSCHEN WIRTSCHAFT (1997) verglich im Auftrag des BMBWFT die Anforderungsprofile von Betrieben mit den Leistungsprofilen von Schulabgängern in insgesamt neun Bundesländern unter Beteiligung von 800 Betrieben aus Industrie, Handel und Handwerk. Über einen längeren Zeitraum haben die Betriebe in den verschiedenen Kenntnisbereichen über alle Schulformen hinweg folgende Entwicklungstendenzen in nachfolgend genannten Messbereichen beobachtet:

> ➢ Gleichgeblieben, aber mit einem deutlichen Votum hin zur Verschlechterung sind die Kenntnisse in den Bereichen Rechtschreibung, Rechnen und Allgemeinbildung;
> ➢ eher gleichgeblieben sind die Leistungen beim sprachlichen/schriftlichen Ausdruck, bei den Fremdsprachenkenntnissen, beim Sachwissen zum Beruf und in den Naturwissenschaften (bei letzteren waren allerdings auch viele „Enthaltungen", also kein Urteil, zu beobachten);

➢ eher gleich, aber mit dem Trend zu verbesserten Leistungen zeigen sich Fremdsprachenkenntnisse und PC/EDV-Basiswissen (IDW 1997, 12).

Wer die Ganztagsschuldebatte der letzten Jahre in Deutschland verfolgt hat, dem ist nicht entgangen, dass gerade die zuerst genannten Feststellungen der IDW-Studie immer wieder argumentativ angezogen werden, um die Einrichtung der Ganztagsschule zu begründen. Es steht außer Frage, dass das Hochlohnland Deutschland seine Standards nur halten kann, wenn es erhebliche Investitionen u.a. im Bildungsbereich tätigt; weitgehend unklar ist jedoch bisher, auf welche Weise dies umzusetzen sei. Unstreitig ist, dass die Ganztagsschule eine von mehreren Institutionalisierungsformen des bundesdeutschen Schulwesens ist; unbestritten auch, dass wir bisher Reformen überwiegend als Strukturreformen, kaum jedoch als innere Reformen der Schule begriffen haben. Das in der PISA-Nachfolgedebatte erzeugte außerordentlich große Interesse an Ganztagsschulen hat sich bisher jedoch kaum der Frage zugewandt, was an der Ganztagsschule dieses Modell zur effizienteren Schule im Vergleich mit der Halbtagsschule machen könnte! Die Instrumentalisierung durch Berlin – für innere Schulreform eigentlich nicht zuständig – hat die Beantwortung dieser Frage nicht befördert, sondern mit 4 Mrd. € zugedeckt – z.B. durch das Investitionsprogramm „Zukunft Bildung und Betreuung" (IZBB) des Bundesministeriums für Bildung und Forschung.

Zu den Schulen mit Modellcharakter im Spektrum der Ganztagsschulen gehört u.a. die St. Martin-Bodensee-Schule. Zum pädagogischen Konzept dieser Schule zählt HINZ (2003, 136 ff) neben der Sicht des Menschen als einmaliges, unverwechselbares, ganzheitliches Geschöpf, wie es bereits MONTESSORI beschrieben hat, auch solche Strukturen wie z.B. Morgenkreis/Abschlusskreis, freie Stillarbeit, freie Wahl des Arbeitsthemas, freie Zeiteinteilung usw. usw. Wenn wir einmal davon absehen, dass die empirische schulpädagogische Forschung die Wirkung solchen Unterrichts bisher nicht hinreichend und belastbar aufgeklärt hat und insbesondere keine verlässlichen Angaben zu den Anteilen solcher Unterrichtssegmente am gesamten Design erfolgreichen Unterrichts vorliegen, dann bleibt als resümierende Einschätzung solchen Unterrichts, dass eine Vielzahl von Erfahrungsberichten aus der Schulpraxis, eine Vielzahl wissenschaftlicher Abhandlungen in Fachzeitschriften diesen Unterricht in seinen pädagogischen und didaktischen Wirkungen zwar überwiegend positiv bewertet, die Forschung aber hinter den Praktikern zurückbleibt. Insbesondere steht der motivationale Gehalt einer solchen Schul- und Unterrichtsgestaltung außer Frage; es gibt jedoch keinen Beleg, dass solche Formen der Unterrichtsgestaltung in der Halbtagsschule nicht möglich seien! Die Erwartung, dass mehr Zeit (z.B. in der Ganztagsschule) zugleich auch mehr Qualität bedeutet, ist empirisch nicht belegt und pädagogisch nicht überzeugend, solange kein tragfähiges Konzept vorliegt, wie dieses Mehr an Zeit unterrichtlich zu gestalten ist. Genau dort aber liegt das Problem: Obwohl inzwischen hinreichend viele Berichte, Analysen zum inneren Zustand der Schulen vorliegen und es auch nicht an ernst zu nehmenden Vorschlägen mangelt, diesem unbefriedigenden Allgemeinzustand abzuhelfen (z.b. GIESECKE 1973; 1998; GEISSLER 1984; V. HENTIG 1993), müssen wir zur Kenntnis nehmen, dass die Ganztagsschuldebatte wie die Debatte über die Schule generell sich vorrangig auf Organisationsprinzipien und -modelle verkürzt und – auf diese Weise gelähmt – sich den Fragen der inneren Schulerneuerung nicht mehr zuwendet.

Dies führt uns zum Ausgangspunkt unserer Überlegungen zurück. Wer nun wissen will, was die Ganztagsschule – über die Halbtagsschule hinausgehend – leistet, der muss Schulen mit Schulen vergleichen, nicht Schulen mit Betreuungseinrichtungen! Zu erstgenanntem Vergleich liegen kaum Daten vor, der letztgenannte Vergleich führt nicht zu vernunftgeleiteten schulpädagogischen Ergebnissen, weil es der „berühmte" Vergleich von Äpfeln und Birnen ist: Die Vernünftigkeit der sozialpolitischen Motive, die zur Führung von schulischen Ganztagseinrichtungen als Betreuungseinrichtungen ermutigt, wird niemand ernsthaft in Abrede stellen, aber GIESECKE (2004) hat uns erst kürzlich erneut darauf aufmerksam gemacht, dass diese

Motive von sich aus weder etwas mit Pädagogik noch mit Schule zu tun haben. Die Frage der Vereinbarkeit von Familie und Beruf – an prominenter Stelle der sozialpolitischen Motive genannt – ist keine Frage, die die Schule beantworten kann. Sie muss von den gesellschaftlichen Entscheidungsträgern aufgenommen und einer Lösung zugeführt werden: von der Politik, den Betrieben, Gewerkschaften und den Interessenvertretungen der Elternschaft. Wir konzedieren, dass gesellschaftlicher Strukturwandel (z.B. von der 3-Generationen- zur 2-Generationen-Familie) und der massenhafte Verlust von Nachbarschaftshilfe problemverschärfend auf die jungen Familien einwirkt, aber die Schule ist nur sehr bedingt der Ort, der zu kompensatorischer Familienerziehung die Eignung hat.

Abschließend sei auf einen Aspekt aufmerksam gemacht, zu dem offenkundig professionelle Stellungnahmen verfügbar sind, auch wenn sie die häufig euphorisch geführte Debatte über Ganztagseinrichtungen trüben und deshalb nur spärlich kommuniziert werden. Die in Deutschland etablierte Halbtagsschule hat dazu geführt, dass sich außerhalb ihrer Zuständigkeit ein sehr breites und vielfältiges Spektrum der Jugendkultur entwickelte, das sportlichen, kulturellen, kirchlichen und vielen anderen Jugendinteressen individual entspricht einschließlich außerschulischer Bildungsinteressen. Hier gilt – wie in anderen Lebensbereichen auch – die Forderung nach maßvollem Umgang mit den diversen Angeboten; von der Verantwortung hinsichtlich der Mitwirkung bei der Auswahl können Eltern nicht entpflichtet werden. Nicht zuletzt aus der Schulpraxis hören wir hier Warnungen, die beim nachmittäglichen Programm-Marathon Zurückhaltung anmahnen. Und schließlich sollte wirklich nicht übersehen werden – man muss angesichts des außerschulisch entfalteten Aktionismus dies noch einmal mit Nachdruck in Erinnerung rufen – , dass Kinder und Jugendliche Gelegenheit und Freiraum zum spontanen Spiel, zur Planung und zum Verbringen des Nachmittags nach eigenen Vorstellung und eigenen Aktionsformen haben müssen. Daneben ist ein wenig Muße für Entspannung und zur Erledigung täglicher Aufgaben auch für die Schule eine ausgesprochen bildungsförderliche gute Praxis, von der wir keinen Schüler fernhalten sollten.

Diese Problemzusammenstellung führt zu zwei Konsequenzen, die mit der Etablierung von Ganztagseinrichtungen einhergehen und die auf je unterschiedliche Weise die außerschulische Situation für Kinder und Jugendliche verändern. Die hier notierte zweifache Wirkung von Ganztagseinrichtungen, unabhängig davon, ob eine eher unterrichtliche (gebundene) oder betreuerische (offene) Ausrichtung zugrunde liegt, ist inzwischen in der Fachliteratur durchaus kontrovers diskutiert worden und liefert Teilantworten auf die Frage, was Ganztagsschule leistet:

- Würde die Schule neben dem öffentlichen Bildungsmonopol auch noch ein Freizeitmonopol übernehmen, dann wäre damit zum einen eine deutliche Reduzierung elterlicher Erziehungsverantwortung auch dort verbunden, wo Eltern sich dieser Verantwortung stellen. Andererseits lassen sich erziehungsverantwortlich handelnde Eltern auch durch die Bereitstellung öffentlicher Freizeitangebote in der Ganztagsbetreuung in der Regel nicht beirren und begleiten die schulische Betreuung ihrer Kinder mit Aufmerksamkeit.

- Verbindliche Ganztagsbetreuung oder -beschulung führt unweigerlich zu einer Rückführung der oben beschriebenen außerschulischen freizeitlichen Jugendkultur, der durch die schulische Pflichtbetreuung der wirtschaftliche Boden entzogen wird, ohne dass freilich die Frage sicher geklärt ist, ob in allen Fällen die Angebote der Schule tatsächlich die bessere Alternative sind.

Die Kategorie, an der Schule, so auch die Ganztagsschule, immer wieder gemessen wird, ist die Frage, ob ihre Einrichtung förderliche Auswirkungen auf den Schulerfolg im Sinne von Schulleistung hat und ob diese Wirkung über den Stand der Halbtagsschule hinausgeht. LUDWIG (1993) hat schon lange bevor dieses Schulmodell durch die PISA-Debatte in den Focus einer breiten öffentlichen Aufmerksamkeit rückte, darauf verwiesen, dass ein solcher Schulerfolg zwar der Ganztagsschule zugemessen wurde, allerdings die empirischen Belege dafür nicht oder nur sehr spärlich verfügbar waren. Hinweise auf die Beantwortung dieser Frage ergeben sich aus der in den 70er Jahren betriebenen Gesamtschulforschung, deren Arbeitshypothesen zwar nicht auf den Vergleich von Halbtags- und Ganztagsschulen, sondern strukturvergleichend auf Stufung oder Gliederung des Systems gerichtet waren. So hat FEND (1982, 250 ff) im Rahmen der Konstanzer Studien zur Effektivität von Gesamtschulen darauf aufmerksam gemacht, dass die auffällig schwachen Leistungen der mutmaßlich leistungsstarken Schülergruppen in Gesamtschulen in Nordrhein-Westfalen und Niedersachsen wahrscheinlich weniger durch systembedingte Mängel der Gesamtschulen ursächlich bedingt waren, sondern vielmehr durch die ganztägige Führung dieser Schulen zu erklären sind. Mittel- und Oberschichtkinder erfahren in ihrem Lernverhalten zu Hause ein Bündel von Stützsystemen, das in den hier in Rede stehenden Gesamtschulen weggefallen ist. Zu jenen Stützsystemen sind u.a. die häuslichen Hilfen zu zählen, die üblicherweise im Zusammenhang mit der Erledigung der schulischen Hausaufgaben wirksam werden und die durch den Ganztagscharakter der Gesamtschulen in ihrer helfenden, motivierenden und sachlich unterstützenden Funktion nicht mehr so wirksam sind. Die Verlagerung häuslicher Lernzeiten in die Schule ist offenbar ursächlich für die Leistungseinbußen insbesondere bei leistungsstärkeren Schülern; zugleich aber – und das ist im Zusammenhang mit der bildungspolitischen Debatte um die Ganztagsschulen besonders hervorzuheben – werden nicht wie angenommen die leistungsschwächeren Schüler durch den unterstellten Ausgleich fehlender häuslicher Unterstützungssysteme in ihren schulischen Leistungen besser. Daraus folgt: Die Lernzeiten für Schüler, die im Halbtagssystem besonders viel zu Hause für die Schule gelernt haben, verkürzen sich drastisch. Für Schüler, die auch in der Halbtagsschule eher wenig im häuslichen Bereich gelernt haben, ist keine Veränderung der Lernzeiten und damit auch keine Veränderung der Schulleistungen erwartbar.

15.7 Fazit

Vor diesem Hintergrund mahnen wir eine entideologisierte und auf das faktisch Erreichbare konzentrierte Debatte an. Dass Ganztagsschulen die in PISA ausgewiesenen Defizite auszugleichen in der Lage sind, ist zwar ein verständlicher Wunsch einer frustrierten Bildungspolitik in Bund und Ländern, die angesichts der haushaltspolitisch begründeten Versagungen der letzten Jahre endlich wieder einmal positive Nachrichten wünscht, aber die empirische Bildungsforschung hat hier bisher keine positiven Antworten gegeben, die diese Wünsche auf ein realistisches Fundament stellen könnten. Angesichts dieses Mangels plädieren wir für offene fakultative Formen dieses Schultyps für die Sek. I, weil in diesem Alter die Chance recht groß ist, das Freizeitinteresse der Kinder und Jugendlichen auf bildungsorientierte Gegenstände zu lenken. Je älter die Schüler sind, umso schwieriger ist es, ein Programm anzubieten, das nicht nur von Minderheiten angenommen wird. Wir stimmen deshalb mit Hermann GIESECKE (2004) überein, der weniger die schulpädagogischen und mehr die sozialpädagogische Bedeutung der Ganztagsbetreuung hervorhebt: als attraktives Gegenangebot zu einem oft tristen Fernsehalltag und Straßenmilieu. Da dieses Angebot fakultativ ist, müssen die Schüler dafür gewonnen werden – für die Schule und ihre Lehrer, die bisher in ihrem Denken und Handeln immer von der Schulpflicht ihrer Klientel ausgehen mussten, gewiss eine neue Erfahrung!

15.6 Literatur

DOBART, A. (u.a.): Ganztägige Organisationsformen der Schule: Ganztagsschule und Tagesheimschule. Darstellung der Schulversuchsarbeit 1974 – 1982, Wien 1984

FEND, Helmut: Gesamtschule im Vergleich. Bilanz der Ergebnisse des Gesamtschulversuchs, Weinheim&Basel 1982

GEISSLER, Erich E.: Die Schule: Theorien, Modelle, Kritik, Stuttgart 1984

GIESECKE, Hermann: Bildungsform und Emanzipation, München 1973

ders.: Pädagogische Illusionen. Lehren aus 30 Jahren Bildungspolitik, Stuttgart 1998

ders.: Brauchen wir mehr Ganztagsschulen? Funkmanuskripte Bd. 8, Göttingen 2004

HANSEL, Toni: Autonomie und Erziehung. Schule zwischen Anspruch und Auftrag, Aachen 1989 ders.: Schulprofil und Schulqualität. Perspektiven der aktuellen Schulreformdebatte, Herbolzheim 2001

ders.: PISA – und die Folgen? Die Wirkung von Leistungsvergleichsstudien in der Schule, Herbolzheim 2003

HENTIG, Hartmut v.: Einführung zur deutschen Ausgabe von Rutter u.a.: Fünfzehntausend Stunden, Weinheim/Basel 1980

ders.: Die Schule neu denken. Eine Übung in praktischer Vernunft, München 1993

HINZ, Alfred: Bodensee-Schule St. Martin. Schule ist Stätte der Personwerdung – was sonst? In: REKUS, Jürgen (Hg.): Ganztagsschule in pädagogischer Verantwortung, Münster 2003

HOLTAPPELS, Heinz Günther: Analyse beispielhafter Schulkonzepte von Schulen in Ganztagsform, Dortmund 2003

ders.: Ganztagserziehung in der Schule – Modelle, Forschungsbefunde, Perspektiven, Opladen 1995

INSTITUT DER DEUTSCHEN WIRTSCHAFT (Hrsg.): Anforderungsprofile von Betrieben – Leistungsprofile von Schulabgängern, Köln 1997

JENDROWIAK, Hans-Werner (Hrsg.): Humane Schule in Theorie und Praxis, Frankfurt/Berlin/Bern 1998

KMK (Hrsg.): Bericht über die allgemein bildenden Schulen in Ganztagsform in den Ländern der Bundesrepublik Deutschland vom 07.01.04

LENZEN, Dieter: Brachliegende Potenziale, in: Junge Karriere, Verlagsgruppe Handelsblatt GmbH, Düsseldorf 07/2004

LUDWIG, Harald: Gesamtschule und Ganztagsschule. In: Gesamtschul-Informationen 18./H 3-4/S. 125-154/1987

ders.: Entstehung und Entwicklung der modernen Ganztagsschule in Deutschland, Bd. 1 und 2, Köln/Wien/Weimar 1993

LÜBKING, Hans-Martin: Die Jugend ist in der Schule – Ganztagsschule und evangelische Kirche, Loccum 2004

MINISTERIUM FÜR BILDUNG UND FORSCHUNG Mecklenburg-Vorpommern (MBF M-V): Pädagogisches Konzept zur Entwicklung von Ganztagsschulen in Mecklenburg-Vorpommern, Schwerin 22.06.2003

PANKOKE, Eckart: „Offene Ganztagsschule" und „Selbststeuerung" schulischer Netze und Lernprozesse, in: Projekt Ruhr, Essen 2003

RÖHRS, Hermann: Die Reformpädagogik. Ursprung und Verlauf unter internationalem Aspekt, Weinheim 4.Aufl. 1994

SCHELER, Max: Die Formen des Wissens und die Bildung, Bonn 1925

SPRENGER, Ulrich: Zurückhaltung am falschen Platz. Eine Dokumentation S. 53-105, in: HANSEL, Toni (Hg.): PISA – und die Folgen? Die Wirkung von Leistungsvergleichsstudien in der Schule, Herbolzheim 2003

TWELLMANN, Walter/JENDROWIAK, Hans-Werner/KREUZER, Karl Josef/HANSEL, Toni: Die Schule in der Spannung von Expressivität und Reduktivität. Elemente einer Theorie, in: TWELLMANN, W. (Hrsg.): Handbuch Schule und Unterricht, Bd. 1, Düsseldorf 1981

VEIL, Mechthild: Ganztagsschule mit Tradition: Frankreich, in: Aus Politik und Zeitgeschichte Bd. 41/2002

16   Autorenspiegel

ALLEMANN-GHIONDA, Cristina, Univ.-Prof. Dr. phil., lehrt seit 2000 Allgemeine Pädagogik mit dem Schwerpunkt international vergleichende und interkulturelle Erziehungswissenschaft an der Philosophischen Fakultät der Universität zu Köln; geschäftsführende Direktorin des Pädagogischen Seminars, Mitglied der Kommission für Lehre, Studium und Studienreform in der Philosophischen Fakultät. Gastdozentin an der Università della Svizzera italiana. Lehrbeauftragte und Privatdozentin an den Universitäten Zürich, Bern, Genf und Münster (1990 bis 2000). Mitherausgeberin der Zeitschrift für Pädagogik.

BECKER, Michael, Jg. 1942, Studium an der Pädagogischen Fachhochschule Güstrow, Diplomlehrer für Mathematik an Polytechnischen und Erweiterten Oberschulen, Studium an der Humboldt-Universität zu Berlin, Diplomlehrer für Rehabilitationspädagogik, seit 1991 Referatsleiter für Förderschulen im Bildungsministerium Mecklenburg-Vorpommern, seit 2003 zuständig für Ganztagsschulen

COELEN, Thomas, Dr., Jg. 1966, Studium der Biologie, Geschichte und Sport (Lehramt an der Oberstufe Allgemeinbildender Schulen) sowie Erziehungswissenschaft 1988-1994 an der Universität Hamburg; Stipendiat der Hamburgischen Bürgerschaft 1995-1997; Management eines Projekts zur Kooperation von Jugendhilfe und Schule 1997-1999, Gründung des Kommunalpädagogischen Instituts 1999; Promotion über "Kommunale Jugendbildung" 2001; 2. Staatsexamen 2002; Lehrertätigkeiten; Post-Doktoranden-Stipendiat der DFG im Graduiertenkolleg "Jugendhilfe im Wandel" an der Universität Bielefeld 2002-2004; dort angenommene Habilitation zur "Ganztagsbildung" 2005; seit November 2004 Vertretung der Professur für Sozialpädagogik an der Universität Rostock.

DEBOLD, Ute, Jg. 1964, Studium an der Wilhelm-Pieck-Universität Rostock, Diplomlehrerin für Russisch und Englisch am Gymnasium, Fernstudium an der Universität Manchester mit dem Abschluss als „Master of Education", seit 2004 Koordinatorin für Ganztagsschulen im Ministerium für Bildung, Wissenschaft und Kultur in Schwerin

GAUGER, Jörg-Dieter, Dr. apl. Prof., Jg. 1947, Studium 1967-1972 (klassische Philologie, Geschichte, Politische Wissenschaft in Bonn (Lehramt), Promotion 1975, Wiss.Ass. 1975-1982 (Alte Geschichte), seit 1982 in verschiedenen Funktionen Wiss.Mitarbeiter der Konrad-Adenauer-Stiftung, derzeit Teamleiter „Bildung, Forschung, Kulturpolitik". Habilitation 1996 (Universität Bonn); zahlreiche Publikationen zur Politischen Bildung/Bildungspolitik

HANSEL, Toni, Univ.-Prof. Dr., Jg. 1946, Lehrerausbildung (Grund- und Hauptschulen), Schuldienst, Wiss. Ass., Promotion in Erziehungswissenschaft 1976, Habilitation im Fach Schulpädagogik 1984, Prof. für Grundschulpädagogik an der Universität Essen (bis 1991), Lehrstuhl für Grundschulpädagogik an der Universität Leipzig (bis 1993) und an der Ernst-Moritz-Arndt-Universität in Greifswald (bis 1996), derzeit Lehrstuhl für Schulpädagogik und Direktor des Instituts für Schulpädagogik an der Universität Rostock

KÜPPER, Stefan, Dipl.-VW, Jg. 1970, Studium der Volkswirtschaftslehre an der Universität Köln; 1996 Eintritt in die Bundesvereinigung der Deutschen Arbeitgeberverbände (BDA), Abteilung Volkswirtschaft; 1998 bis 2002 Stellvertretender Leiter der Abteilung Lohn- und Tarifpolitik der BDA; seit 2002 Leiter der Abteilung Bildungspolitik, Gesellschaftspolitik und Grundsatzfragen der BDA.

LUDWIG, Harald, Univ.-Prof. Dr. Jg. 1940, Studium der Pädagogik, Philosophie, Theologie, Lateinischen Philologie in Köln, Freiburg i.Br. und Bonn. Lehramtsausbildung für das LA am Gymnasium, Unterrichtstätigkeit an Gymnasien in Opladen und Köln (1967-1975); Promotion zum Dr.phil. (1975) an der Universität zu Köln. Akademischer Oberrat am Seminar für Schulpädagogik der PH Rheinland, Abt. Bonn, seit 1980 AOR an der Universität Bonn. Habilitation in Schulpädagogik und Allgemeiner Didaktik an der Universität Bonn mit einer Untersuchung zur Entstehung der modernen Ganztagsschule in Deutschland.. Professor für Schulpädagogik an der Westfäl. Wilhelms-Universität Münster (seit 1993), dort Leiter des Montessori-Zentrums.

NIEKE, Wolfgang, Univ.-Prof. Dr., Jg. 1948; Studium der Erziehungswissenschaft, Philosophie, Psychologie, Soziologie und Germanistik an der Universität Münster; Promotion 1976, Habilitation 1991, Professor für allgemeine Pädagogik an der Universität Rostock seit 1993, Direktor des Instituts für Allgemeine Pädagogik und Sozialpädagogik an der Universität Rostock, Prorektor für Studium und Lehre 1994-1996; Studiendekan 2002 – 2005

OSTERMEYER, Bernd, Jg. 1954, leitet seit 1990 als Oberstudiendirektor ein niedersächsisches Ganztagsgymnasium (Europaschule mit Musikzweig); bildungspolitischer Berater des Niedersächsischen Elternvereins; vielfache Referententätigkeit, u.a. für den Deutschen Lehrerverband und die Konrad-Adenauer-Stiftung.

PANKOKE, Eckhart, Univ.-Prof. Dr. Jg. 1939. Studium der Geschichte und Soziologie in Heidelberg, Hamburg, Münster. Promotion und Habilitation für Soziologie an der Ruhr-Universität Bochum. Professor für Soziologie an der Universität Essen (seit 1971). Gründungsmitglied und langjähriger Sprecher der Sektion Sozialpolitik und Kultursoziologie der Deutschen Gesellschaft für Soziologie. Mitarbeit in der „Kommission für sozialen und politischen Wandel in den Neuen Bundesländern" und in der Gründungskommission Kulturwissenschaft an der Universität Leipzig.

PREUß, Eckhardt, Univ.-Prof. Dr., Jg. 1937; Lehrerausbildung (1958-1961) an der PH Vechta, danach Promotionsstudium an der Universität Münster.. Schuldienst (ab 1965), Lehrer im Hochschuldienst PH Münster (ab 1969); Habilitation 1974, Professor für Grundschulpädagogik an der Westf. Wilhelms-Universität Münster (ab 1974).

SCHULZ, Angela, Dr. phil. Jg. 1960; von 1979 – 1990 Diplomlehrerstudium für die Fächer Biologie und Chemie, Forschungsstudium, Promotion, wiss. Assistentin im Fachbereich Biologie-Didaktik der Pädagogischen Hochschule in Güstrow; seit 1990 im Schuldienst, Mitarbeit im Landesinstitut für Schule und Ausbildung in Rostock, Schulleiterin am Erasmus-Gymnasium Rostock seit 1992

SUCHAROWSKI, Wolfgang, Univ.-Prof. Dr. phil. habil., Jg. 1946. Studium der Fächer Germanistik und Komparatistik, Philosophie und Theologie, Allgemeine Psychologie an den Universitäten München und Kiel. Erstes und zweites Staatsexamen, Gymnasiallehrer und Seminarleiter für Deutsch an Gymnasien in München. Promotion 1973 und Habilitation 1987. Assistent in München 1973-1978, Professor für Deutsche Sprache, Literatur und Didaktik an der Universität Kiel 1980-1986, Privatdozent für Germanistische Linguistik an der Universität Eichstätt, seit 1996 Professor für Didaktik der deutschen Sprache und Literatur, derzeit Dekan der Philosoph. Fakultät der Universität Rostock.

17 Namensregister

SCHULPÄDAGOGIK

Toni Hansel (Hg.)
HAUPTSCHULE. Auslaufmodell oder Herausforderung?
Band 1, 2000, 202 + XII Seiten, ISBN 3-8255-0313-5, € 25,46

Das Buch bietet eine aktuelle Diskussionsgrundlage zur derzeit geführten Debatte über die künftige schulpädagogische Gestaltung des Sekundarstufen I–Bereichs. Alternative Vorstellungen unter Wahrung des institutionellen Rahmens werden vorgestellt. Kritiker der Hauptschule sind ebenso unter den Autoren wie Befürworter. *Mit Beiträgen von: Hans-Jürgen Brackmann, Dietmar Bronder, Toni Hansel, Hans Günther Homfeldt, Heinz Jürgen Ipfling, Torsten Jendrowiak, Achim Leschinsky, Wolfgang Nieke, Dieter Schulz.*

Ingeborg Wirries
DIE GUTE STAATSSCHULE. Problemanalyse und Modernisierungskonzeption aus schulpädagogischer und organisationstheoretischer Sicht
Band 2, 2002, 500 Seiten, ISBN 3-8255-0340-2, € 28,50

Das Buch verfolgt einen ganzheitlichen Ansatz: Mit Hilfe der modernen Organisationstheorie wird eine umfassende Problemanalyse der einzelschulischen Organisationsgestalt durchgeführt. Es zeigt sich, dass die tradierte Form der internen Schulorganisation obsolet geworden ist. In Konsequenz dazu wird eine Modernisierungskonzeption aus organisationstheoretischer Sicht entwickelt. In ihr können die für die Erzeugung der „Leistung der Schule" als relevant erkannten Erfolgsfaktoren dauerhaft ihre Wirksamkeit entfalten.

Toni Hansel (Hg.)
SCHULPROFIL UND SCHULQUALITÄT.
Perspektiven der aktuellen Schulreformdebatte
Band 3, 2001, 292 Seiten, ISBN 3-8255-0355-0, € 27,50

Dieses Buch versucht die Zusammenhänge von Schulprofil und Schulqualität auf dem Hintergrund einer umfassenden Sicht dieses Paradigmenwechsels von der Struktur- zur Qualitätsdebatte zu vermitteln. Der Perspektivwechsel ermöglicht eine multi-dimensionale Betrachtung der Schulreform: Neben die unterschiedlichen Dimensionen der Erziehungswissenschaft treten die bildungspolitische, die bildungsökonomische, die forschungslogische, nicht zu vergessen die unterrichtspraktische Dimension. *Mit Beiträgen von: Jürgen Baumert, Hartmut Ditton, Frederico Foders, Dieter Gauger, Henning Günther, Toni Hansel, Eckhard Klieme, Jörg-Olaf Köller, Josef Kraus, Ulrich Sprenger, Hans-Jürgen Wendel, Wilhelm Wittenbruch.*

Toni Hansel (Hg.)
LEHRERBILDUNGSREFORM.
Leitbilder einer alltagstauglichen Lehrerbildung
Band 4, 2002, 290 Seiten, ISBN 3-8255-0395-X, € 26,50

Dieser Band geht u.a. der Frage nach, welche Konturen eine künftige Lehrerausbildung – auch im europäischen Verbund – annehmen sollte, ohne zugleich Bewährtes ersatzlos

SCHULPÄDAGOGIK

preiszugeben. Die Autoren sind dabei keineswegs immer einhelliger Auffassung – Kontroversen sind unvermeidbar, aber notwendig. Dabei wird deutlich, daß Lehrerbildung ein außerordentlich komplexer Ausbildungsbereich ist, an dem viele Personen, Institutionen, Verantwortungsbereiche mit entsprechend unterschiedlichen Motivations- und Interessenlagen beteiligt sind. *Mit Beiträgen von: Klaus-Peter Eichler, Christine Freitag, Jörg-Dieter Gauger, Toni Hansel, Peter Kauffold, Rudolf Lassahn, Wolfgang Nieke, Heike Polzin, Klaus Prange, Franz Prüß, Herbert Reul, Karin Koch-Schäfer, Claudia Solzbacher.*

Toni Hansel (Hg.)

PISA – UND DIE FOLGEN?

Die Wirkung von Leistungsvergleichsstudien in der Schule
Band 5, 2003, 360 Seiten, ISBN 3-8255-0466-2, € 27,90

Um ein wenig Ordnung in die Orientierungslosigkeit nach PISA zu bringen, führte der Lehrstuhl für Schulpädagogik I an der Universität Rostock ein Symposium zum Thema durch und versicherte sich durch die Vorträge und ergänzenden schriftlichen Beiträge von ausgewiesenen Experten aus Erziehungswissenschaft, Bildungspolitik, Schulpraxis, Ökonomie und Bildungsverwaltung einer hohen fachlichen Kompetenz. Sie findet in diesem Tagungsband ihren nun sichtbaren Ausdruck. *Mit Beiträgen von: Cornelia Breitkreuz, Norbert Frank, Thelma von Freymann, Hermann Gieseke, Erich Gundlach, Peter Gutjahr-Löser, Toni Hansel, Wolfgang Nieke, Günther Portune, Ulrich Sprenger, Wolfgang Sucharowski, Ewald Terhart, Hans-Jürgen Wendel, Karin Wolff.*

Toni Hansel (Hg.)

FRÜHE BILDUNGSPROZESSE UND SCHULISCHE ANSCHLUßFÄHIGKEIT

Reform des frühpädagogischen Bereichs in der Debatte nach PISA
Band 6, 2004, 290 Seiten, ISBN 3-8255-0530-8, € 24,90

Das Wissen um die Bedeutung frühkindlicher Bildung und Erziehung ist erneut Impulsgeber für pädagogische Reformen beim Übergang vom frühpädagogischen in den grundschulischen Bereich. Zwar ist die frühkindliche Förderung durch Bildung bereits im Kinder- und Jugendhilfegesetz 1990 (KJHG) neben anderen sozialpolitischen Aufgaben festgeschrieben, es bedurfte allerdings erst des PISA-Schocks, um dieser recht vagen Forderung in den Ländern die Profilierung und die Implementierung in den Alltag der Kindertageseinrichtungen folgen zu lassen.
Die Vielfalt, die die Umsetzung des Bildungsauftrages in Kindertageseinrichtungen als Folge der föderalen Vielfalt in jüngster Zeit hervorbrachte, war für den Lehrstuhl Schulpädagogik I an der Universität Rostock Anlaß genug, ein Symposium zum Thema durchzuführen. So ist eine differenzierte Gesamtschau der derzeitigen Reformbemühungen im frühpädagogischen Bereich entstanden, die durchaus auch Einblicke in künftige Entwicklungen zuläßt. *Mit Beiträgen von: Rainer Dollase, Birgit Fischer, Toni Hansel, Susanne Koerber, Hans-Werner Klusemann, Josef Kraus, Marianne Linke, Gisela Lück, Christoph Perleth, Ilona Katharina Schneider, Beate Sodian, Elsbeth Stern, Wolfgang Sucharowski, Claudia Thoermer.*

MIX
Papier aus verantwortungsvollen Quellen
Paper from responsible sources
FSC® C105338

If you have any concerns about our products,
you can contact us on
ProductSafety@springernature.com

In case Publisher is established outside the EU,
the EU authorized representative is:
Springer Nature Customer Service Center GmbH
Europaplatz 3, 69115 Heidelberg, Germany

Printed by Libri Plureos GmbH
in Hamburg, Germany